本书编委会 编

上海农商银行 ·故事集·

Shihua

Shanghai
Nongshang
Yinhang
Gushiji

复旦大学出版社

· 编委会 ·

主 任 徐 力
副 主 任 顾建忠 李建国 李 晋
编 委 徐 力 顾建忠 李建国 李 晋 金剑华
      段际凯 俞敏华 张宏彪 顾贤斌 应长明
主 编 应长明
执 行 主 编 陈雪松

目 录 / Contents

前言 / 1

—— **第一部分　1949—1959 年** ——

上海农信源考　陈良晟 / 3

彭浦支行的前世今生　周杰 / 7

我与祝桥农信社的点点滴滴　黄正 / 12

我平凡而伟岸的父亲　黄松涛 / 15

六十年激情岁月，一甲子光辉篇章　秦世荣口述　王超英整理 / 19

信用社柜台的"进化史"　李益民 / 22

围绕"三农"工作　不断探索前行　邹春奇口述　程理之整理 / 27

兢兢业业的老农信人　肖锦林口述　戴玉明整理 / 30

祖孙三代农金员的传承之路　王娟观、蔡大新、蔡志青口述　王李兵整理 / 33

孩时做过协储员　孙洪其 / 37

—— **第二部分　1960—1969 年** ——

与农商银行一路同行　康雪文 / 43

一位农商银行员工的 30 年温情工作记事簿　朱水芳口述　顾雯研整理 / 46

一个人的信用站　王祥生口述　陈良晟整理 / 48

努力村存款捍卫记　陈桃芬口述　金文婷整理 / 53

三十七载杜行农信社情　陆秋妹 / 56

一把老算盘"打出"一段历史　故事人物朱扣娣　李汉斌整理 / 59

老农信守护者　张敏之 / 62

勇斗劫匪　血衣犹存　故事人物金志通　陆晓燕整理 / 65

一个布包　一条泥路　辛兆良口述　吴燕婷整理 / 67

"小张"的勤奋之路　张庆福口述　张子浩整理 / 70

买牛记　姚永林 / 73

虚惊一场　姚永林 / 76

一位母亲的紧急贷款　沈荣观 / 78

—— 第三部分　1970—1979 年 ——

奋斗在年终分配第一线　张敏之 / 83

存单惊案　邓崇娣口述　金文婷整理 / 85

誓做敬业守职的农信人　王蓓 / 89

支农支副助脱贫　沈荣观 / 92

白鸭之乡　陆锦明 / 94

记在农商银行工作的日子　顾慎英 / 99

江东三队的养猪大户　丁传敏口述　陈秋依整理 / 103

接过父亲的算盘　陆福妹口述　陈秋依整理 / 106

协破"玫瑰香奇案"　吴桂军 / 109

一辆自行车走 23 个生产队　施俭 / 112

—— 第四部分　1980—1989年 ——

老农信的记账法　乔逸敏 / 117

我的付出　我的收获　王蓓 / 121

农金员的一天　黄松涛 / 123

一次难忘的读书活动　仇继钧 / 127

400 万元贷款助力彭浦衬衫厂转型　朱元龙 / 130

用奉献计算生命的价值　王秀娟口述　颜东明整理 / 133

农信半生缘　顾桂珍 / 136

我与联社共成长　蒋丽华 / 139

浦东三林信用社往事　吴玉英口述　陈丽娜、席浩淳整理 / 142

"菜篮子工程"背后的支持　凤宝珑口述　陈秋依整理 / 145

向下扎根　向上生长　杨耀东 / 148

记忆犹新的一幕　匡燕芳 / 151

—— 第五部分　1990—1999年 ——

市区四家农信联社的来龙去脉　严群 / 157

我们所了解的闵行农信联社　赵青、黄静 / 164

"穿着在华联,储蓄到东海"　故事人物张祖玉　王李兵整理 / 167

农金员都有一颗金子般的心　曹坚强 / 169

在交换场的日子　邓崇娣口述　顾雯妍整理 / 172

农信轶事　徐朝晖口述　金文婷整理 / 175

争第一　金萍口述　蔡莹整理 / 180

一段逾期催收的故事　桂海明 / 183

浦东新区农村信用合作联社诞生记　凤宝珑口述　陈秋依整理 / 186

信用社支付结算渠道拓展演变历程　沈丽娟 / 189

罗店信用社"竞争上岗"试点纪实　龚惠菊 / 192

联网实时结算系统开发始末　庄燕华 / 195

农信社业务核算系统的变迁　倪森桃 / 198

鲜血谱写正气之歌　瞿雅芬口述　胡思佳整理 / 201

难忘的年终决算日　施美 / 205

第六部分　2000—2009年

创新业务，安置移民，勇担社会责任　郁文彪口述　郭嘉祎整理 / 209

小微贷款自动化审批系统上线的前前后后　朱征道 / 211

那些年，与农商银行一起成长的日子　范烨虹 / 213

生"声"不息的客服中心　张晓华 / 217

十多天揽存过千万——山阳信用社员工张华"存款月"里创佳绩
故事人物张华　杨爱连整理 / 221

第一次轮岗的全新体验　王超英 / 224

争创"小巨人"　蔡耀忠口述　陈秋依整理 / 226

我的贷款五级分类工作情缘　张志诚 / 229

十五年，缘起于此　陆维熠 / 232

化险为夷"生活家"　徐锋 / 235

江西纪行　康杰 / 238

股权清理——农信社转制的重要环节　查杏元口述　杨亦雯整理 / 241

智勇双全擒歹徒　周寅伟 / 244

回忆改制期间的事　陈玉兰 / 246

初创时期的艰难与决心　裘文琦 / 250

忆澳新银行入股上海农商银行尽调现场　印琼华 / 253

难忘的职工专场音乐会　曹澜 / 259

第七部分　2010—2019年

"SRCB"的含义　左润民 / 263

新一代核心系统项目回忆录　杨晓莉 / 267

十年磨一剑，我与代理库共成长　杨金荣 / 270

行者无疆——我行首张高端信用卡世界白金鑫卡发卡纪实　李静 / 273

2011年年终决算日　凤卫平 / 276

冰与火之歌——人民币资金管理系统迁移记　李翀伟 / 278

新系统上线日常——记2013年6月新一代核心系统上线　王奕栋 / 281

冬日的暖心事　张俊杰 / 284

益江"玫瑰"　张瑜口述　陈秋依整理 / 287

贾阿姨理财遇"假"记　吴春花 / 290

滨江支行协助警方抓捕记　杨珏明口述　胡雪琼整理 / 292

一名客户经理的转身、转型与转变　王越 / 295

我的"白富美"伙伴——智能柜员已上线　宋隽秀 / 299

神秘的旅行箱　郑朗口述　李晓磊整理 / 302

团队的力量　钱建忠 / 304

信用债风险管理体系的建立和完善　高慧杰 / 307

音乐的魅力　张颖婕 / 310

披荆斩棘的 LPR 机制改革　蒋星灿 / 313

贴心服务　助力村行发展　管建豪 / 317

第八部分　2020—2021 年

病魔无情人有情，小红卡听命即出发——总行营业部员工进 ICU 激活工会卡　潘文口述　关世金、胡雪琼整理 / 321

凛冬已至　春天未远——农商"鑫青年"抗疫小记　展恩鹏 / 324

寻宝记　杨弋菁 / 327

上市之路　姜俊 / 331

与共和国同记忆　陈雪松 / 339

附录　农信社工作俗语表 / 343

后记 / 345

前 言

这是一段坚韧不拔、锲而不舍的奋斗之路,更是一段乘风破浪、勇往直前的功成之路。

上海农商银行已持续经营七十余年,其历史可追溯到1949年冬成立的真如区农村信用合作社。在上海地区的银行中,她始终践行着普惠金融理念,在服务"三农"和中小企业领域拥有着无可比拟、广博深厚的根基及悠久历史;改制成股份制商业银行后,她经历了全面转型,找准新的历史方位,踏上了稳步发展之路。

自古以来,瑞业丰年、农安天下,农村金融是乡村经济繁荣兴旺的"晴雨表"。纵览上海农村信用合作事业的发展史,从第一家农村信用合作社诞生到"乡乡有社",上海的农村信用合作事业经历了多次蜕变,每一次都带着鲜明的时代烙印。一代代为农村信用合作事业作出贡献的人们,是上海经济社会发展的见证者、参与者、推动者,他们奔波在乡间田头,用默默无闻的奉献,真正走进了乡亲们的心里;他们在传承与创新的时代交响中,用勤恳踏实、一心为农的精神,奏响奋进的强音。

七十余载春华秋实,一路走来,几多艰辛与沧桑,几番耕耘与奋进。

与全国农村信用社一样,上海农村信用社的管理体制也有过多次更迭。中国人民银行、中国农业银行"管"过,人民公社"管"过,生产大队和贫下中农也"管"过。但是,"风雨伴成长,融汇三农壮",上海农信"立足三农、服务三农"的初心始终未变。"三农"关系国计民生,是农信社克服困难、集中全力滋润疏通着这条命脉,是农信人直接服务着农民这个国民经济最基本的单元、最庞大的群体。支持互助合作、解决农民生活困难、打击高利贷、扶持农业生产、扶助乡镇骨干企业……党和国家的政策指向哪里,农信社就服务到哪里,始终与广大农民同呼吸、共命运。

1996年,农村金融改革的春风吹绿了希望的田野,上海市农村金融体制改革领导小组办公室成立,上海农村信用社在"行社脱钩"后重新走上独立发展之路。在积极探索农村信用社改革的宏观背景下,2001年3月,上海市农村信用合作社联合社成立,上海农信焕发勃勃生机,在体制、业务、社会责任及员工发展方面展露新面貌。

进入新世纪后,金融体制改革深化、金融业扩大开放和乡村振兴战略实施,从"社"到"行",上海再领全国风气之先。2005年8月25日,上海农商银行正式挂牌成立,成为全国第一家省级农村商业银行。历经十六载,上海农商银行从一家服务本地郊区为主、产品功能比较单一、管理基础较为薄弱的地方性银行,发展成为以"精细化管理、专业化经营、差异化特色"为主线的区域性综合金融服务集团。在发展方向上,上海农商银行坚持"定位向下、服务向细",形成了服务"三农"、服务"小微"、服务科创、服务社区的特色业务体系,以普惠金融赋能社会治理。坚守初心,新一代农商人接过历史的接力棒,在时代洪流中成就使命与梦想。

跨越、成长,换来的是继续前行的信心和力量;责任、担当,赢来的是社会的认同和赞扬。为了更好地铭记历史,本书编委会广泛征集稿件,从中挑选出百余篇反映上海农信、上海农商银行各个历史阶段的小故事,通过亲历者、见证者们追忆细节、感悟得失、总结经验,我们可以切实领略上海农信在金融改革道路上的艰辛历程,切实感受上海农商银行光辉成就背后的不懈奋斗。

2021年,正值中国共产党成立100周年,也是上海农商银行上市元年。谨以此书作为贺礼,祝福中国共产党百年华诞,祝愿上海农商银行在新的起点上,传承农信初心,肩负时代使命,奋进崭新征程。

本书编委会
2021年8月

第一部分

1949—1959 年

上海农信源考

陈良晟

事物是运动的,既然运动的,就有起点。起点,按地理学观点,即河流的源头,河流可分主流和支流,其源头应是距该河终点最远的支流(断流支流的情况应剔除)的源点。

上海农村商业银行开展的"我从哪里来"行史梳理工作,从某种角度讲也包含寻找其源头的初衷。我行从哪里来?部分答案是明确的。我行前身是2005年之前的上海地区15家市、区县级农村信用合作社联合社(以下简称"联社"),及所辖的219家农信社。这是源,也可以理解为主流。但我们要进一步追寻的是,上海地区最早的农信社又是发源于哪里,即支流的源点在哪里。

一

上海地区的信用社,在民国时期就已出现过。据文献记载,从20世纪30年代到40年代末的近二十年中,在青浦、南汇、宝山、崇明、金山、奉贤、松江、川沙、嘉定等地的农村曾先后有过近百家信用社。因连年战乱,时局动荡,尤其在1948年出现通货膨胀,势单力薄的信用社纷纷倒闭。到1949年5月上海解放时,已全部关闭。

我们在考证上海农信源时交代这段历史的意义在于,表明民国时期上海地区的信用社,构不成中华人民共和国上海农信社的"源"。其理由是:

第一,在脉络上,是断"流"的,即和2005年的农信社无渊源关系。

第二,在性质上,所有制是不同的。前者属私人所有的集合产权制,后者是集体公有的集体产权制。

但是由此也可看出,中华人民共和国成立后在中国江南地区,尤其是在上海地区,农民有办农信社的自发倾向和历史经验。

二

中华人民共和国成立后上海的农信社最早成立的是哪一家?是在哪一年成立的?我们依照目前掌握的有关史料作分析。

第一,《上海金融志》(2003年版)记载:1951年8月,首先在原西郊区的虹桥(注:"西郊区的虹桥"的提法有误。虹桥地区在1951年应属新泾区,1956年才属西郊区)供销合作社内部筹建了信用部。"首先",可以解释为第一。十多年来,人们常常也是这样理解和引用这段史料的。

第二,上海档案馆存档文件记载:中国人民银行于1951年6月在虹桥供销合作社内部筹建信用部,7月筹建完毕。这样虹桥供销合作社内部信用部就把最早成立农信社的时间向前推进到了1951年6月。

第三,《江苏省金融志》(2001年版)中记载:受中国人民银行江苏省苏南分行的指示,1951年4月在上海县北桥乡供销合作社内部筹建了信用部。尽管该记载没有"第一家"的说法,但在时间上,与"首先"的虹桥供销合作社信用部相比,提前到了1951年4月。难道北桥乡的供销合作社信用部是中华人民共和国成立后上海农信社历史上的第一家?

第四,《真如镇志》(1994年版)记载:长征农信社的前身,是1949年冬在真如区筹建的农信社。这里也没有说它是上海的首家,但它的时间却是上述资料中最早的。

上述四条史料能否采信?一般情况下,来自志书或来自档案馆存档文件的史料,应是属于可采信资料。那么,在关于农信源的问题上,上述四条史料应采信哪一条呢?

上述四条史料其实是反映了三件事。第一条和第二条讲的是同一件事,只是区别在于时间上,即《上海金融志》记载的是1951年8月,上海档案馆存档文件记载的是1951年6月。我们判断,上海档案馆存档文件记载的应更接近事实,因为那是中国人民银行作为亲历者在当时写的报告,属一手资料,而《上海金融志》是于2003年才写就的,属二手资料。

由此我们可以作出一个判断:1951年6月在虹桥供销合作社内部筹建信用部,1951年4月在北桥乡供销合作社内部筹建信用部,1949年冬在真如区筹建农信社,这三件事都是事实。

既然都是真的,那么话题回到中华人民共和国成立后上海的农信社最早是哪一家、哪一年成立的问题。就目前掌握的资料,可以判断,答案是1949年冬在真如区筹建的农信社。但这只是目前暂定的结论。说暂定,是因为只要有以下两个史料之一的发现,这个结论就会被推翻:或发现了上海的农信社在1949年5月27日至冬建立的史料,或发现了能证明真如区筹建农信社是在1951年4月之后的史料。

三

1949年冬,上海真如区筹建了农信社吗?对这个问题的存疑也是有一定道理的。

第一，大量的史料已经完全证实了，中华人民共和国成立后农信社的出现不是孤立事件，在内在逻辑上应是发生在农村土地改革运动之后农业合作化运动之中。上海地区是1949年5月解放的，农村土地改革运动是在1950年，农业合作化运动是从1951年开始的。而1949年冬，真如地区，乃至整个上海都还没有发生农业合作化运动，在客观上还没有产生农信社的必要条件。

当然，这并不排除真如区出现农信社的可能性，毕竟上海地区的农民有着开办农信社的自发倾向和历史经验。

第二，如果在1949年冬上海真如区筹建了农信社，且还是后来长征农信社的前身，那么，真如区筹建的农信社，其地址在哪里？人员有谁？又是怎么演变到1958年长征人民公社时期的长征农信社的？这方面的史料，到目前还不充分。

当然，目前还不充分的史料，并不等于以后不会充分。我们至今仍在继续寻找，努力使之充分起来。

尽管有存疑，这仍不妨碍我们按《真如镇志》关于"长征农信社的前身，是1949年冬在真如区筹建的农信社"的记载，把1949年冬的真如区农信社，作为上海农信之源。

(陈良晟，1953年出生，2005年入本系统，2013年在总行总务部退休)

彭浦支行的前世今生

周 杰

我行的二级支行,绝大部分是建立于20世纪50年代,其时间跨度70余年。但就其经历演变的复杂度而言,现在静安支行属下的彭浦支行可称之为最。

一 彭浦支行的早期

彭浦支行的历史起码可以追溯到1954年1月,原大场区塘南乡(现静安区彭浦工业园区)组建上海第一个农村信用合作社(以下简称"农信社",参考资料为1954年中国人民银行上海市分行关于《上海市郊农村信用合作工作报告》)。说这是第一个农信社,是因当时上海农信组织都还是处在雏形阶段的农村信用互助组,而塘南乡农信社是将本乡范围内的14个信用互助组联合而成。

塘南乡农信社为什么会在上海郊区几百个信用互助组中脱颖而出呢?一方面,当时上海郊区的农村已然由农业生产互助组进化到农业生产初级合作社阶段,而为其提供金融服务的原信用互助组已不再适应新的形势,必然也须随之上升到农信社;另一方面,塘南乡所在的大场区属上海蔬菜生产、供应基地,与远离市区的其他农村粮棉地区相比,经济较为发达。于是当时的中国人民银行上海市分行就选择塘南乡作为信用互助组合并为农信社的试点。

塘南乡农信社建立后,信贷能力与之前相比大为增强。1955年夏是干旱之季,塘南乡农信社为本地区的白遗桥农业合作社解决了"人工降雨"项目所需的资金。(引自宝山支行朱元龙回忆)

1956年初,大场区、江湾区、吴淞区合并为北郊区;1958年1月,宝山县由江苏省划归上海市;同年8月,北郊区被撤销,并入宝山县。同年9月,塘南乡、彭浦乡所在的场中路以南地区在行政上划归闸北区,但乡制(含乡村党政体制)依然属宝山县。塘南乡农信社虽所在地是闸北区,但也属中国人民银行宝山县支行管理。1959年9月,彭浦人民公社成立,塘南乡农信社也更名为彭浦农信社。彭浦农信社服务地域扩大,故在其北部设立了幸福信用分社。(引自宝山支行朱元龙的回忆)

二 宝山县时期的彭浦农信社

彭浦人民公社因地处近郊,是上海蔬菜生产、供应基地之一,每天都会有大量蔬菜进入市区三个蔬菜交易市场。彭浦农信社虽然归宝山县人民银行管理,但在彭浦地区却是唯一的金融机构,蔬菜交易都要由其来结算,但票据交换要通过中国人民银行宝山县支行间接进行,这就使得结算资金不能及时到账,给公社带来极大不便。

1970年,在中国人民银行宝山县支行的支持下,彭浦农信社向上海的银行票据交换场申请,被破格允许单独进入银行票据交换场,直接参加票据交换(以农信社名义进入银行票据交换场,成为独立票据交换营业单位,彭浦农信社是上海农信社第一家,也是至1997年上海农信社和中国农业银行脱钩前的唯一一家)。因直接参加票据交换,减少了交换环节,缩短了交换时间,彭浦人民公社资金周转速度大大加快,资金的使用效率明显提高,有力地促进了公社集体经济发展。彭浦农信社的这一举措,得到了当地公社的赞赏。

1980年,彭浦农信社的上级管理单位,从中国人民银行宝山支行变更为中国农业银行宝山支行。中国农业银行宝山支行将彭浦农信社视为其基层机构,与农行实行"人员统一使用,业务统一经营,财务统一核算"。

中国农业银行宝山支行为了发挥农信社的积极性,于1984年10月,组建了农信社宝山县联社,彭浦农信社的上级管理单位,名义上是农信社宝山县联社。

三 五角场时期的彭浦农信社及彭浦支行

改革开放后,上海第一产业经济不断萎缩,市区范围不断扩大。中国农业银行对其下属机构作调整,1988年5月,中国农业银行宝山支行的闸北区、虹口区、杨浦区三区范围内的营业网点被剥离出来,另组成五角场支行;并把三个区范围内的农信社同步划出,组成五角场农信联社,中国由农业银行五角场支行管理。彭浦农信社也受到了调整,但这一变动,对彭浦农信社而言,只是管理者换了个名称,实质上没有变化。

彭浦农信社产生实质变化是在1996年年底,当时,在上海市政府的部署下,上海的农信社和中国农业银行在行政上脱离了隶属关系,五角场农信联社从中国农业银行五角场支行中独立出来,彭浦农信社的业务管理由五角场农信联社负责,增强了管理的民主性和经营的灵活性。

1997年10月,彭浦农信社因业务扩大的需要,又设立了庙头分社。但不久之后,在1998年4月,庙头分社被升格为绿园农信社,而脱离出彭浦农信社(绿园农信社在2007年11月更名为二级支行的闸北支行)。为了进一步发展业务,2004年1月,彭浦农信社开设了阳城信用分社。

2005年8月,在上海市政府的部署下,上海多级法人性质的农信社整体改制为一级法人的商业性股份制银行——上海农商银行。五角场农信联社更名为上海农商银行五角场支行(一级支行),彭浦农信社及下辖的幸福信用分社、阳城信用分社分别更名为彭浦支行(二级支行)和下辖的幸福分理处、阳城分理处。

彭浦支行在五角场支行的管辖下,业务做得风生水起。一直到2010年5月,彭浦支行的管辖单位又发生了变更。

四 闸北时期的彭浦支行

2010年5月,按上海农商银行总行"一区一支行"的战略部署,原属五角场支行的闸北支行升格为一级支行,属闸北区范围内的彭浦支行及下辖的幸福分理处、阳城分理处、永和分理处(2009年11月设立时归属二级支行的闸北支行,2010年5月归属彭浦支行)一起划归闸北支行管理。

2012年8月,彭浦支行管辖的幸福分理处升格为保德路支行;2014年11月,彭浦支行管辖的阳城分理处也升格为阳城支行。此时的彭浦支行还管辖着永和分理处。

五 静安时期的彭浦支行

2016年4月,随着上海行政区划调整,静安区和闸北区合并为新的静安区,上海农商银行也将静安支行、闸北支行合并为新的静安支行(一级支行)。彭浦支行的管理者再次变更为静安支行。

近七十年来,无论是早期的塘南乡农信社、后来更名的彭浦农信社,还是现在的上海农商银行彭浦支行,始终都立足于彭浦地区,为当地提供优质的金融服务,被当地的市民亲切地称为"自己的银行"。

(周杰,1978年出生,2009年入本系统)

我与祝桥农信社的点点滴滴

黄 正

我叫黄正,出生于祝桥镇凉亭乡的普通家庭。从商业会计技校毕业后,我就到农村信用合作社上班了。

20世纪50年代早期,我和叶相龙受祝桥乡政府指派,在合并后的祝桥信用合作社工作。在农信社初创时期,首先要有比较充裕的存款资金。因我会骑自行车,所以做外勤工作。叶相龙是内勤,有时也会和我一起下乡。当时农信社外勤叫"农金员",需要挨家挨户地跑,主要任务是向农民们宣传农信社对支持郊区农业和推动农村经济发展所起的重要作用。记得那时说服了一大批自愿入股的农民,每户入一块五毛作为股金。

我身为农金员,当然是不肯放过任何一个筹资的机会。隔壁王大妈刚娶好媳妇,收到了礼金。哪怕王大妈只存一百元,我也会积极宣传,并告诉她存农信社一年能有2%的利息。李家姆妈腿脚不方便,我路过她家的时候,经常进去看看老人家需要添置些什么生活用品,例如蚊帐、肥皂粉和布鞋之类的,我都会默默记在心里,好在下次路过的时候捎给她。看到她家里养了几只鸡,我还主动帮她联系食品收购站。一年下来,李家姆妈也有了少许闲钱,我就鼓励她到农信社存一张5元一年期的定期票。在我们农信人的积极宣传下,大家也逐渐有了存款的意识。就这样,农信社成立不久,共吸收了股金和储蓄7万余元作为启动资金。

那时的条件很艰苦,没有像样的办公桌,没有坚固的铁皮钱箱。年轻的我们凭着一腔热血,靠着一支笔、一本账簿、一个算盘,就是在这陋室里日日夜夜工作,也感觉不到艰辛困苦。"算盘叮当响,不到鸡叫不停手,轧平账,睡大觉",就是我们工作的真实写照。

在我的工作经历中,印象深刻的一件事是发生在1964年。我刚从部队退役,重回信用社,仍旧当起农金员。祝桥卫民村的金某是特困农户,他患有支气管炎,妻子也身患疾病,久治不愈,膝下有三个儿子,家庭条件极为艰苦。我去实地调查时,看到他家几乎处于揭锅无米的状态。作为一个农信人,看到老百姓吃苦我心里也不好受,就立即自掏腰包拿出了仅有的5元钱,补贴他们家用。可是"授人以鱼不如授人以渔",随后,我买了大白菜、黄瓜、茄子和辣椒等蔬菜籽送给他们,经常跑去他们家里,教他们如何劳作、如何培植这些蔬菜。同时,我还积极联系了村里的生产队,帮助他们自产自销,他们家的生活日渐改善。后来,我向上级领导反映情况,对他发放了农业贷款15元,用于购买家畜,并进一步帮助他扩大产销范围。不幸的是,他的妻子终究还是在1966年的清明节去世了。之后我联系了一家机械厂,介绍金某过去做门卫。有了稳定的收入来源,他们一家也算是从根本上脱贫了。

年终分红是一年到头农民们最快乐的日子,但对于农金员的我来说是一场没有硝烟的战役：要挨家挨户拜访，说服农民把分红的一部分钱存入信用社。

老张家在年终分配中得到八百元分红。他家中有两个女儿和三个儿子。我寻思着老张家的两个女儿有劳动能力，能赚零钱补贴家用，儿子们年纪尚小，到开学读书时才需要一笔学费。我就提议老张可以把五百元存在信用社获取利息，三百元留在家中作为日常开销。一场唇枪舌战下来，老张终于同意将五百元分两张存单存入信用社。年终的资金回笼就是这样一点点从百姓的年终分配中积累起来。

我与老百姓的渊源不仅是农民与农信社的业务往来，更是我和农民一起下田农作、饲养牲畜而积累的人际关系。记得有一年冬天下大雪，我从卫民村的李家生产队帮助分红回来，在漆黑的夜里骑着自行车，不小心冲进芦苇群，掉进了小河里。幸亏有路过的农民吆喝着邻里街坊把我从水里救起，带到家中，让我换上干净衣服，还为我熬上一碗热姜汤。这件事让我铭记于心，久久不能忘怀。"帮助"就像一杆秤，我帮助老百姓，而在紧要关头，他们也都会回报于我。

（黄正，1938年3月出生，1952年2月入本系统，1998年在南汇农信联社退休）

我平凡而伟岸的父亲

黄松涛*

　　我的父亲是创建上海农信社的第一代农信人之一,也是影响我人生的至亲。

　　父亲生于 1924 年 12 月 18 日,那是个军阀混战、战乱不断的忧患岁月。父亲幼年时拾过狗粪,少年时做过雇农,青年时被日本兵抓去当过劳工,在中华人民共和国成立前可以说是历尽了磨难,尝遍了辛酸。中华人民共和国成立后,父亲入了党,做了村干部,担任了村支书。20 世纪 50 年代初,在党中央号召开展农村"三大合作"运动时,父亲受长兴岛乡党组织的重托和父老乡亲的信任,毅然挑起了筹

---

* 黄松涛居图右,父亲黄金元居图左。

建长兴农村信用合作社的重任,开创了长兴岛农村金融的先例,并担任长兴信用社主任长达28年(见图1),直至退休,其间还兼任过中国农业银行长兴营业所主任和书记。

父亲对党信念如坚、对事业忠诚有加,对同事关怀备至、对邻里热心帮助,对家庭精心呵护、对子女身教切切。

图1　黄松涛的父亲黄金元

克己奉公的父亲

平时,父亲戴着草帽串家走户,回笼资金和贷款扶贫两不误,使很多家庭脱贫,又使很多单位脱困,切切实实促进了地方经济的发展。至今我们遇到一些老同志忆起这些时,他们都会说一声"老黄真好,是他给了我及时的贷款,拯救了我的家庭!"感激之情溢于言表。从我们记事起,父亲的身影始终是忙碌的,以至于不管父亲的"老坦克"自行车停在哪里,看到的人就知道"老黄又来了"。父亲因饭食无常患了胃病,发病时疼得在床上打滚(直至退休后才将胃病治好),但始终没有离开过自己的工作岗位,他视工作比自己的生命还重要。

善良、正直的父亲

在父亲 28 年工作历程中,曾经多次将加工资的机会让给下属的困难员工。其中有一次加工资时,父亲发现元沙分社的一位员工家庭特别困难,于是他毫不犹豫地将自己加工资的机会让给了这位员工。至今,这位 80 多岁的退休老员工还常常在我们面前念叨此事,从内心深处感激父亲。还有父亲临近退休前一年,单位又有一次加工资的机会,本该是退休前最后一次加工资的机会了,但父亲全然没有考虑到自身的利益,毅然又将这次机会让给了其他更需要的员工。

宽宏、仁爱的父亲

在我们的印象中,父亲虽然做事严谨、教育严格,但和我们的母亲一样从来没有打骂过我们,父亲对我们的爱体现在生活的点滴中,体现在具体的行动上。父亲 29 元的月工资拿了十多年。记得那个时候每年中秋,家里穷,买不起整盒月饼,父亲会买上几个散装的苏式月饼,让全家老少一分二或一分四地分着品尝,小小的一块月饼是多么珍贵、多么香甜啊,以至于那情那景深深地镌刻在了我们兄妹的心灵深处,难忘那种温馨。

父亲影响了我的人生

我的父亲不是高官,不曾有厚禄;不是知识分子,仅读过两年多私塾。父亲的爱更多地体现在他的行动上,他的处世、他的举止和处理家庭事务的决定深深地影响了我的人生和家庭。

1982年早春的一日，父亲戴着大红花被单位同事们用卡车欢天喜地地送回家。父亲正式退休了，我顶替的手续也办好，单位通知我上班了。在即将上班前，父亲把我叫到跟前，关照说："侬马上要去信用社上班了，作为一个新兵，上班后要记牢三点，一是勒拉（'在'的意思）信用社里看见钞票要把伊当作一文不值的废纸，做到看见只当不看见；二是要尊重领导和师傅，团结好侬格（'你的'的意思）同事；三是要认真学习，不怕吃苦，勤奋工作。"在父亲的一生中他对我和兄弟姐妹们言语上的关照并不多，我顶替他上班是他心目中最重要的事，因此我有幸得到了父亲的这三点关照，而我也获益终生。

皱纹，揉皱了时光；白发，细碎了年轮。父亲在近一个世纪的春秋寒暑中，经历离乱沉浮，阅尽世道沧桑，尝遍人间苦辣酸甜，为上海农信的建设和发展作出了贡献，也乐享了中华人民共和国建设发展的成果，安度了幸福的晚年。虽然父亲于2019年驾鹤西去，但每当我翻看中央政府制作并颁发给父亲的中华人民共和国成立70周年的荣誉纪念章时，我的内心世界里，父亲永远是鲜活的、伟岸的，永远是坚韧的、顽强的，他永远是我的榜样和前进的力量。

总之，我和我的兄弟姐妹始终浸润在父亲的良好情操和优秀品德之中，父亲的言行影响了我们的人生，也深深地影响了我们的大家庭。

（黄金元，1924年出生，1955年入本系统，1984年在宝山农信联社退休；黄松涛，1960年出生，1982年入本系统，2020年在总行工会办公室退休）

六十年激情岁月,一甲子光辉篇章

秦世荣口述　王超英整理

六十年激情岁月,一甲子光辉篇章。1951年至今(本文写作于2011年),农村信用社已经走过60年历程,作为亲历者与建设者,我与农信社共同走过了农村金融体系建设的探索过程,经历了合作金融成长的艰难蜕变,更见证了新中国从积弱积贫中浴火重生的时代大变革。

中华人民共和国成立后,为了解决农民的生产、生活困难,探索农村金融发展之路,1951年5月,中国人民银行总行召开了第一届全国农村金融工作会议,颁布了《农村信用合作社章程准则草案》;1954年2月,中国人民银行总行召开了第一次信用合作工作座谈会,总结了试办信用合作工作的经验教训,提出了在农村合作化运动中信用合作要先行一步的要求,确定了发展方针、步骤和计划;提倡三大合作(即农业合作、信用合作、供销合作);1955年,中国人民银行又颁布了《农村信用合作社章程》。一股农村信用合作热潮在全国迅速掀起,从此展开了我国农村合作金融发展的进程。

1954年,就是在这样的大背景下,我们(戬浜)乡政府积极响应中央号召,引导帮助每5—6户村民自愿组织信用互助组。大约一年以后(即1955年),绝大多数信用互助组发挥了互助的优势,吸收农村闲散资金,互帮互助解决生产、生活困难,一定程度上促进了农村经济发展,有了扩大规模的需求。乡政府又指导每40—50个互助组成立一个信用合作社。那年我刚满16岁,只是个懵懂的少年,因为上过学,自愿去乡政府帮忙,凭着对参加革命工作的信念和满腔的热情,积极投入到信用社的筹建浪潮中。我接受的任务是新建乡信用社,将4个小乡的信用社(戬浜、长浜、新建、杨村)合并为杨村乡合作社。

合并后第一任信用社主任是乡政府的党委委员赵文雄,他在乡政府担任重要工作,在信用社挂名作政策指导;我担任副主任,负责信用社具体的工作。

乡政府对信用社工作大力支持,为我们提供了20平方米左右、位于戬浜老街的营业用房,分上下两层,下层是营业间,上层为职工宿舍。每个小乡互助组配置2名工作人员,每天住在信用社,每月有1—2天休息,其他视情况自行安排休息。成立初期,员工没有工资,日常使用的工具,例如算盘等,是自己从家里带去的。桌椅是到乡政府"讨要"的,条件相当艰苦。中华人民共和国成立不久,百废待兴,农民翻身解放当家做主,满怀激情地投身祖国建设,那种不求回报、无私忘我、无怨无悔的奉献精神,至今想来仍能让我热血沸腾。

我们白天在营业间办理客户的储蓄存款业务。刚开始信用社只有存款,没有贷款,存款也只有定期,没有活期存款。一般储蓄存款8—10元居多,1—2元的也有,每天也就2—3笔业务。有一天信用社收到一笔50元的储蓄,储户姓唐,是信用社的邻居,从事木工的手艺人。因为是我当时接到的最大一笔业务,所以至今记得。

信用社要生存,必须有资金,并通过吸收存款、发放贷款来发挥资金的作用,发展生产,激活经济。资金来源一是柜面客户的储蓄,二是社员的入股。我们晚上就到社员家里做宣传工作,动员他们入股信用社。2元买1股。当时农民手里现金有限,有的只有能力入1元,算半股。当时我年轻,精力旺盛、头脑灵活,想尽办法筹集资金,正值棉花采摘季节,我就到棉花收购站动员入股。最终杨村信用社筹集股金约8000元,就这样信用社的资金问题得到了初步解决。

到1955年底,初期的信用社框架基本形成,筹建成功。刚开业时没有利润,直至1957年略有盈利,从此开启了它与祖国金融事业风雨同舟的历程,20世纪70年代更名为戬浜信用社。

从1958年人民公社化运动中被合并到1962年恢复,又遇"文革"的干扰和破坏,到1978年十一届三中全会的再次恢复与整顿,从农村信用合作社到农商银行——农信社走过了近60年的曲折与坎坷,铸就了农信社组织上的群众性、管理上的民主性和经营上的灵活性的特色,成为国家金融领域不可或缺的一部分,并得到长足发展。而我所在的戬浜信用社记录了我们国家农村信用合作金融事业摸着石头过河探索的全部过程。作为与农信社共同成长的一名老金融工作者,我深深体会到个人命运是与国家命运紧紧联系在一起的,只有牢记初心,不忘使命,才能有个人事业的执着无悔、祖国的繁荣昌盛。

(秦世荣,1938年出生,1957年入本系统,1998年在嘉定农信联社退休)

信用社柜台的"进化史"

李益民

近年来,许多新老客户到上海农商银行办理业务时,都会明显地感觉到银行柜台变得越来越美观,体验也更舒适。然而,却少有人知道,银行柜台的每次更新,其背后都有着许多鲜为人知的故事。

我也是直到退休后,在与上海农商银行的一些老前辈面对面的访谈与资料查阅中,才得知在上海农商银行及它的前身——上海农村信用社70年的漫长历史中,柜台从无到有、从有到美,至少经历了五次变化,而每一次变化都镌刻着许多耐人寻味的"前尘往事",犹如一幅幅生动画面,不时地在我的脑海中翻腾,每每想起又让我心潮澎湃。

画面一:"以桌代柜"时期(见图1)。农信社初创时,所有的信用社几乎都没有正规的柜台,他们都是利用学校废弃的课桌或带有两个抽屉的破旧写字台作为业务柜台。据嘉定支行一位退休的老员工秦老师回忆,1955年他在筹建戬浜信用社时,根本没有办公房,连算盘也是自带的。后来,杨村乡有间闲置的破房,就用来作为信用社的办公房。但办公房内只有一张八仙桌、两把旧椅子和一盏煤油灯,没有其他任何设备。我曾好奇地问道:"八仙桌没有抽屉,那收到的现金放哪里呢?"秦老师感慨地说:"开始时,只能是临时存放在自己随身带的布包里的。"

图1 "以桌代柜"时期的场面

画面二:"木头高柜"时期(见图2)。这类柜台大多始于20世纪50年代末,一直延续至整个70年代。那时,一些信用社已陆续有了自己的营业网点,也开始有了较为规范的柜台,柜台的式样与人民银行及农业银行全木制、箱体型一样。柜台让人印象最深刻的就是

"高",遇有个子稍矮一点的客户,站在柜台前还要踮一踮脚才能将存折和钱款递给柜内营业员。在高低柜的空档内,做了一个个小的空格子,给营业员摆放传票等。特别有意思的是高低柜边上类似老布店内的"钢丝飞夹":在写字台的边缘,挂着一根和柜子一样长的钢丝,钢丝上悬着一个附有夹子的小木板,营业员可以把收到的票单等夹在上面,通过钢丝左右滑行,实现在柜员之间传递票证。

图2 "木头高柜"时期的场面

画面三:"架栅栏柜"时期(见图3)。在20世纪80年代初期至90年代中期,为了保障信用社工作人员的人身与现金的安全,许多信用社都在原有木制的柜台上安装了与110联网的报警系统,同时在柜台上架起了整排的栅栏。刚开始时,栅栏是用长扁铁条或铁管子做成,管子70厘米左右高、间距约15厘米,外涂一层黑色或者银灰色的油漆。当时,一些客户对此感到不舒服,认为有种高高在上、森严壁垒的感觉,银行工作人员与客户间的亲近感越来越淡了。后来,信用社按照公安部门的要求,不得不进一步将栅栏高度延伸到了顶部。与此同时,为了美观,将栅栏换成了当时比较新颖的铝合金或铮亮的不锈钢,但仍引起一些客户更加强烈的反感,认为每次通过栅栏与银行人员对话时,有点像在探监的感觉。

画面四:"大理石柜"时期(见图4)。上海农村信用社大理石柜台的启用主要始于20世纪90年代末和21世纪之初,采用大理石替代木头柜台对上海农信社来说是一场柜台的革命性变化,颠覆了上海农信社40多年来所使用的各种传统的木制柜台。大理石柜台前期使用时,它具有以下两个特点:一是它的高度比木头高柜低了约30厘米,彻底改变以往"看不见人影"的局面;二是原现金出纳柜台上的栅栏被全部拆

图3 "架栅栏柜"时期的场面

除,取而代之的是一块块全透明联排玻璃作为防护栏。防护栏采取"上不封顶,下不保底"嵌挂方式。然而,20世纪90年代末,全国各地连续发生多起抢劫银行案,一些歹徒甚至公开在银行网点利用爆破手段将银行玻璃防护栏炸破,抢走了银行大量现金,因此全国银行的玻璃防护栏被迫再次面临挑战。

图4 "大理石柜"时期的场面

图5 "封闭型柜"时期的场面

画面五:"封闭型柜"时期(见图5)。2005年中期,上海农村信用社经改制成为上海农商银行,上海农商银行对原信用社的网点及其柜台依次实施了统一改造,重点突出以人为本,并遵循公安部门要求的柜台设置规定,在保留原柜台高度80厘米、宽度50厘米的基础上,分别将现金出纳柜台上的玻璃防护栏全部换成防暴防砸材质,高度从柜面一直延伸到顶部,全部在150厘米以上,上下不留任何空档。

从上海农信社到上海农商银行期间,柜台的不断变迁见证着从前期的农信人到农商人一路走来的坎坷与艰辛,书写着老一辈的农信人和当今农商人不懈努力与不断发展的时代精神。

未来,随着科技不断进步,柜台设计将更具人性化。但是,无论岁月如何变迁,我们上海农商行柜台前的员工服务客户的初心永远不变。

(李益民,1958年出生,2005年入本系统,2018年在总行风险管理部退休)

围绕"三农"工作不断探索前行

邹春奇口述 程理之整理

改革开放以来,农信社完成了脱胎换骨般的转变,一跃成为服务"三农""小微"和普惠金融的主力军。每次回顾那段农信工作的艰难岁月和美好时光,我都忍不住热血沸腾,感觉回到了青年时候。

我在信用社工作了一辈子,几十年的岁月如白驹过隙,当年意气风发的青年变成了一个"苍髯老儿"。回顾过去,虽然历经坎坷,但无怨无悔。作为一个老农信人,我见证了农村信用社从小到大、从弱到强,有感而发。

艰难困苦的工作环境,磨炼铸就"立足三农、服务三农"初心

要说在过去,农户是真的困难。当时村民家里条件都比较差,特别困难的人家已经揭不开锅,吃不上饭。我们组织经过讨论,决定发放贷款,当时金额几块钱的贷款,解决了多个家庭的燃眉之急。经年累月,村民们不仅归还了贷款本息,还对我们农信社交口称赞,夸我们是老百姓的银行,真正做到雪中送炭,温暖人心。

随着经济的发展,农户们慢慢有了自己的积蓄。为了让练塘本

地的农业更均衡、更稳健地发展,在各级政府领导的带领下,我们农信社承担起了存款、贷款的相关配套工作。我们深入田间地头,向质朴、善良的农户宣传金融知识,介绍存款产品,给农户们带来了资金保管的便利和利息收入的实惠。与此同时,我们还将筹集的存款经由政府介绍发放给暂时困难的农户,以解燃眉之急,促进生产发展。

帮助小企业规范会计制度,千方百计化解高风险

1978年,改革春风吹绿了祖国的大江南北,我们这一代农信人全身心投入这场改革开放的大潮中。这一刻,我深深体会到之前的基本功没有白练,我们一方面千方百计组织存款、吸收资金,另一方面努力地为企业服务。

记得在1978年,原网埭村有一家印刷厂,主要由当地农户组建成立。当时年底进行分红,该厂遇到了困难,该厂会计因没有学习和接触相关知识,整整一年的财务账册都没建立,只有往来发票,财务情况相当混乱。面对这种情况,印刷厂通过当时公社主任徐秀良牵线搭桥,与农信社沟通联系。经过多次讨论,我们农信社安排徐锦荣同志上门辅导印刷厂会计建立财务账册,制作凭证,统计报表。通过两年的辅导,我们帮助印刷厂建立了财务制度,实现从一片空白到合规合法,顺利完成了预期各项工作。

此外,我们总是习惯在午饭之后抽出1个小时帮助客户翻看账本,核对材料,指出错漏,和客户群众也结下了友谊。我们对于练塘发放的小企业贷款也做到认真负责、多关心、多走访。我们马不停蹄地提高办事效率,将贷款第一时间发放到企业手中,解决企业困难。

对于民营小企业,我们热心帮忙,尽心尽力。对于生产经营暂时有困难的企业,我们上门调查,积极沟通,促成了多笔有针对性的贷款,给予起步期的小企业实质性的帮助。

进入21世纪后,改革开放进一步深入,上海农商银行更是展现

了它的勃勃生机与活力，我们这一代农信人已老去，退出了工作的第一线，但是，我欣慰地看到，长江后浪推前浪，一代更比一代强！一批批的农信人，不忘初心，砥砺前行，把服务"三农"的事业越做越大。我们欣慰地看到，原本的农信社，已转变为上海农商银行，实现了华丽"蜕变"；我们欣慰地看到老一代农信人梦寐以求的愿望已经在新一代农信人手中实现。

希望我们上海农商银行在以后的工作中也能不忘老农信人的精神，为客户服务，为国家建设服务，为社会发展服务。

（邹春奇，1927年出生，1979年入本系统，1987年在青浦农信联社退休）

兢兢业业的老农信人

肖锦林口述 戴玉明整理

我出生于1936年7月,做过农民,当过教师。中华人民共和国成立后,在乡、区、县等各级政府也工作过。1953年4月,我进入北丁村信用组。1954年10月,泰日、木行二个小乡合并成立农信社,当时我任会计,1965年8月调岗为农业信贷员,1980年入党,1987年2月提任为农信社副主任,1988年5月担任农信社主任职务。

我生于旧社会,长在红旗下,对党有着深厚的感情。走上工作岗位后,我一直严格地要求自己,认真执行各种规章制度和党的方针政策,兢兢业业地工作。虽然当时农金员工作非常艰苦,但我把乐于助人当作自己的人生追求,把工作做深做透作为自己的工作目标。我自己一生的工作虽然很艰苦,但是很圆满。记得当时泰日乡木行村3队是一个有名的"穷队",社员家庭条件都很艰苦。每年年底人口多的家庭经常发生透支,越是这样越容易造成家庭矛盾。子女成家后都想分家,但一般每个家庭财产有限,子女多的,分家时常会产生各种各样的矛盾。吵闹常有,有时为了一张吃饭台子,一家人都会吵翻了天。因当时这个生产队是我分片负责的,社员对我很熟悉,我们相互也很尊重、信赖,所以社员家庭发生矛盾的时候,他们经常邀我去做思想工作,进行调解。我这个人比较有耐心,脾气也好,对于调解家庭矛盾也有一定的方法,所以调解工作进行得都比较顺利。当时社员都熟称我为"老娘舅"。

图1 肖锦林的获奖证书

梁典10队也是一个出名的"穷队"。1980年,因开挖梁典港占用了28亩耕地,加上粮棉油产量较低,生产队38户家庭净收入总共只有8809元。全队用于分配的资金,人均只有66.25元,劳动单价只有0.33元,大多数家庭的经济出现了透支。1981年,领导安排我去扶贫。我深入生产队进行调查摸底,走访队里的老农民,寻找提高农民收入的良策。走访调查后,我写了一篇详细的调查报告,分析了生产队现状,列出农民增收的各种方案,并向上级公社进行了专题汇报。公社领导对我的报告和增收方案非常肯定。通过我的积极争取,生产队得到了政府的无偿援助,购买了一艘15吨的水泥船。同时我还帮助联系了公社调度站,争取到运输任务。利用自己在农信社工作的优势,我邀请部分副业搞得较好的生产队长来现场指导工作,相继开展了蘑菇、灵芝种植培训,教会社员培育水生饲料用来养猪等,对在落实计划中遇到的资金缺口问题,也给予了贷款支持。通过多项举措并用,增加生产队副业收入,社员年终分配额得到大幅度提高。生产队基本消除了家庭透支现象,终于摘掉了"穷队"的帽子。由于自己的努力工作,1981年、1982年我连续两年被中国农业银行上海市分行(当时农信社由农业银行管理)授予省市"金融红旗手"称号,也多次获得支行先进工作者称号,1989年还被评为经济师(见图1)。

(肖锦林,1936年出生,1954年入本系统,1996年在奉贤农信联社退休)

祖孙三代农金员的传承之路
——金山支行三代农金员的故事

王娟观、蔡大新、蔡志青口述　王李兵整理

上海农商银行金山支行员工蔡志青的奶奶王娟观和父亲蔡大新，分别是金山农信新农信用社的创办人和金山农信人的继任者。他们一家三代都是农信人，与农信事业、农商事业结下了深厚的感情。这个"农信世家"见证了农信社的历史和发展。

让我们来了解下发生在他们家的故事。

第一代"老农金"——妇女主任王娟观

王娟观,生于 1933 年,偏居农村的她经历了抗日战争、解放战争和物价飞涨的乱世。王娟观本人也未曾想过,自己的生活将伴随农信社的历史而展开……

中华人民共和国成立后,国家大力发展合作事业。1954 年,当时还在新农乡的村里当妇女干部的王娟观被指派去信用社工作。自此,王娟观一家三代人的命运与信用社紧密联系在一起。

"信用社建立之初没有办公地点,乡里就把没收的地主房子给我们用,一半做办公点,一半做宿舍,一张桌子、一把算盘、一本账簿、一支笔,就开张营业了。"说起建社初期的情景,王娟观记忆犹新。当时信用社初建之时,信用社主任由副乡长兼任,职员就王娟观一个人,她爱社如家,工作、生活和学习都在社里,一个人挑起了信用社的日常工作。1955 年,王娟观光荣地加入了中国共产党;1959 年,王娟观所在信用社也被评为市先进单位,这是对她最好的回报。

信用社成立之初的宗旨是"农民在资金上互帮互助"。当初发展社员时,王娟观一个人用脚丈量了各个村,挨家挨户去动员,当时的条件艰苦,钱比较少,社员存款意识也淡薄。每年的年终分红时期是王娟观最忙的时候,她深入村里,动员大家将分红的钱存到信用社,积少成多,后来就用这些存款来发放贷款。为了方便大家贷款,王娟观当时在各个村里设立了一个服务箱,这个服务箱用于收集社员的需求,比如贷款需求、存款需求,她定期去开箱,然后挨家挨户去吸储和放贷款。

第二代农信人——农金员蔡大新

1988 年 11 月,干了一辈子革命工作的王娟观光荣退休,在临近退休前,儿子蔡大新接过"交接棒"。蔡大新回忆,他自参加工作起,就在母亲一手创建的新农信用社工作,作为一名企业信贷员,传承着农金员的角色,守护和壮大着信用社这份"家业"。

初入信用社的蔡大新,作为企业信贷员、农金员,他经常下企业、走村里。每到一个地方,大家都说:"你不是王会计的儿子吗?你也到信用社工作了啊。"每当这时蔡大新心中油然而生一种自豪感,也倍感责任在肩。从事基层信贷的6年时间内,蔡大新走遍了金山各个乡、村,足迹遍布全县。

出色的信贷工作得到了领导的肯定,1991年蔡大新被调到信用合作科工作,主要从事信贷辅导工作。当时信用社没有配汽车,跑到基层信用社全靠公交或者自行车,最远的时候来回要6个小时,有时候因为误了公交车还回不了家。

蔡大新的工作成果得到了领导认可,他先后担任了枫泾营业所和廊下信用社副主任,并于1993年5月成为一名光荣的共产党员。1996年8月,信用社与农行脱钩后,他担任了金山联社计划信贷科科长。当时的信用社"百废待兴",市联社也刚成立,很多信贷规章制度都不健全,为了规避风险发展业务,作为信贷科长的蔡大新积极参与各类规章和管理办法的制定,先后制定了《农户小额贷款管理办法》和《小企业贷款管理办法》,填补了金山联社业务发展的空白。

第三代农商人——客户经理蔡志青

2003年7月,蔡大新的儿子蔡志青参加了信用社招工考试,如愿加入农信大家庭。蔡大新把母亲说的那句话同样送给了他的儿子。

2016年2月,干了30多年信贷工作的蔡大新光荣退休了。现在他的儿子蔡志青已经接过了父亲的交接棒,在上海农商银行金卫支行担任客户经理。工作中的蔡志青踏实努力,始终把风险防范放在第一位,传承着祖辈父辈的优秀传统,要守好每一分钱。在15年的信贷工作生涯中,蔡志青发放的贷款未出现一分坏账。

王娟观、蔡大新和蔡志青三代农信(商)人见证了从"农信"到"农商"的发展,这是几代农信人努力的结果,更是老一辈农信人打下的基础。社会在发展,农信在进步,希望老一辈的农信人能健健康康,陪着我们新一代农商人一起见证上海农商银行更加美好的未来。

(王娟观,1933年出生,1954年入本系统,1988年在金山信用联社退休;蔡大新,1956年出生,1985年入本系统,2016年在上海农商银行金山支行退休;蔡志青,1980年12月出生,2003年入本系统)

孩时做过协储员

孙洪其

我们家兄妹五人,哥哥是老大,比我长十七岁。中华人民共和国成立初期,哥哥当上了乡干部。乡政府设在离家不远的邻村天主堂里。我经常跟着哥哥到乡政府里玩。

记得我在上小学二年级那年(1955年)的初秋,乡信用合作社成立,哥哥兼任信用社主任。信用社的办公室就设在乡政府办公室隔壁的那间房子里,里面放着两张桌子,一张是哥哥办公用的,一张是会计徐叔叔办公用的。徐叔叔的桌子上放着信用社里仅有的一把算盘。我经常趴在徐叔叔的桌边,好奇地望着徐叔叔拨算盘。他一有空,就教我拨,还用算盘和我玩"猫抓老鼠"的游戏。

那时,我哥哥工作很忙,每天吃了晚饭还要下村。有一天晚上,哥哥带上我去离家三里路的三浜村。有户刚刚卖了一头猪。哥哥就是冲这事而来,他动员人家把余钱存到信用社。我看到这家主人掏出10元钱给哥哥,哥哥从包里拿出笔和纸,开了一张单子给人家。两人再寒暄了一番,相互告辞。从那家出来,我们又去了本村的罗阿法家。阿法的老伴已病了三天,不吃不喝,肚子疼痛得厉害,又没钱看医生。进门时,我们看到阿法一副无奈相。哥哥走近床前,大婶拉着哥哥的手,连声哀求救救她。哥哥连忙安慰她一番后,叫阿法第二天一早到信用社去,给他贷款为老伴治病。

第二天,正好是星期天我不上学,带着几分好奇心,一清早就跟着哥哥到了信用社。正看见阿法可怜巴巴地站在门口,徐叔叔也来了。哥哥交了账,吩咐徐叔叔贷给阿法5元钱。徐叔叔办完手续,阿法抖抖索索地从徐叔叔手里接过钱,正欲向哥哥和徐叔叔鞠躬致谢,被哥哥拦住了。我望着渐渐离去的阿法那干瘦的背影,悄然领悟了哥哥昨晚下村的缘由。

那时,每次放学回家,我总是和二姐或三姐背上草篮到野外割草。有一次,我和三姐去邻村的一条小河边割草,那里已有几个小伙伴,其中有个叫阿云的,看到我,就从口袋里摸出一颗棒头糖送给我,还说他家母猪生的10头小猪今天都给卖了。我一听这话,转头一口气跑到了信用社。哥哥见我满头大汗,问我为啥?还没等我把话说完,哥哥拿起包,拽我就往小河边跑。见到阿云割的草还没填满篮子,哥哥就用三姐割的草给阿云的篮子填了个满实,然后背起篮子,三人就往阿云家走。当接过阿云爸爸给的10元储蓄钱后,哥哥一把将我驮在了他的背上,硬是背到了信用社。

从那时起,每当我和姐姐外出割草,总是想到更远的地方去,姐姐理解我的用意,也总是顺从我。我对结识的小伙伴家养几头猪、多大、什么时候卖,都了如指掌,还跑遍了前后三村农户家的猪圈羊栏,当我把情况向哥哥诉说时,哥哥总是记在本子上。

有一天,哥哥从县里开会回来,说是县里行长要来看我,因为哥哥把我为他提供农户卖猪宰羊"情报"的事,在县里会上作了介绍。不久后的一天下午,我背着妈妈用土布头巾改制的书包,跟着哥哥来到了信用社,里面坐着一位大叔,满脸的络腮胡子刚剃过,下巴留着淡青的颜色,操着一口北方话。他见我进来,把我拉到身边,摸着我的脑袋,问长问短,还叫我好好读书,长大了到信用社里工作。

当天深夜,哥哥把我从睡梦中叫醒,在我的脸上深深地亲了一口,把一只崭新的帆布书包放在了我的枕边。妈妈为我点上了灯,我打开新书包,发现里面还有一只铅笔盒,装满了铅笔。第二天,我背上"洋"书包刚踏上学校的操场,同学们就一窝蜂地围了上来,当我说明书包的来历后,同学们向我投来了羡慕的眼光。打从那时起,只要同学们家里有卖猪宰羊的事,他们都会告诉我。

1965年,我中学毕业回乡,村里正值"四清"尾声。不到一个月,负责我村"四清"工作的队长老马递给我一封信,拆开一看,原来是一份要我到泖港信用社工作的通知书。多年的愿望终于实现,我高兴得热泪盈眶。

现在,当我跨进宽敞明亮的工作场所,或者守卫在ATM机旁,护卫着出纳员清点柜台,或者看着后辈们快速如流地在键盘上"弹钢琴"时,想起孩时的趣事,真是回味无穷。

(孙洪其,1946年出生,1965年入本系统,2006年在上海农商银行松江支行退休)

第二部分

1960—1969 年

与农商银行一路同行

康雪文

在上海的农村信用合作社刚成立十多年之时,我便加入了这支队伍,一干就是几十年。从20世纪六七十年代的艰苦岁月一路走来,我见证了农信社从萌芽到茁壮长成;如今,我已经退休,农信社也已改制成为农村商业银行,成为新兴的银行力量。我这辈子做的都是基层工作,接触的大多是土地和农民,但我为自己和上海农商银行感到自豪。

20世纪60年代初,作为农信社的工作人员,我的任务中有一项是"跑交换"。在那个年代,没有现在的网络科技,没有线上的交换,也没有便利的交通,只有脚下的一双鞋和一辆自行车而已。作为一项信用社日常必备工作,"跑交换"对我来说是异常艰苦的,无论是刮风还是下雨,都需要骑着自行车,穿梭在各信用社间,一骑就是十多年。到后来,公共交通有所改善,有了公交车,我不需要骑着自行车"跑交换"了。但是坐公交车"跑交换"有一个缺点,那就是需要"卡点"。当时,公交车班次很少,而"跑交换"又需要及时,也就意味着我必须在公交车到达站点之前,就在站点等待汽车的到来,否则一旦错过这个班次的汽车,我就要等很久,这样会耽误时间。所以我每次都是提前"卡点"公交车到站的时间,毕竟公交车到站的时间并不固定,只能早不能晚。虽然,当时觉得面临着非常大的困难和压力,但二十多年下来,这一段经历也成为我的美好回忆。

除了"跑交换",我还需要传递现金、印章。重要的印章,必须放在随身的旅行袋里。印象最深刻的是带着印章挤公交车,当时的公交车不像现在这般宽敞、明亮、舒适,而是人多拥挤。为了能够更好地保管重要印章和物品,我就和驾驶员打好招呼,挤到车头。每次挤公交车都非常难受,尤其是夏天,异常闷热,车上也没有凉爽、舒适的空调,只有人挤人的汗味,甚至还有乘客携带的家禽味道。除了工作,每周四我们还要跟农民一起下田劳动。这些经历也为我后来做农民贷款工作打下了一定基础。20世纪70年代初,农信社贷款项目非常少,贷款的资金也少,农民都是贷款买小猪等养殖农产品,一般是一元、两元,多的也就五元。一头小猪也不过几块钱,通过半年养殖,就可以出栏售卖或者宰杀,其价格可以翻几倍。一元起贷的低起点,使得大多农民都可以贷款,给农民发展副业和生产带来了极大便利,让本来无力承担养殖成本的农民有能力通过自身的劳动赚取回报,并且还清贷款。

除了发放贷款,当时的农信社还需要帮助生产大队进行结算和派发分红。作为联合生产的集体,生产大队由农户组成,集体利润和分红都需要经过专业计算和分配,而农村缺乏这样的专业人员,此项工作就由农信社工作人员协助完成。尽管这不是农信社的本职工作,但是这么多年下来,我们都尽心尽职地履行着这个责任。计算结束后,就需要我们去一家一家跑,把分红发给农户。当时我带着一个大麻袋子,里面装着现金,我沿着路线挨个跑着送,代步工具就是自行车。通过一个人、一辆自行车,农户都能够按期按时拿到自己的分红。而看到现在上海农商银行已经可以通过系统和线上的渠道来发放分红和利息等,我不禁感叹当下生活变好了,科技发展为银行带来了巨大的变化。

农信社与农村和农民一直紧紧联系在一起,我们的初衷就是帮助农民,保护农民的利益。而通过农信社以及农商银行这几十年的发展,可以非常自豪地说,我们做到了这一点。我们一心为了农村发展、农民利益而努力奋斗。直到现在,农信社改制农商银行,"坚守普惠金融,助力百姓美好生活"这一使命从来没有变过。虽然我已经退休,但是看着现在年轻而富有活力的农商银行,我知道农商银行的未来会变得更加光明和辉煌。

(康雪文,1956年出生,1974年入本系统,2016年在闵行农信联社退休)

一位农商银行员工的 30年温情工作记事簿

朱水芳口述　顾雯妍整理

我于1937年12月出生,今年已83岁,对很多事情都已记忆模糊,不过我仍旧深刻记得,13岁那年中华人民共和国成立;翻阅我的退休证时,对于很多工作中的往事,仍记忆犹新。

我于1961年12月开始工作,到1992年12月退休。在那个年代,我们口中的社会三大"合作"是:农业合作、信用合作、供销合作。所以对于在信用社工作,我是无比自豪的。白驹过隙,如今我退休也将满30年了。

我仍记得第一次被领导批评。刚开始工作,没有老师带教,都是通过翻阅前辈做的账本来摸索。有一次,因为写错了科目,领导批评了我。那时候年轻气盛,跟领导顶嘴,觉得因为没有人教所以做错是正常的。后来有了经验,渐渐懂得工作就是如此,要承认错误,不懂就要弄懂。

我记得做贷款工作的情形。现在客户向银行贷款来办很多事情,而在我们的年代,客户可能只是借10块钱贷款去买小猪。借款的手续只需要生产队写一份介绍信,客户再提交给信用社一份借据即可。如果后续无法还款,也不会把小猪拉到银行里来,生产队再写一份介绍信,信用社收到以后再给借款人续贷。

我也记得工资上的变化。那个年代,没有太大的差距,大家收入水平差不多。刚工作的时候是每月16元左右的工资,工作了6个月转正;我生孩子的时候,工资才涨到每月27元;累计工作满15年了,工资涨到32元。

我还想起来,工作那么多年间只带过一个徒弟,叫笪秀文。我工作那时都是自学,后来才逐渐有"帮带制度"。退休前那一年,领导带来了一名新员工,让她跟着我学习,她成了我第一个也是唯一的徒弟。在我退休前,我们共事还不到一年,但是师生情仍旧浓厚,到现在小笪还经常来看望我。

我退休的那年,单位开始给员工做工作服。每个人有2套,颜色是很好看的蓝色。而衣服做好的时候,我也马上要退休,离开农信社了。这2套新衣服我一直留到现在,天气转凉了,就想着拿出来披一披,看到这2套衣服就很怀念我的工作时光。

回顾过去,着眼现在,社会已迅速发展。就农信社而言,无论是办公环境还是工作制度都有了顺应时代发展的翻天覆地的变化:一开始简陋的木制矮办公桌,到后来变成了高到胸口的桌子;从没有柜台,到装一半的防盗窗,变成"全副武装",再到现在已经都是装防爆玻璃了。

手写存单、问银行借10元钱买小猪的往事,现在听起来像故事一般,有点无法想象,但都是我们那个年代人的真实经历。现在这个时代变化太快,我们也不一定跟得上节奏,对我们这代人来说,现在的生活来之不易,但对生长在蓬勃发展时期的年轻一代来说,好像是轻易可得。因此,想告诉年轻人要学会珍惜现在的工作,把简单的事情重复做,把重复的事情认真做;切忌心浮气躁,切忌急于求成;鼓励年轻人和我们上了年纪的人多聊聊,心态就会平和很多。

这段30年的工作记忆,让我瞬间倍感年轻。60年前开始工作,其中的点点滴滴回想起来,恍如昨日。希望如今上海农商银行的年轻人们,都好好干,希望上海农商银行的明天越来越好。

(朱水芳,1937年出生,1961年入本系统,1992年在中国农业银行长宁支行退休)

一个人的信用站

王祥生口述　陈良晟整理

　　1962年夏,我高中毕业后进入崇明县合作乡农信社工作。报到后接受了三天的业务培训,农信社内几位"老法师"也不管我听懂与否、消化与否,轮番地给我"填鸭"。我在小本子上记了很多知识。三天后,主任给了我一个地址、一只土黄色的挎包和一大一小两把钥匙,分配我去蛸蜞信用站。他只是交代了一句"去了后,要好好地为农民服务"。

一、我向我报到

　　蛸蜞信用站离合作乡农信社(又称"总站")有7里路,我走了约有40分钟,按地址找到了写有"信用站、缝补站"字样的木牌。信用站怎么和缝补站在一起?思及此,我进门一看,那是一间约10个平方米的小屋,屋里两个角落分别有一张无人的桌子和一架缝纫机。一位女工正在缝纫机上工作。

　　"信用站的人呢?"我疑惑地问那微胖的女工。她头也没抬地回答:"没人。"

我还是不解,但又不便再问,于是在街上找了个电话,问总站主任:"我到了蛸蜞站,向谁报到?"

不料主任告诉我:"就你自己。"

我拎着听筒,愣了半天:怎么就我自己?

"蛸蜞站就我一人,我就代表蛸蜞站。"这是我回过神后的理解。

二、每天的日程

我很快就进入了角色,农信社里的所有岗位——主任、会计、出纳、农金员等都由我一人兼了。得感谢那个小本子,里面记录了几天前总站"老法师"们的业务"箴言",内容有各个岗位的操作步骤,我结合着业务实例,很快就理解和记住了。

蛸蜞站要负责周边3个生产大队和2个畜牧场(共近40个生产小队,1 000多户农民)的金融业务。主要是催收欠款、到期收贷、办理存款、发放贷款、辅导业务等。每天的日程也较有规律:清晨天亮时分,开门、点灯、营业,农民要下地前到信用站来办业务;9点多时,农民都下地劳动了,我就拎着包,包里装着空白存单、记事本和500元的备用金,包外吊着算盘、茶缸,走到有农民的田头、塘边、家中接着办理业务,或到生产小队会计那里辅导业务;傍晚先回蛸蜞站记账、轧账,再去总站核对备用金;最后带着挎包回家。

三、留言本

怎样才能落实主任交代的"要好好地为农民服务"的指示?这是我一直在思考的问题。

没过几天,我开门营业不多时,缝补站的阿姨来上班了,她对我说:"小王师傅,昨天上午你走后,来了一位老奶奶找你,要取钱。你下乡了,她急着用钱给小孙子看病。"

我忙问:"叫什么名?"

阿姨答:"不知道。"

"她今天还来吗?"我又问。

阿姨又答:"不知道。"

"那她住哪里?"我着急地问。

阿姨答:"不知道。"

阿姨一连串的"不知道"使我茫然了。这天上午我等到10点离站下乡时,也没有等到那位老奶奶再来取钱。我忐忑了一天,一直惦记着那位老奶奶,想象着她着急的模样。

第二天上班,我找了几张单面还能用的纸,裁成巴掌大小,用针线钉成个留言小本子。等缝补站阿姨上班了,就找她商量,以后凡我不在信用站,有人找我时,就让阿姨记下事由和那人的住址。这样我傍晚回到蛸蜞站就可以看到,如是急事,我就马上上门办理;不急于办理的,就第二天下乡时优先去办理。

阿姨起先有些为难,因她识字不多。我马上表示,写错别字也行,并许诺从今天起教她识字。可爱的胖阿姨一听可以教她识字,就痛快地同意了。

自从有了那个留言本,有了留言,我为农民办理业务就及时多了。

四、延期了还要贷

20世纪60年代初,崇明地区也和全国一样,处在自然灾害的困难时期。我分管的第一大队第八小队地处低洼,常年受灾,造成农作物收成低下,壮劳力一天的收入只有1角钱。其中有个姓施的农户,夫妻俩多病,加4个未成年的小孩,家庭经济十分困难。我接手蛸蜞站工作时,他在农信社就有200元的欠款。看着有关他的一张张"延期贷款"的条子,我的心里沉甸甸的,于是就在中午上门访问了他家。

常年失修的房顶,只有一半的瓦片,另一半是用稻草铺的,几扇窗都是用纸挡着的。进门后因光线暗,过了好一阵才适应过来。已是初秋了,有两个小男孩还赤身裸着。病怏怏的女主人在灶前煮稀饭,老实巴交的男主人还要留我吃饭。我心里堵得慌,一刻也呆不下去了,我把自己的5元钱塞到小孩的手里,急忙走了。不料傍晚回到蚂蜞站,阿姨在留言本上记着"桌上的5元钱是八队施家的"。我想了想,就按还贷处理了,单身汉的我当月开销紧巴巴的。

到了年底分红前,近40个生产队的分红方案都汇总到我这里。我特意找出八队的,查看了老施的一栏,在分红的格子里写着"41.22元",在计划还贷的格子里写着"10.00元"。多好的人啊,在未来的一年内,他们一家可开销的钱本只有41元左右,还不忘还贷。剩下的30多元,6口人,又将是十分艰难的一年。

果真,第二年9月的一天清晨,我刚到单位还没开门,他就在门口堵住了我,因揭不开锅要申请贷款。我很是为难,他还有近200元的延期呢,怎么再贷?但我又很同情他,我应该要帮他。可我做不了主,得向总站主任汇报。于是对他说,我们要商量商量。他还很"机灵"地说:"这农信社只有你一个人,哪再有商量的人?就你说了算。"我只好向他解释分站上面还有总站,有延期的情况一般不再贷的道理。他以为我在搪塞他,失望地走了。

晚上一回到总站,我立即找主任汇报老施延期再贷的事。不料主任不等我说完,就讲,"今天下午公社书记在听了大队汇报后,为老施申请贷款的事打来电话说情了。我想先听听你的意见",我立即说,"对于施先生,我很了解,是个有钱就想着要还贷的人。这次他但凡能揭开锅是绝不会要求再贷的,真应该再贷"。于是主任当场决定再贷5元。

这是后话了,听说到了1982年时,中国人民银行将施先生历年欠农信社的所有款项,全部豁免了。

到了1968年初,我被调到总站工作。离开蚂蜞站的那一刻,我还真有点舍不得,毕竟待了有5年多。5年多的时间,变化很大,煤油灯早就不用了,每天要挎着下乡的土黄包也有了补丁,越来越胖的阿姨也认得了不少字。

5年多的时间,也有始终没有变的,那就是蛸蜞站只有我一个人,和我为农民服务的满腔热情。

(王祥生,1944年出生,1962年入本系统,2004年在中国农业银行崇明支行退休)

努力村存款捍卫记

陈桃芬口述　金文婷整理

1962年,我刚满18岁,从财贸学校毕业后便被分配到了上海县新泾信用社(见图1,现属长宁区)。

回顾32年农信社的工作经历,至今难以忘怀的便要属1962年"新泾镇努力村年末分红存款事件"了,那是我参加工作的第一个年头。

图1　20世纪60年代拍摄于新泾信用社门口

那时候,农信社的营业点比现在少得多,整个新泾镇就只有一家农信社,村民去一次信用社存款非常不方便。为了给村民提供便利,也为了更好地完成存款任务,我们靠一只挎包、一双脚或是一辆自行车深入走访至各村各户,拉近和储户的距离,给村民铺就一条方便的储蓄之路。

过年期间,是我们农信社存款任务最繁重的时候,每个村庄都是到了年底给村民统一发放一年的分红,我们也在这个时候迎来客户存款的黄金时期。那天按照计划,我被派去努力村服务村民。努力村位于新泾镇的最西北角,地处偏僻而且没有任何的公共交通工具可以抵达,即使是自行车也要骑上近一个小时。该村当时在新泾镇属于富村,我们提前就收到了许多存款预约。为了保证当天的工作能按时顺利推进,我特意起了个大早,天蒙蒙亮的时候就赶到了单位。

上门"吸储"前,我们要提前在单位做许多准备。比如,那时的存单是手写的,我们根据预约情况估算可能需要的存单数量后,事先在空白存单上加盖储蓄章,再根据村民的实际储蓄金额当场补上。在做好所有准备工作后,我和另外几名同事便骑着自行车一起前往努力村。

由于我们长期为农民服务,与农民之间互相信赖,每次去村里办理业务前,村干部都会帮忙做宣传,村民们也觉得把钱存进农信社非常有保障,因此我们的分红回存率总能保持在50%—60%。和往常一样,我们到了努力村后挨家挨户办理业务,一直忙碌到晚上12点左右才做完所有工作。然后在努力村民兵的护送下准备回单位。

当时物资条件比较落后,收到存款后,只能将数万元现金都放在一个60厘米长的旅行袋里。而钱多袋小,以致连旅行袋的拉链都拉不上,敞开着口。为了确保存款的安全,那天回程的路上,我坐在同事的自行车后座上,手里一直把"大钱包"紧紧地搂在怀里,生怕村民们一年的辛苦所得在我手里发生损失。那个年代小路上是没路灯的,外加努力村位置过于偏僻,沿途无任何能照明的小店,一路上黑灯瞎火，大家只能靠着月色骑行。尽管我们非常小心，但还是没能避免意外的发生。

由于视线不好，同事的自行车与前方人员的自行车发生了碰撞，我们俩连人带车一起翻进了农田旁的沟里。等到我跌跌撞撞地从沟里爬起来时，小路上的"大钱包"不见了。大家当场就慌了神，再跳进沟里，蹲在漆黑的沟里摸到了那只包，但包里的钱款明显少了很多。少了的钱哪儿去了？我努力想着，紧张得落泪。

冷静下来以后，我认定包里洒落的钱款也肯定掉在沟里了。为了及时找回这些钱款，我们顾不上身上的擦伤，便一起蹲在漆黑的沟里摸索。那个年代，从村民那里收到的存款基本都是几元的纸币，票面大小、手感和沟里的菜叶垃圾极为相似，黑夜下两者混在一起，要想在短时间内区分开谈何容易！无奈之下我们只能将沟里能摸到的东西极尽可能地全部塞进包里——管它是什么，打包回新泾信用社后，在灯下再作清理。

临近过年时候的天气总是格外寒冷，我就这样和同事在凛冽的寒风中，蹲在几米之内的沟里，跌跌撞撞地在沟底摸了大半个小时，一身狼狈，一身疲惫。我们将能摸到的疑似纸币都塞进包里时，明显感觉到旅行袋比原先鼓了不少。

等到我们忙完这些，在民兵的护送下回到农信社时，已是凌晨时分了。经过一番忐忑不安的清点后，我们发现当天收到的储蓄款被一分不少地捡回来了，当然也理出了不少菜叶。那一刻的惊喜和如释重负的感觉，是我今后四十年的职业生涯中都不曾有过的，自此深深地烙在了我的记忆里，这是那个朴实、奋斗的年代留给我的纪念和情怀。

（陈桃芬，1944年出生，1962年入本系统，2004年在长宁农信联社退休）

三十七载杜行农信社情

陆秋妹

我叫陆秋妹,是上海农商银行的一名退休员工。和大多数老年客户一样,还是习惯把农商行亲切地称作信用社。因为从开始工作到退休,是农商行作为农信社陪伴了我整整37年,同时也为村民和企业带去了温暖与支持。

回顾37年信用社的工作经历,一切历历在目,仿佛未曾离开。

图1　陈行信用社员工合影(第二排左二为陆秋妹)

1962年,我被分配到了上海县杜行信用社,在这里工作了10年。随后1972年,我被调去陈行信用社(见图1),担任内勤、外勤、会计等岗位,在这里工作了整整18年。1989年,由于家庭原因,我被调至三林信用社,担任信用社主任。1996年农信社和中国农业银行脱钩后,我于1997年到农行杨思支行担任会计辅导员,后于1999年正式退休。

这几十年的经历,也让我拥有了不少深刻的感触和记忆,比如,工作服装上的变化。每次去农商银行办理业务,看到员工工作服常换,衬衫、领带、领结花样也一直在变,我都不禁感叹现在的工作环境真是越来越好了。以前没有统一的工作服,员工穿便服上班,差不多到了1990年才有了第一套单位统一的工作服。

除了服装上的巨变,另一个让我感触尤深的便是交通出行。我住在闵行区梅陇镇,上班在陈行镇、杜行镇,一个浦东,一个浦西,因此上班需过江。只是从前过江只能坐轮渡,这导致每天上班的单程时间逾2个小时。由于单位规定5点就要到岗,所以我只能住在单位,一个礼拜回家一次。每次到了年终结算夜,归家之心又尤为强烈。现在回想起来,对于当时还是年轻姑娘的我来说,这是一段比较艰苦的时期。现在,上班通勤的时间早已大幅度缩减。

另外,在柜台工作期间,有一件事也让我印象深刻。柜台岗位规定每天5点到岗,工作到下午4点半关门,业务忙碌时只有短暂的几分钟吃饭时间。有一次营业结束后进行轧账时,发现账务不平,那会儿也没有电脑流水或者监控,都是手工做账,也没有人复核,因此出了差错只能自己找出来。好在那时年纪轻、记性比较好,靠着回想白天办理过的每一笔业务,最终想起来是一位在南汇的客户办理时出的问题。于是那天晚上,我骑着自行车,在没有路灯的一片漆黑中,靠着自己挨家挨户的询问,找到了这户人家,最终追回票面。直至今日,那时发生的场景还能清晰地在我脑海中浮现。

后来,我转岗当了外勤,开始分片跑业务。那时汽车、助动车,甚至连自行车都没有,全靠自己的两只脚。直到后来,单位才给每一位外勤人员配了一辆自行车。而在此之前,无论烈日暴晒还是刮风下雨,我们都是靠步行穿梭于各个生产大队,为他们带去资金上的支持。例如上海勤劳箱体制造有限公司和上海天马电脑绣花有限公司,分别为当时勤劳村和芦胜村的村办企业,多年来,信用社在资金上给予了这些企业很大的支持。这两家成立于20世纪80、90年代的企业,在上海农商银行陈行支行开立的基本户依旧存续,并且也在不断转型,谋求更好的发展,正如上海农商银行一样,不断改革发展、创新转型,同时践行着"普惠金融助力百姓美好生活"的价值观,真正地在服务"三农"。

以前在郊区,看不到工商银行、建设银行,相反,在市区也看不到农业银行、信用社。有句话叫"农行进城、建行下乡"也是这个道理。但我想,正是因为从前信用社在郊区——或者说郊区只有信用社,经过了几十年的感情积累,才使得上海农商银行现在依旧能够深深扎根在百姓心中。不管怎么顺应时代变迁而发展,上海农商银行支持"三农"、服务"三农"的理念始终不会变。

回想当初的岁月,艰苦虽有,但是看到越来越多的企业在信用社的支持下不断发展,我也觉得幸福,并且在此期间收到了陈行乡各个大队很高的评价。还记得当初,在我从陈行调至三林时,大队企业还给我办了欢送会,那时就觉得,所有的辛苦都是值得的。

从我进信用社到现在,已经有快60年的时光了。直到现在,我也会和以前的同事相聚,共同聊天,回忆过去的日子。

希望未来的时光,上海农商银行越来越好!

(陆秋妹,1944年出生,1962年入本系统,1999年在中国农业银行杨思支行退休)

一把老算盘"打出"一段历史

故事人物朱扣娣　李汉斌整理

有一天,我途经一个退休老员工的家,顺便进去坐了一会儿,跟她聊了些往事。而后机缘巧合之下,见到了她家的一件老古董——一把年代久远的算盘。

这位退休老员工名叫朱扣娣,上海人,落户到了崇明后和上海农商银行结下了半生的情谊。从参加工作开始,她就一直在信用社工作,是个不折不扣的"老银行人"。在那个年代,算盘是银行人的"吃饭家伙",必定是人手一把,只是现在越发罕见了。上海农商银行别的公物都是不能拿走的,唯有这个算盘归个人所有,遇到工作调动,可以随身带走。

细看外观,这把老算盘上面,有用红色油漆书写的"人行"两个字,这是一把有生命力和叙述力的见证物。我很想弄清楚这把算盘的来历,包括它的年龄,以及它出现在当年的农信社的原因。

经过与朱师傅的交流,我得出了一些推论。

从我的角度来看,我参加工作已有 20 年,初次来到农信社时,农信社已经独立核算了。而在此之前,农信社曾归中国农业银行管理。如果是农业银行的算盘出现在信用社,那就是很自然的事情了,可是这把算盘上面的"人行"两字却与之相去甚远。

思及此,就需要了解其中的历史,以及信用社、农行和人行之间的关系。经过查询相关资料,我了解到,中国农业银行成立于1955年。在1957年,国务院决定将中国农业银行和中国人民银行合并。到了1963年,又再次独立设立中国农业银行,而后又经历合并与恢复建立,因此人行的算盘出现在农行有了合理的解释。这样一来,这把算盘的年龄可追溯至1963年,到2020年为止,共历经了57个春秋。

1979年,国务院《关于恢复中国农业银行决定》中规定农村信用社为中国农业银行的基层机构。同年10月,中国农业银行上海市分行恢复后,于1980年9月首先在上海县支行试点,而后全面推行"所社联营"体制,实行人员统一使用,业务统一经营,财务统一核算,利润统一分配。

到了1996年,国务院又下达《关于农村金融体制改革的决定》文件,指出农村信用社管理体制改革,是农村金融体制改革的重点,并作出决定,"中国农业银行不再领导农村信用社。对农村信用社的金融监督管理,由中国人民银行直接承担"。自此,农信社和农业银行"分家"。而这把算盘当时正好归农信社管理,所以就被分配到了朱师傅的手里。

实际上,这把算盘早在1996年之前,就已跟随朱师傅了(见图1)。其间,朱师傅靠着这把算盘称职地完成了各项工作。那时工作上,要用算盘处理大量的、不同的数据,比如各类报表。如果算盘打不准、打不快,就不能及时完成工作。当时的"这碗饭",不是谁都能"吃"的。

虽然朱师傅用普通算盘一样可以完成各种工作,但是那把老算盘上的"人行"二字,却更好地印证了农信社的历史。现在的银行人已经不用算盘了,但是练习打算盘仍然能够很好地提升一个人的智力,手的灵巧与否和一个人的脑力状况有着很大关系。

虽然算盘作为一种运算工具,正在退出历史舞台,但这把老算盘,它的象征意义却永远不会消逝。

图 1　朱扣娣和她的算盘(右为整理者李汉斌)

(朱扣娣,1952 年出生,1979 年入本系统,2002 年在崇明农信联社退休)

老农信守护者

张敏之

    我于1963年2月进入下沙农信社工作,直到2001年退休。工作中,我兢兢业业,一直保持着对工作的热爱。闲暇时,我也不忘勤练打算盘技巧。在持续的努力与老同志的帮助下,我成为一名合格的农信人,切实做到了为人民服务、急客户所急、想客户所想。

    通过平时的工作,我深刻认识到农信社是农村最基层的金融服务工作组织,我们每天与钞票打交道,在金钱面前就要严于律己。同时,我也清楚认识到,既然老百姓放心将钱款交给我们,我们就有责任确保财产的安全。老同志教导我,我们不仅是农信社内所有现金财产的清算人,更是老农信的守护者。

    因为职业习惯,我平时都会十分留意来往客户的动向,有一段记忆深刻的往事就是因此而发生。1969年,党中央正在召开"中共九大"会议,那时我正好在隶属于下沙农信社的沈庄分站工作。某个工作日下午3点左右,沈庄分站来了一位男性客户,可他并不办理任何业务,只在柜台外面徘徊。当时的柜台只有60厘米左右的高度,也就比我的工作台稍微高一点。这名异常客户引起了我的警觉,但忙于工作的我也不便询问对方。到傍晚营业终了,我仍旧心里感到不安,与对面油糖小店的两位老同事谈起了当日情况。

随后,小店的其中一位同事老曹晚上到食堂就餐时,就与商业部门的老会计谈起了此事,叮嘱我们要时刻关注。当天晚上,老会计在街上散步时特地拿着手电筒到沈庄分站附近查看情况。随即发现农信社隔壁沈庄饭店的一扇后窗开着,于是决定进去检查。谁知,此时饭店靠近分站的一扇门突然打开了,一个人从中跑出来一路向南狂奔而去。老会计随即意识到老曹所担心的事情发生了,立即一边高呼捉贼,一边追了过去——如果在饭店墙上挖一个角,不法分子就可以借机潜入农信社,那么后果不堪设想。

当晚,我轮到值班,是直接住宿于油糖小店内,这样一来可以时刻关注农信社的周边情况,也可与店内同事互相有个照应。于是,即将就寝的我听到老会计的呼叫声,从床上一跃而起,狂奔到沈庄生产资料部,并打电话通知下沙农信社负责人,告知状况发生的时间,随后立即赶到单位。幸好与同事们盘点后,确认了现金钱款数正常。现在想来,我仍然心有余悸。这多亏平时我们提高了警惕,养成了良好的职业敏感度,并且和周边商铺配合联系紧密,否则犯罪分子就有可乘之机了。

类似的经历不止发生过一次。第二次发生在1981年2月3日,那时单位已经开始实施双人值班保卫制度。那天晚上,我与同事徐秋香值班时听到了连续的"唧唧唧"的异响,起先以为是老鼠正在啃啮纸张,然而当时是2月的晚上,寒冷难耐,这种情况也不太正常。值班室内,我的床正对窗户,徐秋香的床紧靠窗户。我心想着看看到底老鼠在什么地方,正瞅着窗外,突然发现窗口铁栅栏上端伸进来一只白色的手,在月光下尤其突兀。

我马上绷紧了弦,意识到有不法分子企图入室作案,于是立马叫醒了徐秋香,叫她拉响警报器。嘹亮的警报声响彻夜空,我也壮着胆怒吼一声:"哪来的毛贼,找死啊!"等待片刻,我们立马起身,打电话向上级汇报情况。我一打开值班室的门,发现营业间内的后窗全部被打开,幸好有铁栅栏拦着,歹徒无法进入。我见状,又电话通知下沙农信社当晚的值班人员,同时立即报警并联系南汇支行当晚的值班人员。

因响亮的警报声持续不断,惊动了路上巡逻的联防工作人员,工作人员立即前来询问情况。我的同事已吓得不轻,此时听到有人敲门询问,便像抓住了救命稻草,立马开门。我则立即上前询问来者身份,通过他们工作服上的标志以及号码判断身份无误后,又一并联系了南汇支行值班人员,告知来人情况。了解情况后,他们随即离去。剩下我和同事两人坐守着农信社到天亮,同时等待单位领导以及派出所公安民警到来。

事后才发现值班室窗外,留有一把电工刀及较长的凶器,大家都捏了一把汗。万一歹徒入室抢劫,人民财产不保,工作人员的性命也会受到威胁。我们值班人员肩上责任重大,既要对自己负责,更要对人民财产负责。此事件发生以后,为防范风险,上级决定,我所在的分站便取消了库房,统一改为由下沙金库出入库,有效防范了此类风险。

时光飞逝,不知不觉间,我也是一名75岁的老年人了,在农信社的大小事情历历在目。回忆过去,着眼现在,展望将来,我国的金融产业正蓬勃发展,我们的农信社也一步一个脚印,成长为现在的上海农商银行,员工队伍也日益壮大。感谢国家和组织,让我老有所依。祝福我们的祖国,祝福我们的农商银行!

(张敏之,1946年出生,1963年入本系统,2001年在南汇农信联社退休)

勇斗劫匪
血衣犹存

故事人物金志通　陆晓燕整理

1964年3月12日,对于上海农商银行退休职工金志通而言,是永生难以忘却的日子!那一天,三名歹徒闯入银行网点实施抢劫,年仅20岁左右的金志通与歹徒展开殊死搏斗;那一天,小小的银行网点被前来围救支援的各路人马包围得水泄不通,该事件在上海滩引起了不小的轰动;那一天,歹徒的一刀不仅在金志通的额头留下了深深的印痕,同时也在金志通的脑海里留下了不可磨灭的烙印!

1964年3月12日凌晨,员工金志通和周志明当班值守金库,两人一如往常般睡得深沉香甜。殊不知,三名手持铡刀、锤子等作案器具的歹徒此时已偷偷撬开网点大门,进入了二人值班的内室。看到熟睡的二人时,歹徒举起铡刀就朝床上睡着的金志通头部砍去。一刀正中金志通眉骨上方,当场鲜血四溢,熟睡的两人立马惊醒。金志通和周志明立即翻身而起,与歹徒展开搏斗。其间,周志明抓起床上的被子试图抵挡。但是手无寸铁的他们始终不敌带有武器的三名凶狠歹徒,混乱中,周志明也身中数刀。随后,三名歹徒趁乱夺走了放置于内间的一个铁箱,并逃离网点。

见状,金志通、周志明口中不停大声呼救:"抢银行了!""来人啊!"他们撕心裂肺的呼喊声不断在宁静小镇的上空回响着。而三名歹徒一路只顾提着箱子狂奔,终于在营业网点百余米外停下后,试图用蛮力打开夺来的铁箱子,但始终未果。于是,歹徒团伙见情形不对,随即放弃箱子遁走。后来箱子中存放的物品被证实为空白存单,网点现金均存放于网点的金库保险箱内,完好无损。

歹徒逃离后,金志通、周志明两人立即打电话通知了乡镇和上级领导,随后公安民警、支行人员也相继赶到现场了解情况。头骨受伤的金志通和身体中刀的周志明被送入医院进行紧急治疗。

事件结束后,通过公安机关的层层追查和不断努力,三名歹徒最终于同年的 6 月 12 日落入法网。至此,轰动一时的银行抢劫案落下了帷幕。

回忆起这段往事,金志通脸上交织着害怕、紧张与沉重的表情,感慨万千。时至今日,其眉骨上方的疤痕还清晰可见,当时如果刀子再偏那么一分,后果将不堪设想。然而金志通表示,对于突然发生这样的事情毫无心理预期,只是当时也没有想那么多,仅抱着一股信念,要保护单位的财产,绝不能让坏人得逞!

劫案发生时,两人身上穿着的血衣至今仍完好地保存在青浦博物馆里,那是对这段英勇历史的最佳见证。

(金志通,1944 年出生,1962 年入本系统,2004 年在青浦农信联社退休)

一个布包　一条泥路

辛兆良口述　吴燕婷整理

我叫辛兆良,一个土生土长于嘉定县徐行乡的农民。1964年11月,19岁的我进入徐行农信社工作,至2006年10月在上海农商银行嘉定支行退休,共计为乡村金融服务43个年头。

一只坚持为农服务的布包

1964年,我进入徐行农信社工作,当时的主要工作是将徐行人民公社的部分历年积余以贷款的方式发放给本乡的贫穷生产队,用于购买肥料、农药、农船、小农具、耕牛及小型抽水机、轧稻机等,以帮助农民恢复、发展生产,解决生活困难,打击高利贷。

我在负责农信社发放贷款的同时,还开展合作社股金入股(采用股金分红方式)工作,提高农民收入。当年徐行合作社股金总量只有2万元。由于经济落后,农户采取以物入股的方式,例如,一个耕地用的犁具市值约为1元人民币。我还清楚地记得,当时最大面值的抵押物没有超过3元的。

在那个物资匮乏的年代,没有水泥路,更没有汽车,开展工作全靠两条腿。步行万步是基本,"移动办公"更是我的工作常态。19岁的我,脚踩泥泞路,肩挎洋布包,包里装着一支笔、一本账和贷款给农户的几十块钱,不停地穿梭于徐行乡的各个生产队,积极开展贷款发放和股金入股工作。

一条坚持为农服务的泥路

1980年至1984年间,县农业银行与农信社联营。当时,我成为第一批提干干部,担任徐行农信社主任,社里有6名合同制员工。我作为负责人,外勤、内勤工作都要抓,主要服务对象是本乡的各个生产队。1984年,我们响应政府号召,在农村开展扶贫工作。

还记得一个冬季的雨天,原本坑洼不平的泥路使人步履艰难,但已安排好走访慰问生产队贫困户老卢的事不能耽搁。我穿着雨衣,背着一条包裹严实的扶贫被子,一步一个脚印地前行。寒风夹杂着冰雨拍打在脸上,我已经感觉不到是脚冷还是脸冷,就是凭着一股干劲往前赶。

随后,我到达困难户四面漏风的屋舍中。在把被子递到老卢手中的那一刻,他激动地握住了我的手,眼中泛着泪光,连声道谢。

除了冬送温暖,我们的工作还包括技术扶贫。钱桥村的老马,是当地有名的困难户,家中穷得连买一斤盐的钱都没有。我们得知后,立马组织开展扶贫对接工作。首先是联系副业公司,对贫困户进行食用菌技术指导,同时帮助他申请贷款。随后加快规模化生产,使其脱贫,解决温饱问题。至1987年,通过嘉定县农信社的共同努力,全县先后有千余贫困户脱贫。

当然,上海农信社和我们的故事还有很多。比如,2001年成立市联社时,我作为嘉定区的5个代表之一参与了市联社的选举;2005年8月25日上海农信社整体改制成上海农商银行等。

总而言之,作为农商人要不忘作为农信人的初心,牢记金融使命。也祝愿上海农商行在金融发展改革的道路上越走越好,再创新的辉煌!

(辛兆良,1946年出生,1964年入本系统,2006年在上海农商银行嘉定支行退休)

"小张"的勤奋之路

张庆福口述　张子浩整理

我叫张庆福，2007年6月于农商行嘉定支行正式退休，如今已离开心爱的工作岗位13年，却依然关心农商行的发展。很多久远的记忆也时刻伴随着我，温暖着我。

犹记得1964年12月24日，年仅18岁的我到马陆农信社报到，成为一名正式职员。时间抹去了很多记忆，但是工作第一天的情景依然历历在目。

由于学历不高，工作中又难免遇到难题，于是我暗下决心，一定要与"勤奋"为伴，多向他人学习，尽早融入集体，高效办事。当时，农信社最基本的技能就是点钞和打算盘。我利用休息时间，抓住一切机会去练习这两项技能，而打算盘的速度与正确率不是一蹴而就的，需要不断练习巩固。还好付出总算是有回报，在多次技能比赛中，我的打算盘和点钞成绩都名列前茅，这也让我信心大增，更加勤奋地投入工作中。

后来，由于工作出色，每年植物油脂厂收购农村油菜籽钱款结算需要一名专业人员时，我都会被调去协助。每次我都要在晚上工作，而嘉西、马陆、方泰、南翔等7个公社的油菜籽钱款结算需要20天左右的时间才能完成。工作虽然辛苦，但是内心依旧感到满足与自豪，因为这从侧面证明了我的工作能力,肯定了我的工作成效。

1966年开始,我到石岗信用站工作。每天都是上午独立工作,下午回马陆农信社协助主办会计工作。在此期间,我开始跑业务,开展小额信贷的工作,负责石岗大队和众芳大队的信贷。这对我来说,又是全新的挑战与机遇。当时的信贷主要是深入群众去调查了解,如贫下中农是否缺少购买肥料的钱款,个别村民是否缺少看病的钱款,生产队每月发放生活费时是否需要小额贷款等。而这些需求,都需要我深入群众,深入乡村,才能全面掌握情况,更好地开展工作。

工作期间,单位给我配了一辆"公车"——自行车。于是,我每天都骑着自行车走村访户。夏天顶着火辣辣的太阳挥汗如雨,冬天冒着凛冽的寒风瑟瑟发抖。无论怎样的天气,我都没放在心上,因为做好工作是我的职责。记得有一年冬天的早上,地上铺着厚厚的积雪,我试着骑自行车去石岗站工作。但是自行车一上路轮子就淹没在雪地里无法动弹。此时的我内心是着急的,虽然下雪天办理业务的人不一定多,但是万一有人急需小额贷款怎么办?想到这里,我立马停好了自行车,一路走着赶去石岗站。这一场雪下得可真是够大的,雪都没到了小腿。我深一脚浅一脚终于艰难地赶到了上班地点,而此时我的头发、鞋子全部湿透,狼狈不堪。我对自己没有因为天气原因耽误工作和他人的事情,而感到自豪。

在石岗站工作的整整8年期间,我认识了很多村民。由于自己朴实的工作作风深受他们的喜爱,村民都亲热地叫我"小张",而我也用更加勤奋、踏实的工作来回报他们对我的喜爱。

到了20世纪80年代,我又成了马陆农业银行和马陆农信社的总会计。其间,我每天上班做到第一个到单位,最后一个离开。同事休息时,我能主动顶班代岗;年轻同事有业务难题时,我总是能及时帮助指导解决问题,帮助他们快速成长,独当一面,成为单位的"领头羊"。虽然工作的忙碌让我很少有时间陪伴家人,但是家人对我的工作都十分支持与理解。"小家"与"大家"的兼顾融合,让我有了更多工作的劲头。其间,由于业务能力强,工作踏实勤奋,我多次被评为嘉定区、市总工会的先进人员,还参加了市总工会的表彰大会。

"睿思笃行求发展,老骥伏枥谱丹心。"如今的我退休十多年了,当初的农信社也于 2005 年 8 月 25 日改制成为一家股份制商业银行。作为一名退休职员,愿上海农商银行能不断开拓创新,越办越好!

(张庆福,1947 年出生,1964 年入本系统,2007 年在上海农商银行嘉定支行退休)

买牛记

姚永林

20世纪五六十年代,农信社把"支农""支副""支贫"等工作视为己任,比较贫困的生产队更是我们农金员重点服务的对象。当时,我在江海农信社工作,除了做好存款工作外,还经常下伸至对接的几个生产队,了解生产资金的需求情况。

1965年7月初,我联系的江海树园大队第四生产队仅有的一头耕牛病死了。而当时农村"三抢"在即,全队干部群众分外着急,"牛是农家宝,农田不可少",没有牛怎么耕地?怎么完成"三抢"工作?生产队队长陈德弟来到农信社找我,他们已通过"牛头"(注:买卖牛的介绍人)了解到浙江平湖县黄姑公社火烧桥北一生产队有一头牛出售,提出向农信社申请借款300元,用来购买该牛。

我把这一情况向农信社主任王进奎进行了详细汇报,王主任提出,"三抢"大忙在即,生产队买牛是当务之急,必须全力支持。但一头牛要300多元,不是一个小数目,这么一头牛足可抵半个生产队的家当。为了对生产队负责,必须防止受骗而买进不健康或不会耕地、脾气倔的牛,否则对一个生产队来讲损失就大了,对我们农信社来讲,在这种情况下,信贷资金也有可能损失。为了规避这种情况的发生,王主任派我到浙江平湖现场调查这头牛的健康及性格状况。以前我曾向老农民、"牛头"了解过鉴别牛的健康好坏的一些知识，所以也欣然接受了这项调查工作。

由于当时的交通不发达，我一路多次辗转，接到任务后的第二天上午7点，在南桥汽车站乘公交"西乍线"到乍浦车站下车后，一路朝西北方向行走了15千米多的路，到达火烧桥小镇。经多次询问路人，又向北行走了大约5千米的路程，找到了这个生产队，见到了要出售的牛。

经过仔细的观察，并向生产队的群众进行了解，确认这头牛没有病，是一头健康、脾气温顺的牛。了解情况后，为了赶时间，我随即启程赶路。以前的公交车大多只通到大镇上，而且班次也较少，而乡村一般都是土路，谈不上通公交车了，村民要到镇里办事一般都是步行。条件好的有辆自行车，但当时自行车比现在的轿车还珍贵，一般不随意借给别人。于是，我只能一路小步快走，到达火烧镇上时已是下午5点多了，因为中午只吃了点面包，肚子已"闹"翻了，所以找了家点心店，吃了碗阳春面，填饱了肚子，在小镇上绕了一圈才找到一家比较简陋的客栈暂住一宿。

第二天一早再行赶路，回到南桥已是下午2点左右了。这样一去一来，花了2天的时间，总计步行6个多小时，40多千米的路，十分辛苦。好在当时年轻，也是农民出身，能吃苦。回来后，我即刻向主任进行了汇报，并立即通知生产队来农信社办理耕牛贷款手续，生产队用这笔钱款迅速买回这头牛，及时赶上了"三抢"耕地之需。

同年7月，江海公社树园三队也向农信社申请买牛贷款，王进奎主任仍派我去金山县钱圩公社一生产队调查该牛的情况。那天，我在南桥汽车站乘西金线，在亭林车站下车后，转乘去金山卫方向的公交车，在"大石头"车站下车后，一路向西。由于是雨后，泥土道路非常湿滑。天气炎热，路又长，脚上穿着套鞋，感觉非常闷热，套鞋时不时会被烂泥粘住从脚上脱落，后来我就干脆脱掉套鞋赤脚行走了。于是，我手里拎着套鞋，头上冒着汗，一副狼狈相赶路。虽然只有8千米左右的路，但我步行花了整整2个小时左右。

在到达要出售牛的那个生产队时,那头牛正在田里耕地。当时我也像农民一样蹲在田头,仔细观察了牛的特征、耕地时的脾气,确认也是一头不错的牛。我随即下地靠近耕牛,那头牛似乎知道我是决定它命运的人物,讨好地用舌头舔了舔我的手。

随后,我进行了折返。回到南桥已是傍晚6点了,当天就向农信社主任王进奎进行了汇报,同时立即通知生产队第二天来农信社办理购买耕牛的贷款。

这两次耕牛贷款调查,确保了生产队不受骗上当、生产队不误农时、信贷资金的安全发放。自己虽然很辛苦,但很有成就感。"买牛事件"虽已时隔55年,但农信社如何服务"三农"的类似事例我至今仍是难忘。

(姚永林,1940年出生,1959年入本系统,2000年在中国农业银行奉贤支行退休)

虚惊一场

姚永林

在20世纪五六十年代，农信社始终把存款工作作为业务发展的首要任务。当时农信社组织存款的口号是"一元起存，多存不限，积少成多，聚沙成塔，支援国家社会主义建设"，存款的原则是"存款自愿，取款自由，为储户保密"。

农信社领导对我们农金员（注：农业信贷员）组织存款也提出较高要求，农金员们背起背包，走村串户，深入企业、大队、生产队，宣传和组织存款成为一项常态工作。特别在年终和小熟（注：上海地区的农业经济作物有三熟：5、6月份收获小麦、玉米、油菜，称"小熟"；7、8月份收获早稻、中稻，称"夏熟"；10、11月份收获晚稻、棉花，称"秋熟"）分配时，农金员二人一组，深入各生产队的分配现场进行服务，做到不漏一个。

1965年1月的某一天，有好几个生产队进行年终分配。农信社员工少，有时无法安排二人一组。但如果在生产队定下的分配日期不去现场，存款就吸收不到了。所以，领导只得让我一个人去新华大队现场协助分配工作。

那天晚上，把全大队16个生产队的存款回笼逐一清点完毕后，晚上9点半左右，我背上装了3万多元现金的背包回农信社交账。

当我一路向西走到红旗大队八字桥西侧的一条东西向小路上时,突然窜出一条黑影。

我当下以为是有人抢劫了!心想,这下完了,一包钱能否保住?我用手紧紧抱住背包,手心直冒冷汗,脚步也停滞不前。随后,只听得那黑影处传来"呜……呜……"的吼声,黑影也不扑上来。经过两三分钟左右的时间,我定下神来,睁大眼睛仔细看了看那条黑影,原来是条狗!

"噢哟,这条该死的狗,吓得我一身冷汗,腿都发软了",我边嘴里嘀咕着,边捡起地上一块砖头狠狠地砸向那狗。但由于天黑,用力过猛,狗没砸中,自己倒摔了一跤,那条狗也一溜烟地逃走了。我爬起来拍拍身上的尘土,快步向单位走去,边走还边回头,看看那狗是否还会追上来。

回到单位,已是晚上10点多钟了,同事还在焦急地等着我。在交账时,我跟他们说起这事,同事们哈哈大笑,还说我是胆小鬼。可我真的还心有余悸,因为身上还有一包现金,被人抢走了怎么办?我担当不起呀。

交账完毕,我感觉脚有点痛了。撩起裤脚一看,膝盖都擦伤了,皮肤上还渗着血水。还好当时单位备有红药水、消毒水,简单处理一下回家后,已是半夜12点了。

简单洗洗睡下,待天亮上班后,又将去另一大队工作了。

(姚永林,1940年出生,1959年入本系统,2000年在中国农业银行奉贤支行退休)

一位母亲的紧急贷款

沈荣观

20世纪五六十年代，经济比较落后，家庭收入较少，人民生活条件普遍比较艰苦，有的困难群众会到农信社申请贷款看病。农信社对困难群众的申请也是全力支持，帮助他们解决眼前的经济困难，而借款的群众一般也会在年终分配时归还贷款，很守信用。

1962年8月，我从肖塘供销社财务岗位调入农信社工作；后来担任农金员，负责肖塘、发展、灯塔、刘港等几个大队的农金工作。企业贷款很少，主要发放农副业贷款，还有部分是贫困群众的生活贷款，贷款金额很小，最低的只有5元，但笔数较多。

1968年，家住肖塘大队第六生产队的王金娥家有三个孩子，小儿子王雪君才 6 岁，一直咳嗽、发烧，辗转跑了好几家医院，都因医疗条件有限而无法查出病因。由于花了很多医药费，她多次向农信社借款，有时借 20 元，有时借 50 元。作为母亲，她非常爱自己的孩子，东奔西走找医院，不断地为儿子寻医生看病。后来经过他人介绍，找到了第六人民医院的骨科专家陈中伟医生（该医生在社会主义教育运动时曾"蹲点"在肖塘，对肖塘人民有感情），经他反复诊断，确诊为肺结核病菌转移至脊柱上，必须通过手术才能治愈，但要支付比较高的医药费。于是，她来到农信社找我，申请贷款 50 元，并说明了这次贷款的原因，我立即向社主任李火良汇报。李主任很支持。及时得到贷款后，王金娥马上带着小儿子去了第六人民医院住院，由陈中伟医生亲自主刀手术，把多年的病治愈了。

儿子病愈出院后，王金娥多次来到农信社表达感谢；我也多次在下乡路过时上门看望。每次到王金娥家，她提及最多的，便是感谢农信社对于她和儿子的支持与照顾。

五十多年过去了，最近我又去她家拜访了一次，84 岁的她虽然身患糖尿病，但记性依然好，一眼认出我是农信社的"沈家弟弟"，握住我的手，连连感谢农信社在困难之时伸出援手，救她小儿子的命。交谈中，得知当年贷款治病的小儿子王雪君身体很健康，如今已 59 岁，而他的孙女也已经 5 岁了。我也深感欣慰，并给王雪君打了个电话。时隔多年，讲起他治病的过程和目前的身体状况，他很激动，连说感谢。我说，这是应该的，农信社有责任帮助困难家庭。

（沈荣观，1939 年出生，1962 年入本系统，1999 年在奉贤农信联社退休）

第三部分

1970—1979 年

奋斗在年终分配第一线

张敏之

  春去冬来,年复一年,每年的年终分配最是繁忙。沈庄是属于下沙农信社的一个分站,站上人员数量少,保卫力量弱,所以每每遇到年终分配时,公社都会安排两位退伍军人荷长枪来农信社值班保卫,直到分配结束。保卫人员同我们一起24小时在站内值班,共同守护着国家财产安全,大力保障我们工作的正常运转。组织交办我们的任务与使命,大家都牢记在心,艰苦奋斗、团结一致的初心指引着我们前行。

  当时的年终分配工作是有一套流程的,农信社也参与其中。首先,由每一个生产大队会计负责订制年终分配方案,报公社审批。其次,方案报农信社,由农信社制定扣除还贷款表(针对有贷款的农户,农信社计算还贷本金及应收利息,开具贷款还款凭证)。随后,农信社再制定储蓄表(农金员到每个生产队,与有储蓄能力的社员确定金额)和实付现金表,并向县银行领款。领款后,连夜实付现金配款,既给每个农户的现金袋装上实付现金、还贷凭证、储蓄单及备注单,而且备注单上注明分配金额、还贷金额、储蓄金额、实付金额以及票面张数等重要信息。之后,进行当日的现金库存轧账,保证库存正确。最后,到生产队向每一农户发放现金袋。

因此,可以说在旺季分配工作期间,我们白天黑夜都在工作,非常繁忙劳累。我们经常埋头苦干,废寝忘食,如果实在累得不行,小憩一会儿继续上阵。

我们工作人员互相核对清算、打气鼓励,是彼此的"复核员",更是彼此的"加油站"。经常工作完毕,我们猛地一抬头,东方早已出现了鱼肚白,鸡鸣已入耳。每次工作圆满完成后,账清钱清,我都感觉宛如重生。

第二天开门营业,面对一样的老客户,体验却是不一样的。那种感觉熟悉而新奇——就这样拉开了又一个年度的工作序幕!

听现在的后辈们说,现在年终决算大大减少了人力劳动,大部分由计算机、数据处理中心等部门协同操作清算,效率大幅提高。工作人员只需要进行核对、整理等收尾工作。这让我感到非常惊喜和欣慰。科技助力发展,社会发展速度实在惊人。

回忆间,那一个个奋斗的夜晚像走马灯般至今仍在我脑海中挥之不去。小小的农信社,承载了我们的青春年华,更记录了我们这辈人为岗位奉献自我的光辉岁月……历史的车轮滚滚向前,金融科技水平日益发达,纵使计算机操作系统更迭换代,但我想有一点是永远不会变的,那就是我们一代代农信人传承下来的艰苦奋斗的精神和团结一致的团队意识。

希望新一代农商人能够保持初心,并且发挥更大的创新精神,为打造我们农商新品牌而不断突破自我、奋勇向前!

(张敏之,1946年出生,1963年入本系统,2001年在南汇农信联社退休)

存单惊案

邓崇娣口述　金文婷整理

1973年,18岁的我懵懂地走出校园,带着青涩来到了上海农村信用社,自此与农信社为伴三十载春秋。从信用社会计到票据交换中心交换员,我经历过农信社发展的多个时期,体验过不同的岗位和工作,那些难以忘却的艰难岁月和美好时光都成为我人生中珍贵的财富。三十多年的农信生活沉淀了太多故事,退休后闲来无事偶尔拨动算盘珠,一个个辛劳的背影和一幅幅温暖的场景涌入脑海,勾起我对那段芳华岁月的眷恋和追忆。今天我就和大家分享一个当年亲身经历的"存单惊案"。

"大家今天上班都给我打起精神来,刚刚开会提到的名字务必牢牢记在心里,这两天如果有人拿着这张存单来,争取给我拿下!"

"领导放心,谁也别想从我们社里骗走一分钱!"

以上这段对话发生在1988年左右的时候,那年我担任北新泾天山西路储蓄所的会计岗。

那天一大早,上级北新泾信用社的领导特意赶在正式营业前来到我们所里,通知大家昨晚一个储户的家里发生盗窃案。据失主反映,家里被盗走的东西除了现金和一些贵重物品外,还有我们天山西路储蓄所开具的几张存单。

20世纪80、90年代农信社的科技水平还比较落后,那个时期的存单无法留存密码,也不通存通兑,储户销户取款时不需要提供身份证件,只需带上存单到当时开立的网点便可支取,存单一旦丢了就和现金丢了没什么区别。这可急坏了失主,第一时间就联系了我们农信社。所以当时的负责人一早就到所里通知我们,让大家提前有个心理准备,小偷很有可能这两天便会到我们所里兑换现金。

早上开完会后,我和所里的同事心里都略有一丝担忧,如果小偷真的拿着存单上门大家该如何应对,但又觉得小偷偷完东西应该急着销赃,而且现在又在风头上,想必不会这么快就来储蓄所里兑换钱款。

那个年代,现金是人们最重要的支付手段,大家的衣食住行、购物、旅游、看病都离不开现金,甚至单位的工资结算也都是通过发放现金的形式进行的。为了方便当时储户对现金的使用需求,农信社的营业时间比现在要早得多。正常情况下我们早上7点半就要开门营业,因为许多客户会赶在上班前先到农信社里办理存取款业务。我记得那天早上我们像往常一样开门营业,但一直到8点左右都没什么客户上门。我和同事们还开玩笑说今天可以难得放松。

就在我们话音刚落没多久,只见一名30岁左右的男子揣着一张存单进了储蓄所的大门。即使已经30多年过去了,我还能清晰记得,那天早晨他穿着一件米色衣服,进门后什么都不说只顾着东张西望。在观察到当天没什么客户后,径直走到了我的柜台前,身体倾斜着坐下后扔了一张存单给我,且全程都不敢和我对视,只低头轻声说了一句:"把存单的钱全部拿出来。"

许是被他拽在手里太久了,存单递给我的时候已经被捏得皱巴巴了。拿到存单的那一刻,直觉就告诉我眼前这人行迹可疑。我定眼一瞧,存单上写的客户名字赫然就是早晨领导开会时特意提到的失主。一刹那我又惊又怕,一个昨晚刚犯下恶行的歹徒此刻就坐在我的面前!

多年职业生涯中我接触过形形色色、各行各业的客户,精打细算的上海阿姨热心实在；来去匆匆的上班族不爱说话，但彬彬有礼；周边的商贩零钱多，每回来办业务都能客气好久。面对歹徒我却是从业以来头一遭。

"这小偷会不会随身带刀伤人？""昨晚敢入室抢劫，今天会不会直接抢银行？""网点外面会不会有他的同伙接应？"骤然而生的惊恐感瞬间占据了我的脑海，我一下子不知所措。可是想到早上开会的时候还信誓旦旦地说会护好客户的财产安全，不让歹徒骗走一分钱，心中的使命感和责任感战胜了本能的恐惧。我努力让自己冷静下来，装作一切正常的样子，又趁他不注意的时候，踢了踢坐在旁边的同事，用眼神向其示意眼前之人的"不同寻常"，同时微微扬了扬手中的存单。同事凭借良好的默契立马反应了过来，脸色顿时一变。就在我们一番神色交流后，我试图与他周旋，给同事争取报警的时间，但我们的细微动静还是引起了那人的警觉，在察觉到我故意放缓工作节奏后，他二话不说弃了存单就跑，等我回过神来，只见他已经冲到了储蓄所门口。

那会儿的柜台设施较为简陋，营业所内没有防控联动门，员工进入也不用密码，起身后推开办公桌旁的小桌板就能离开，就和现在的便利店差不多。我看到他逃走后，都来不及细想，就跟着一起冲了出去。多年过去了，回忆起当年的壮举仍心潮澎湃。

北新泾天山西路储蓄所地处繁华地段，周边小区林立，出门右拐就是一个菜市场，人口密度很大，那天我追着他一路跑了一两百米，后窜进了菜市场，我边跑边喊"抓小偷啊，大家帮忙抓小偷啦！"在我的呼喊下，菜场的商贩以及早晨买菜的居民一同涌了上来帮忙，在大家的齐心协力下很快就将他制服，起初他还想继续抵抗，直到周边人群越聚越多才彻底放弃了挣扎，老老实实被大家押着回了储蓄所，等待警察上门羁押。

当年，这件事在我们这片引起了不小的轰动。单位也因为我的英勇表现而给予了奖励。电视台还专门来采访过我，第二天采访就上了上海地方台的新闻，晚上家里人围坐在一起看电视时，更是对我钦佩不已，多少荣誉和赞美都比不上那一刻的自豪。

岁月如歌，白驹过隙，我在三尺柜台之间年复一年地书写人生的画卷，也见证着农信社一年一年的发展壮大。许是从小耳濡目染听我讲述农信社的故事，家中的两位幼子长大后成为我事业的接力者，成为第二代农商人。愿新一代农商人能站在历史和未来的交叉点上，踏浪前行，扬帆远航。

（邓崇娣，1955年出生，1973年入本系统，2005年在上海农商银行长宁支行退休）

誓做敬业守职的农信人

王 蓓

  1974年6月份,我被分配进入航头信用社工作。自进社后,我一直秉承着"干一行爱一行"的初心,始终认真做好领导交办的各项工作,赢得了领导和同志们的一致好评,多次获得"县先进""金融红旗手""金融先进工作者"荣誉。34年的金融工作实践,丰富了自己的人生,也培养了自己为人处世的方式。我时常告诫自己,一定要时刻牢记当初踏进信用社大门报到时,老行长祝永达的叮咛和教诲。他语重心长地对我说:"小王,从现在起,你就是信用社的职员了,既然选择了这一职业,一定要认真工作、清白做人、刻苦钻研、无私奉献。"迄今为止,我都以此为做人标准。

  我的第一个岗位便是出纳记账岗。平日工作中,我虚心好学,真诚服务,踏实肯干。还记得怀孕期间,领导和同事多次劝我尽早休息、安心养胎,但是直到临产前一天,我都坚守在岗位一线。我心知,每日前来办理业务的储户们已和我社建立了牢固的业务关系。每笔业务,无论男女老少、无论金额大小,我都笑脸相迎,高效办理。与此同时,我不忘锤炼业务技能。踏实肯干成了我的座右铭,也为我争取了诸多荣誉。1979年,我获得"书写轧打现金日记簿"三级证书。拿着证书我思忖着,在这11分钟的成绩上,我能不能再进步一点点。

在领导和同事们的帮助下,我精进了业务技能,工作午休或者早晚班时间,同事都为我读秒……终于在1981年,我以10分18秒的成绩获得了"书写轧打现金日记簿"二级证书。

之后,由于岗位调动,我担任了接柜岗位。我深知,接柜工作要求柜员必须专业知识扎实、业务责任心强,不然势必会给储户带来麻烦、给企业带来损失、给单位带来负面影响。所以我在担任接柜岗位期间,更加认真负责地受理每一笔业务,秉承着"先外后内、先急后缓、热情服务"的工作态度,对外尽量减少客户的等待时间,对内认真保管好一切有价单证物品。昔日繁忙的接柜岗位景象仿佛浮现在眼前。

我还记得当时受理了一家企业的商业承兑汇票,金额高达50余万元。验票期间,发现此张票据有异常。再三认真验票后,我认定这是一张假票,立马将情况上报内勤组长。后经调查,果然这是一起汇票诈骗案件。我想正是因为银行人专业、认真的工作态度,才使企业客户免遭重大损失。事后,我得到了该企业客户的表扬和领导的嘉奖。这件事情对我触动很大。我们金融工作者的工作直接关系到社会经济的正常运行以及国家财产安全。所以,我们在工作时,一定要认真负责。功夫不负有心人,接柜工作期间,我于1992年被评为县支行"十佳服务员",于1993年被评为县支行金融先进工作者。

千禧之年,我调任外勤岗位,负责组织存款工作。我们航头信用社与别的信用社有所不同,在1998年与农行正式脱钩之前,一直合并办公,政府部门、镇办企业都开立在农行,而我社开立的账户大多以个体户为主。在这样的背景下,刮风下雨、头顶烈日,我都会骑着自行车到各家企业上门拜访,以期大力拓展信用社对公客户市场。见到对方财务、出纳老师我总是毕恭毕敬,毫不怠慢。凭借着我多年的接柜工作所积累的人脉关系,信用社的开户数量稳步增长,存款等各项指标有了长足进步。初战告捷,组织上也更加大力支持我拓展各类业务。

2001年,是我们农信社"二次创业"的开局年,在坚持"存款立社"的思想理念的前提下,我认清形势,在单位领导和内勤工作人员的支持配合下,不断对存量账户进行潜力挖掘,与对公企业会计、出纳保持高效沟通,无论存款资金大小,一律争取到位,决不放弃。同时,我坚持与客户共赢,客户有业务需求,在坚守原则的条件下我必鼎力相助,进一步提升了信用社的客户粘度。

2002年,恰逢航头镇与下沙镇合并。在领导与新企业领导的沟通搭桥下,我继续依靠过硬的专业技能与热情的服务态度与新合并的政府部门进行沟通联系,并建立业务关系。在单位全员的配合下,政府财经办资产管理公司等多个部门相继在我社开户存款,使我社在市场上又占领了一大块份额。

多年以来,我持续精进业务技能,不断学习以充实自我,朴实真诚地对待客户,不仅赢得了客户的好口碑,也得到了相关领导的肯定。自2002年开始,连续五年被评为"信用社金融先进工作者"。

时光匆匆,转眼间,我也白发苍苍,但是初心不改,使命难忘。身为老农信人,我坚守岗位、奉献自我,也期望新农商人能够燃烧自我、创造辉煌!

(王蓓,1958年出生,1974年入本系统,2008年在上海农商银行南汇支行退休)

支农支副助脱贫

沈荣观

在 20 世纪六七十年代,农村生产队的主要收入来源是农作物和养殖业收入,当时信用社贷款的主要投向也是支持当地农业发展和副业生产。我是 1962 年 8 月从肖塘供销社财务岗位调入信用社工作的,后来开始担任农金员,负责当时肖塘、发展、灯塔、刘港等几个大队的农金工作。

记得在 1975 年,我下乡至灯塔大队第五生产队,得知该生产队由于前年失火,生产队的猪舍全部被烧毁,副业收入基本缺损,农业收入也较低,粮食库存短缺,生产队资金缺口增大。后来该生产队又提任了一名新的队长,名叫李伯根,当年他只有 20 岁,经验不是很丰富,但比较好学,看到我下乡来到了生产队,拉住我的手,探讨生产队发展的方向,提出自己的想法,希望信用社给予支持。

当时我是农金员,接触农业生产方面的情况较多,也看到了部分生产队靠提高副业来增加社员的收入。于是,我就对生产队长李伯根讲,生产队要提高收入,必须要建造养猪棚舍,物色养猪能手,资金可以向信用社申请贷款。为了帮助该生产队发展副业,我又亲自联系了其他大队副业搞得较好的生产队队长来现场进行指导,还联系了当时养猪需要的青饲料"水葫芦"的种苗供应商。记得当年信用社给予了贷款2 000元,建造棚舍和引进猪苗。

在支持该队发展养殖业的同时,为了进一步增加收入,生产队又提出了购置水泥船的想法。于是,我也到肖塘砖瓦厂实地了解,得知用泥的情况和当时付款的条件。因当时是计划经济时代,砖瓦厂的砖头很紧俏,购买水泥的钱款也必须及时。同时,我又利用自己农金员的身份与横泾江周边的几个生产队队长进行了联系。因为当时在开挖横泾江时两边堆了不少泥坨子,平时生产队也只能在泥坨子上种点豆类农作物,经济效益不高。泥坨运走后,这些地可以改变为良田,增加种粮面积,提高生产队的收入,所以涉及的生产队也都答应了。

于是,我就这一情况向信用社主任李火良进行汇报,主任同意贷款。该队购买了水泥船,后来又发展多种经营,例如养殖剪毛兔,因为我是供销社出来的,所以联系供销社派来专业人士,指导剪毛技巧,提高剪毛的质量,增加社员的收入。就这样,信用社帮助生产队脱贫的情况得到了公社领导的重视,他们对信用社服务"三农"、助力生产队脱贫的有关工作给予了充分的肯定。

经过信用社的大力支持和生产队干部、社员的共同努力,1978年该队粮食亩产超千斤,农副业收入大大提高,改变了"穷队"的面貌,广大社员的收入得到了提高,信用社助力脱贫的成果得到了体现。

(沈荣观,1939年出生,1962年入本系统,1999年在奉贤农信联社退休)

白鸭之乡

陆锦明

环城乡地处青浦城区周边,从东、南、北三面环绕城厢而得名。1978年,我被调到环城信用社工作,正遇党的十一届三中全会召开。在十一届三中全会精神指引下,"拨乱反正""以经济建设为中心"成为我们的工作主题。特别是农村实行家庭联产承包责任制后,农民生产积极性大大提高,从土地上解放出大批劳动力。这既为乡村企业的发展提供了劳动力资源,也为农村发展多种经营、提高农民收入创造了有利条件。

在"勤劳致富"的号召下,农村多种经营出现了"八仙过海,各显神通"的场面。县、乡政府都建立了"多种经营办公室",以加强指导,因地制宜,发掘出当地的传统优势,扩大商品的生产。

环城原公社饲养场养过"北京填鸭",有饲养"北京白鸭"的人才和经验;现存哺坊是乡级集体企业,加上江河沟浜纵横交叉,有着得天独厚的水乡环境,具备了发展"一乡一品"的条件。因此,乡党委决定发展以白鸭为主的养殖业,聘用原哺坊师傅张健民同志(后任环城副乡长、青浦区政协副主席)为经理,组建环城畜牧水产公司。

公司成立之前,环城乡党委书记吴学锋同志(后任青浦县常务副县长、青浦区常务副区长)专门把我叫到他的办公室,具体介绍了党委决定,希望信用社大力支持公司的发展,并讨论了公司发展的方向。

环城畜牧水产公司的成立,真正是白手起家。办公地点在哺坊,乡财政只拨了1500元作为办公用品费用。万事开头难,但是难不倒创业者!我接受了党委交代的任务,第二天就去哺坊,同张健民经理详细讨论了公司发展的相关事宜,并商定了信贷资金支持的一系列具体操作办法,决定对白鸭生产的全过程实行"一条龙"服务,即:落实种禽养殖户、种蛋由哺坊包收、哺坊要尽量满足苗鸭供应、白鸭(肉鸭)养殖户向公司提出养殖申请并与公司签订合同(一式四份),其中一份交农信社,凭合同汇总,由公司向农信社提出贷款申请,农信社据此审核和及时发放贷款,公司为养殖户提供苗鸭和饲料,白鸭上市后公司以同一价格全部包收,及时结算(即扣除公司前期对养殖户的垫本)余额并全部兑现。总之,包括技术指导、疫病防治、经验交流等细节,全都考虑到了。随后又及时办起了屠宰场,建造速冻冷库,办起了配方饲料加工场等,"一条龙"的服务体系,就此逐步形成,做到了白鸭上市及时屠宰、及时分装速冻、及时向上海各大菜场销售,款项回笼及时还贷。在农信社支持下,公司所有成员虽然都忙得不可开交,但公司业务发展还算比较顺利。

在"一条龙"服务体系中,农信社只与公司发生信贷关系;公司与

图1　20世纪70年代白鸭之乡——青浦环城

养殖专业户有专门往来账,由公司负责结算。这样,农民可以"无本经营"赚钱。白鸭一年四季可养,专业户一年能养4—5道鸭子,每道500只至1000只不等,一般每只净收入在2元左右,效益很好。在众多专业户中,出现了近百家"万元户"。净利万元,在当时是很了不起的,非常让人羡慕。因此,养殖户便越来越多,他们养殖白鸭的积极性空前高涨。那时,走进环城农村,河道里、水沟、河浜、水滩边,到处都是一群群白鸭,人称"白鸭之乡"(见图1),名副其实。

当人们为公司的"一条龙"服务取得的成绩大加赞赏时,市场经济的规律也开始考验我们了:上海的肉鸭销售供过于求,出现了饱和积压状态,但是,专业户养殖的鸭子却依旧源源不断地送到公司。为了不失信用,保障农民利益,公司依旧坚持按合同收购、结算兑现,而且收购的鸭子必须及时屠宰,速冻的肉鸭也随之越积越多。自有的45吨的冷库屯满之后,向松江佘山借用的250吨冷库也随之满了。随后向上海肉禽五厂借用了一个更大的冷库,没多久又满了。库存积压使资金周转出现了严重问题。贷款一笔又一笔转入逾期,不但老贷款收不回,还要注入新增贷款额度。很显然,如果这个时候新增贷款"断供",那么"一条龙"服务体系的链条就会断裂,公司将因失信而陷入不可收拾的局面,将造成极大的经济损失,还将产生负面影响。对此,大家都很着急。

在这段时间里,我真的是"饭都吃不香,觉也睡不稳",支行里开会我也成了"哑巴"。贷款还在一天天增加,"压力山大"啊!对照"确有物资,物资适用"的贷款原则,前一句没问题,但后一句就有"折扣"了。于是,我就去找与我一样着急的张健民经理,经过认真商议,我们共同认为,上海市场饱和,不等于全国各大城市都饱和了,要面向全国,打开销路。我们相互表示克服难关的担当:我表示保证信贷支持不断供,他表示保证打开市场销路。于是,健民同志带着他的营销团队,跑南京,去南宁,飞广州,依靠朋友交朋友,终于打开了市场销路。

当火车一车皮又一车皮地把冷冻肉鸭销往广州、南宁、南京三大城市及其他一些城镇时,人们终于舒了一口气,积压的冷冻库存终于降到了正常水平,大量资金回笼,公司及时还清了逾期贷款。

经过几年奋斗,公司也有了丰厚的积累,经营范围也进一步扩大,在黑桥头造起了自己的办公大楼,在城区办起了烤鸭店和"湖燕饭店",还与虹桥机场联营,在机场内开起了"松柏饭店"等。白手起家的公司日益壮大。

与此同时,农信社的业务也有了长足进步,公司不但成了我们忠实的优质客户,还培养了诸多潜在的客户。广大养殖专业户在公司的协助宣传下,都积极将结算余款存入农信社,扩大了农信社信贷资金的来源。

对于农信社支持"一条龙"服务体系的经验、教训,我们也及时加以总结。"用农民的钱办好农民的事",是我们农信社的职能所在。通过对"一条龙"服务的支持和实践,我们也逐步形成了"深合作、广交友、为发展"的金融理念。我当时写了一篇《一条农民勤劳致富的道路》的文章,在《上海农村金融研究》期刊上发表;后来,《上海金融》杂志编辑部约稿,此文又录入到《乡镇企业经营之道》一书中;我还与农行上海市分行农金处处长梁源凯同志合写了一篇有关环城"白鸭之乡"的署名新闻报道,在《解放日报》上以头版头条发表。农信社支持农村"一条龙"服务体系得到了肯定,环城"白鸭之乡"的名气也越来越响亮。

(陆锦明,1945年出生,1974年入本系统,2005年在上海农商银行青浦支行退休)

记在农商银行工作的日子

顾慎英

我是1966年毕业于青村中学,1968年响应知识青年到农村、边疆去的号召,去了黑龙江生产建设兵团一师一团,在那里呆了10年。在这10年磨炼中,我把最好的青春年华献给了黑土地,就像有一首歌《我们这一辈》唱的:"酸甜苦辣酿的酒,不知喝了多少杯。"就是因为有了这10年的人生经历,使我在人生道路上成熟了许多,也懂得要珍惜来之不易的今天。

1979年,到农信社报到的第一天下班后,领导为我们新同志开了欢迎会。领导讲了许多,说银行工作是一个特殊行业,它是和钱打交道的工作,在员工眼中钱不是"钱",要把它当作商品,所以不用怕它。只要认真、细心对待,工作也一定能做好。领导的教导与老同志们的言传身教都深深扎根在我心里。我一直告诫自己,工作一定要认真、仔细、多问、多学、多看、多练,每一笔经手的业务也必须做到让客户满意。经过几年的实践,我慢慢地掌握了工作要领与技巧。

在工作中,我能做到"快、准、稳",从一个不懂银行业务的人到了解业务再到业务能手,这一切的成长离不开党组织的关心、培养和领导及党员们的帮助。有句话叫:"榜样的力量是无穷的。"我们农村还有一句话:"种秧看上行。"我们青村农信社一共有员工13人,其中党员就有5人,有独立的党支部。进社没几个月,我就知道他们是党员,和一般员工不一样,他们总是重任在先,吃苦在先,单位有急事、难事,他们都会出现在现场。例如,差错有时会难免发生,尤其是现金出了差错,当事人不能去追讨的,其他党员同事都会去帮助。尤其在下班时间,党员们都会主动要求去帮助追讨。有时追讨比较顺利,去一次就追回了;有时候有人不配合、不承认,那么就要与村级领导一起再做工作。追讨工作会持续很久、很辛苦、很艰难。有时候天气不好下大雨,工作结束后回到单位已过半夜,身体又湿又冷又饿,但是他们的表情却是很开心,毫无怨言,反倒还会安慰出差错的同志。这让我很感动,同时也默默告诉自己,一定要向他们学习——他们的淳朴憨厚、任劳任怨、不计名利。

经过努力,我工作上也能独当一面。同时,领导和党组织也非常关心并且引导我,我参加开会、学习、培训等的机会也多了。之后,经过政审考验,我成了一名中共党员,肩上担子也更重了。我们在老领导的关心下,发挥党员干部们的担当、责任、带头作用,把单位的所有员工都凝聚在党组织身边,就像一个大家庭中的兄弟姐妹。在20世纪80年代,单位的每位同志都是积极向上的,单位的正能量很足,谁也不愿掉队。那个年代,无论在业务方面能够积极完成上级支行的任务目标,还是员工的精神面貌、安全保卫、清洁卫生以及与地方政府之间的关系,都处十分优良的状态。有一次,农行县支行领导带队到青村社召开现场会学习、取经。乡镇府协助提供会议室,食堂还请了4位同志做好后勤保障工作。

当然，在我的工作生涯中仍有许多值得永远铭记的事情。在青村社的十几年中，党组织也给了我很多荣誉：我出席过中国共产党奉贤县第七、第八次代表大会，荣获县级优秀党员、乡镇级"十佳党务工作者"、个人优秀党员3次，县支行先进个人及优秀党务工作者7次，市分行1次，市联社1次，这一切都归功于党的培养与教育。对我个人来说，我只是做了应该做的工作，回报党组织的关爱和培养，像老一辈一样培养更多的对事业有高度责任感、热爱银行事业、乐于奉献、业务素质好、有文化的青年人，从思想上、业务上、生活上高标准、严要求，关心爱护他们，使他们懂得人生价值。

带领青年党员进行入党宣誓

对此，我们举办了很多有特色的活动。首先，为了让年轻人有过硬的服务本领，我们举办了业务竞赛，比如打算盘、点钞、计算存单利息等竞赛活动。其次，为了宣传理想信念、党的优良传统，培养对党组织的感情，我们邀请老党员讲他们那个年代的故事。此外，我们还努力增强凝聚力，宣传遵纪守法、敬老爱幼、互相帮助、谦让包容等优良传统。还举办了联谊活动、社与社之间的交流活动、文体娱乐活动等。我们还会举办旅游活动，去过天安门、长城，丰富人生、拓展视野。平时的生活也非常充实——把单位食堂办起来，饭菜品种多样化、面条、水饺、包子,轮换着来,大家一起动手。

之后几年内,先后有6名同志光荣加入中国共产党,有7名同志先后输送到其他农信社挑重担。他们在自己的岗位上都做得很好,有的书记、主任一肩挑,有的担任主任一把手,有的担任内勤主任。

对此,我感到很荣幸,也很欣慰,培养了许多人才。晚年回想往事,深觉没有浪费光阴,倍感快乐。

(顾慎瑛,1951年出生,1979年入本系统,2006年在上海农商银行奉贤支行退休)

江东三队的养猪大户

丁传敏口述　陈秋侬整理

和养猪大户的缘分

1979年7月28日,我被招收到了上海农村信用合作社张江信用社,先是做一名出纳,后来在柜台记账。第一次穿上整洁的西装、坐在三尺柜台的心情,至今记忆犹新。因为聪敏机灵,我不久后由师傅带领,成为一名信贷员。那时的我,每天被师傅带着,跑遍了张江乡的各个队办企业。共116个生产队,我可以脱口而出他们的每一个账号。

　　1983年7月的一天，一如往常，我在信用社的桌前伏案工作，一个矮矮黑黑的中年男人走进了我的办公室，粗壮的手臂，略显佝偻的身材，是他日常劳作的印记。三伏的日子，他的额头上渗出了斗大的汗珠，一开口，是一口熟悉而浓厚的乡音："丁师傅，你好，我是原来张江镇农副公司的养猪户唐建国，现在转制了，我个人承包了一个养猪场，我们村里叫我来您这里咨询一下贷款。"他边说边憨憨地笑着，摸了摸脑袋，这是我和他第一次见面的印象。

　　因为插队落户时我对养猪有经验，师傅便让我参与了唐建国的养猪场实地调查工作。我们一起到他在江东三队的猪棚，那是几间砖砌的棚子，棚子里面几只白花花的小猪正争先恐后地抢食吃。

　　我刚进农信社的时候，师傅就说过，农信社本来是大家凑起来的，能帮忙就尽量帮忙，大家富起来了，我们才会兴旺。本着这样的信念，回到信用社后，我便着手唐建国的养猪场贷款事宜。

　　首先让他填好贷款申请表，再找江东村做担保，敲好村里的印章。村里当时对他也是知根知底，他是一个土生土长的村里孩子，他的母亲就是在村里卫生室工作的。整个贷款流程很顺畅，很快，他便卖出了第一批肉猪。

　　之后，养猪场的生意日渐红火，在我们给唐建国的贷款支持下，养猪场的规模也渐渐扩大，从一开始的十几头增长到了百余头，他也成为当地响当当的"养猪大户"。

养猪人的天灾

　　1990年8月的一天，我接到了唐建国的电话，电话那头的他，焦急如焚，带着凄厉的哭腔说："丁师傅，猪全死了，这下我可怎么办啊……"闻声，我立马赶到了三队查看状况。原来，一场突如其来的猪瘟席卷了他的猪圈，一批正准备出栏的肉猪全死了，这下养猪场的资金就断了,唐建国的眼神里满是绝望。

我拍着他的肩膀和他说:"建国,你先别急,我们一起帮你想办法。"回到农信社后,我立马叫上了江东村的村长,在三方的担保下,我们着手去安排唐建国的贷款延期,在这些个体户最难的时候,我们必须帮他们一把。

几个月后,猪瘟过去了,唐建国的资金回笼了,我至今都记得他满含热泪诉说对我们的感谢的样子。

现在的他,依旧继续着他的养猪事业,并把养猪基地迁到了崇明,他已经成为崇明当地小有名气的养猪企业家。我偶尔还能听到他事业发展的一些事情。我和他,这一辈子都是踏踏实实地做着一件事。如今我老了,回想起当时在农信社的人、事、物,还能露出满足的笑容。

(丁传敏,1950 年出生,1979 年入本系统,2000 年在浦东农信联社退休)

接过父亲的算盘

陆福妹*口述　陈秋依整理

夜幕降临,我坐在桌前,抚摸着那把榆木算盘(见图1),昏黄的灯光下,它散发着黯淡的光辉。回忆如长歌,奏起我内心最深切的思念……那是父亲的算盘。

20世纪70年代初,父亲通过招工进入了高桥农信社,"一套中山装,一把算盘"就成了他往后的模样。小时候的我,经常看到父亲坐在桌前,左手翻着本子,右手拨着算珠,三根手指上下翻飞,指尖仿佛在轻盈地舞动,算珠在手指拨动下,发出"噼里啪啦"清脆的响声,似人间妙音,我幼小的心灵从此萌发出一种探索算盘奥妙的冲动来。

---

* 陈福妹居图右,父亲陆章祺居图中。

图 1　20 世纪 70 年代的算盘

父亲任高桥农信社主任时,跑遍了高桥镇的各个生产大队,联络信贷工作。无论风吹日晒,田间地头,处处都留下过他的身影。不在外面跑的时候,父亲经常承担起农信社的夜班工作,在早上员工们来到前,烧好煤球炉,为他们打上两壶满满的开水,把农信社打扫得窗明几净,迎接着清晨第一缕阳光照进营业厅。那时,领导和同事们提到父亲的时候总会竖起大拇指。

1979 年,我进入了高桥农信社。永远记得那天,父亲把我叫到了身旁,郑重地把他的算盘递到了我的手中,"这是我的担子,现在该你挑了"。看着他布满皱纹的面庞,洋溢着笑容,诉说着期盼,我接过算盘——依旧是小时候看到的暗暗的红色,但是算盘杆子已经因为经年累月的使用变成了弧形。我抓着算盘中下框之间"啪"的一甩,摆在桌子上,一阵"噼里啪啦"的算珠响过,我和它的故事从此便开始了。

"三尺柜台储蓄岗,一把算盘噼啪响",每天从 7 点半开始,一直忙碌到夜晚不知几点,就这样日复一日,我在最平凡的岗位上坚守着和父亲当年一样的事情。父亲的"算盘"根植在我的思想之中,那就是兢兢业业、脚踏实地的敬业精神,诚诚恳恳的办事作风,这些很自然地融进了我的生活习惯里。

我成为信贷员之后,沿着他的足迹,走遍了每一个他走过的地方。高桥镇里的 12 个生产大队,每一家队办企业,我为他们解决资金困难和贷款需求。1997 年,我任高桥农信社主任,像父亲一样带领着农信社的同仁们组织存款,开拓业务。

父亲在世时,总是和我们说的一句话便是:"人这一辈子最珍贵的就是坚守。"母亲瘫痪在床十几年,父亲十几年如一日地照顾,不离不弃。父亲也时常教导我们"先人后己",父亲在农村时,困难的年代里总是把自己的口粮分给别人。在高桥时,我也时刻把员工们放在第一位。1997 年,高桥有一个唯一的涨工资的名额,身为农信社主任的我把这个珍贵的机会给了当时家境困难的内勤主任葛慧敏。

岁月如梭,时过境迁,犹记得父亲晚年,总行和分行的领导们来家里探望他,父亲紧紧握着领导们的手,颤颤巍巍地说道:"感谢领导们看望我,农商行是我一辈子的家。"老人的眼里满是热泪。父亲走时已满百岁,而我此生最大的遗憾便是未能在临终前与他相见,每每想起,心中总会掀起苦涩的涟漪。

抚摸着父亲遗留下的这把算盘,思念如潮水般涌出,我潸然泪下,算盘的每一粒珠子里都藏着父亲和我安身立命的宝。

(陆章祺,1919 年出生,1971 年入本系统,1979 年在浦东高桥信用社退休;陆福妹,1951 年出生,1979 年入本系统,2001 年在浦东信用联社退休)

协破"玫瑰香奇案"

吴桂军

20世纪80年代初,上海电视台播出了电视剧《玫瑰香奇案》。它以惊艳的剧名、曲折离奇的情节,吸引着观众的眼球,收视率很高,成为当时电视剧中的佼佼者。

该剧剧情曲折离奇,剧本是上海电视台根据一起震惊上海滩的凶杀案而编写的("玫瑰香",是编剧添加的一个案情要素)。

案子发生在1979年9月21日,罪犯闯入曹溪大楼一独居老人家中,入室抢夺财物,并将老人杀害。公安局接到报案后,立即进行现场勘察。在收集有关证据时,了解到被害人有到银行办理"零存整取贴花储蓄"的习惯,但案发现场并没有发现贴花储蓄的凭证。如果贴花凭证被凶手拿走,那么罪犯就有可能会到银行兑换。在银行"守株待兔",是破案的一条途径。因为每张贴花印有不同号码,警方锁定了贴花上号码的范围,并向全市银行发布内部通知,要求银行协助防范。

这里要说明一下:中国人民银行开办的"零存整取贴花储蓄"品种,存取方便,无记名,不挂失,全市银行通存通兑,每月存储一次,分1元、2元、4元三档品种。每月10号兑换一次。可以漏蓄、退蓄,还每月开奖一次。因为有这样许多优点,深受广大群众欢迎,所以每月的发行面广、量大。如此一来,给公安局侦破案子带来不少难度。

我所在的龙华农信社离案发地较近,接到公安局通知后,社领导非常重视这一案子。主任制定了预案,要求每个同志同仇敌忾,严守把关。

等了多日,没有动静。同事们不免有种种猜测:会不会已经在其他银行兑换了却没有抓住罪犯?会不会罪犯还没有到银行去兑换?

10月9日,我们社主任又召开职工大会,再次提醒:明天10号是贴花兑付高潮,不管罪犯会不会来我社兑付,大家都不能松劲,加强柜面把关,不能因为人多杂乱而疏忽大意。

10号早晨,我怀着既紧张又忐忑的心情上岗了,坐在柜面后,既希望凶犯出现,一举擒获,又怕由于自己的疏忽,让坏人漏网。上午10时左右,正是储户来办理兑付业务最繁忙的时候,突然我听到了一句轻声语:"上钩嘞。"暗语,没错,是同事曹才义发出的暗语。今天我和同事曹才义、杨稚华上岗时曾约定过,不管谁先发现嫌疑人,应马上用"上钩嘞"暗语通知其他人。我一个激灵,精神马上集中了起来,抬头看见曹才义柜台面前站着一个年近30岁、身高1米7以上的男青年。而曹才义手里拿着贴花储蓄的凭证,显然他确认了号码正是在公安局侦查锁定的号码范围内,并向我们发了暗语。

我和杨稚华心领神会,按事先约定的预案,由曹才义拖延时间,由杨稚华到楼上向主任报告,我则离开柜台到大厅,到嫌疑人身边盯牢他。不一会儿,主任下楼到那男青年旁边,对他说我们农信社要给储户做宣传,邀请他面谈。那嫌疑人信以为真,就跟主任到楼上办公室,我也跟了上去。

按事先约定,我知道杨稚华已经向公安局报了警。在主任办公室,主任、杨稚华和我一起同嫌疑人东拉西扯些储蓄方面的事,故意拖延时间,像真的一样,丝毫没露破绽。为演得逼真,其间杨稚华还给那嫌疑人倒了杯水,给嫌疑人看宣传资料。那嫌疑人也挺"配合"地和我们闲扯。我的心里很着急:警察怎么还没来?

没多大功夫,办公室门口出现了三位警察,我吊着的心顿时放了下来,再看那嫌疑人的脸色马上变了。经过一番程序,嫌疑人被警察用手铐铐上,押上警车。整个过程,出奇地顺利,那嫌疑人并没有我预想的会出现抵触、反抗。心想,那嫌疑人肯定是作案人了。

事后,据公安局同志到我们农信社讲,那嫌疑人供认了抢劫杀人的犯罪经过。而我们农信社因协助公安机关侦破案件,得到上级部门的嘉奖。

(吴桂军,1935年出生,1960年入本系统,1995年在徐汇龙华信用社退休)

一辆自行车走23个生产队

施俭

我叫施俭,今年59岁了,说起来我年轻时所经历过的、所做的事情,对现在的年轻人而言,是比较辛苦,也很难熬的。现代城市的青年员工应该很难想象这样一个场景:一周时间,骑着自行车(见图1),走完23个生产队。那时候的路到处是泥坑,走在脚下一点都不平坦,一到下雨,那就更是要命,别说是骑自行车了,光着脚踩上去都能陷得满脚的泥巴。可就算是这样艰苦的条件,我们负责信贷工作的,不管天晴还是刮风下雨都必须坚持,只是因为一句话——不误农时。

图1 早期农金员下乡使用的"老坦克"自行车

1979年，我被分配进信用社。那时候都还没成年，17岁还是年轻气盛的时候。刚听到这个消息的时候，心里就只觉得，怎么没被分进"香饽饽"单位的粮站？农信社，那是什么？但还没等我发牢骚，就得跟着师傅奔走在乡间的小路，因为我还太年轻，师傅教了我很久，带我走了很多地方，反复地帮助我摸索、记忆，好不容易我才记住这些路、记住一些人家。

那时候，几乎每个生产队都资金匮乏，我们需要快速排摸完春耕生产所需要的资金，提供信贷支持，确保春耕正常开展。我们的工作看起来很轻松，实际上也有很多困难，并不是所有人都配合。

实际上，要全面摸清楚村里人的信息要花不少时间，所以我们为了不耽误工作，就把时间压得很紧。有时候，真的是废寝忘食，平常没有一点休息时间。我那时候对业务还不熟悉，只能边学习，边和社员们拉近关系。

还好最后还是在规定时间内完成了任务，没有影响后续工作的正常进行，春耕也能正常开展了。当我看到农田里一排排绿油油的秧苗，心里突然就有了一股动力和自豪。再后来，为了让全村人吃饱饭，为了用足劳动力，我们这样的"大小伙"每年都会参与"三夏""三抢""三秋"的农忙义务劳动，俗称"忙十八"。

那时正是计划经济时代，大家都喊"劳动最光荣"这句口号。我也深深理解这句话的深意，劳动的人确实最光荣。于是我也积极投身到劳动中，每遇农忙时节就白天干活，晚上睡在信用社宿舍。那是现在的信贷员无法感同身受的辛苦。

后来"粮站"在市场经济下逐渐没落，没有了发展空间，而农村信用社却随着改革开放的洪流，历经脱钩、县联社管理、市联社管理等一系列变化，发展成现在的上海农商银行。我也随着这些变化一步一步地走过来，看到了信用社的发展，看到了社会的变化。

弹指间，四十多年岁月过去了，我也老了，从当初17岁年轻气盛的精神"小伙子"，变成了如今59岁的"老伙子"。回想年轻的时候，我被分配到了信用社是何其幸运,能跟着农信社、农商银行一起历经变迁、一起成长。

(施俭,1962 年出生,1979 年入本系统)

第四部分

1980—1989 年

老农信的记账法

乔逸敏

20世纪80年代,老农信职工办公条件可谓艰苦,一名员工、一个算盘、一支笔、一本账簿,要受理日常对公对私各项业务。小小的算盘有着大大的学问,凭借员工们娴熟的珠算技能,一串串算珠在手指间快速移动,加上一套手指拨珠规则的运算口诀,就可解决各种复杂运算。

对于老农信人来说,熟练的珠算技能是保证业务高效开展的前提条件。随着社会发展,信用社内开始大批量使用微机板,老百姓金融需求也逐日上升,业务程度日渐复杂。90年代,计算器被摆上了工作台。直至今日,电脑在金融领域的广泛应用,减轻了人们的劳动力,更提升了工作效率。

老农信人工作台上几乎都有两本重要的账簿:现金日记账和银行存款日记账。工作人员通过现金日记账,核算和监督库存现金每天的收入、支出和结存情况。由出纳人员根据同现金收付有关的记账凭证,按时间顺序逐日逐笔进行登记,并根据"上日余额＋本日收入－本日支出＝本日余额"的公式,逐日结出现金余额,与库存现金实存数核对,以检查每日现金收付是否有误。

银行存款日记账则是用来核算和监督企业存款每日的收入、支出和结余情况的账簿。银行存款日记账按企业在银行开立的账户和币种分别设置,每个银行账户设置一本日记账。由出纳员根据与银行存款收付业务有关的记账凭证,按时间先后顺序逐日逐笔登记在账簿相关栏位,进而每日结出存款余额。银行存款日记账一式两联,即对账单联和银行留存联,用以确保银企对账无误。

对于账户结息的情况,需按照每日、每旬、每月定期手工登记到账簿。到了每季度末,老农信人经常昼夜不眠地加班进行账户计息工作,并且要求记账员分户账登记余额与主会计员总账科目核算余额一一轧平,否则就要对数据逐一查账纠错。

那个年代的老农信,只采用收付记账法。这种记账规则为"有收必有付,有付必有收,收付必相等"。在收付记账法制成的账簿中,无法反映出单位的资产负债等概念,这对于金融机构来说,无法高效管理辖内资产负债。随着我国的会计核算制度体系不断完善和会计核算组织形式的逐步健全,金融业的会计核算制度也不断完善。1993年1月1日起,金融业统一使用借贷记账法,改善了单式记账法对经济业务反映不全面的状况,适应了新形势下的发展要求。

借贷记账法的主要优点,首先是账户对应关系清楚,可以清晰反映各种经济活动的来龙去脉。其次是账户设置适用性强,基本结构既反映资产,又反映负债情况,便于理解。最后是依据"有借必有贷,借贷必相等"的记账规则,无论是全部账户的发生额和余额都保持借贷平衡关系，便于日常核算检查。

1992年年底，信用社积极响应国家要求，对社内的记账方法进行大刀阔斧的改革，要求层层培训、人人参与，尽快统一使用借贷记账法。从1992年2月起，历时三个月的培训开始了。首先，对辖内会计辅导员进行为期一周的集中培训。会计辅导员们承担着转培训的重要职责，每个人都全身心地投入到培训中去，加班加点，反复研究，不断练习，悟懂、悟透借贷记账法的规则条例（见图1）。值得一提的是，当时信用社内员工普遍存在年龄偏大、知识基础较为薄弱的情况，有一定的培训难度。但是老农信人个个都有担当，怀着要尽快掌握新的记账方法、提高工作效率回报工作岗位的心情，互帮互助，共同进步，大力推动了借贷记账法的全面使用。

图1 农信社培训用书

老农信改变记账方式也伴随着计算机的推广使用。据一名南汇老农信师傅回忆，整整三个月的计算机测试期间，要求工作人员认真记账核算，保障收付记账核算结果与计算机自动核算的数据结果统一，科目转换一致。测试环节通常都要工作人员通宵达旦地不断测试计算。老农信师傅全力以赴，为南汇赢得了第一名的好成绩。他说，农信人虽然大多知识层面不高，但是每个人都踏实肯干，肯下功夫。他自进农信社的20年间,每逢年终决算都是不眠之夜。每年12月31日,各分社从下午4点半开始陆续开展年终决算工作,晚上8点左右,他所在的财会部内,电话铃声纷纷响起,所有人员立即投入汇总决算的工作中去……待东方出现了鱼肚白,一份份字迹工整、数据清晰、一目了然的账簿汇总了起来,直到上报后,本年度的年终决算工作才算正式结束。

1993年,中国人民银行联合财政部制定《金融企业会计制度》,初步形成了银行业完善的会计制度体系。我们的农信社随时紧跟国家各项制度的推广,并且排除万难、不遗余力地实践,这样的实干创新精神为农信社未来发展打下了重要基础。

(乔逸敏,1963年出生,1982年入本系统)

我的付出
我的收获

王 蓓

我是个老农信人了,曾有幸参加过上海农商银行的成立大会。三十余年的金融工作经验告诉我,不论是老农信,还是现在的农商行,作为一名银行职员,必须要具备过硬的思想素质、政策觉悟和业务能力,否则难以胜任工作岗位。老师傅告诫我,上班期间要做到"三心"——安心、专心、细心;操作定型,工具定位;审查凭证认真快速,复合款项思路清楚,库存管理合理妥当。我常常趁着大家午休期间,对信用社的各项规章制度进行梳理,业务上刻苦钻研,点钞、打算盘、抄写轧打等轮番练习巩固。我深知,只有基本功扎实,才能把柜台工作完成得又好又快。我们是金融守护者,守护着储户资金的安全。

我深知小小信用社离不开广大储户的信任,提高柜面服务质量也是我一直努力的方向。在坚守规章制度的前提下,我坚持先外后内,先急后缓,快收快付稳定和吸引更多的客户,确保储蓄业务稳定增长。记得做现金收付业务时,经常碰到一些老人用手帕、尼龙袋包着一袋零钱。当他们颤颤巍巍地把现金递过来时,在那期盼的眼神中我读懂了他们的艰辛与不易。有的纸币封存已久、灰尘扑面,有的纸币发黄发霉,我就用双手把它们一一剔清,认真记账。还有部分急性子的储户,我会实时地调节好自己的情绪。我想我宁可自己辛苦一点,也要让储户满意,为单位争光。对待所有的储户,我坚持做到"四个一样":存多存少一个样、老年青年一个样、熟悉陌生一个样、单位个人一个样,只要储户能高兴而来、满意而去,我就知足了。无心插柳柳成荫,我的对待客户热情耐心、有问必答的工作服务态度得到了单位领导的肯定,1986年,我被评为县级金融先进工作者。

出纳记账岗位业务量大、业务程度单一,但也让我受益匪浅。我坚持执行各项记账制度,根据记账规则要求,认真审查每一张凭证,记录每一笔账目,准确抄写余额表,切实做到了日账日清。在保证工作无积压的情况下,配合外勤同志做好收贷工作。在四个月的记账工作中,二次季度结息我都做好了充分的准备,结息工作做到了有条不紊,同样得到了领导和同事们的好评。

不论对待客户还是对待工作或者对待同事,我都秉持着真诚待人、热情待人、踏实肯干的态度。功夫不负有心人,在储户们的好评、同事们的信任和领导的帮助下,我于1981年3月被评为"省市金融红旗手",于1982年3月被评为"县级金融红旗手",于同年4月被评为"省市金融红旗手"。这一份份奖状我深知来之不易,沉甸甸的,不仅是奖状本身,更是责任。时光荏苒,我已白发苍苍,但是领导、同事们对我的帮助和关心,储户们对我的肯定和好评,还有这些殊荣,都鞭策着我继续发光发热,为社会作出我的贡献。

(王蓓,1958年出生,1974年入本系统,2008年在上海农商银行南汇支行退休)

农金员的一天

黄松涛

1982年盛夏的某个周一,我顶替父亲进长兴信用社做农金员已有半年多时间了,按工作计划,这天要去长明大队各生产队进行存款核对和现金检查。

大清早,我就着奶奶用正宗豆瓣酱腌制的酱瓜,简单地喝了几口泡饭。将近7点,熟练地将黑色皮革双襻手提包挂在自行车右面有车铃的一侧(有车铃挡着包襻就不会左右滑动),戴上窄边草编帽,与坐在一旁的奶奶招呼:"亲婆,我上班去啦!"奶奶也应声关照:"脚哒车哒慢点噢!"我回说:"晓得了!"其实这时候一脚踩上自行车已经骑出近百米远了,也许奶奶压根就没听见。

单位距家3千米多的路一会儿就到了。照例我第一个到,赶紧拎着四个竹编外套、肩部镶嵌红绿竹篾条的热水瓶,带上几个竹片水筹子(是一种金钱等价物,专用于买开水。一根筹子有的抵2角钱,有的抵1角钱,还有的抵1分钱),过桥去马家港对面五六百米远的"老虎灶"(简易的老式茶馆)上泡了开水,将外勤间师傅们的杯子洗好泡好,将所有的办公桌擦了一遍,再将地板拖好,算是完成了早锻炼。

8点不到,师傅们陆续到岗开始各忙各的工作。我与师傅们招呼后，自己骑着自行车出发了。

长明村地处长兴岛的中部偏东位置。按照分工，我负责长兴岛中东片，这片有耕地9 000多亩、近4 000住户，有新兴、长明、大兴共3个大队，40多个生产队。今天去的长明大队有21个生产队，是长兴岛上生产队数量最多的大队，因此核对检查工作需要五六天时间。

第一站去了长明11队出纳家里，这个队离潘园公路主干道比较近。一到出纳家场头路口还未下车，出纳就招呼说："小黄这么早就来了，快进来，快进来！"我边应着边擦着汗："来了，早点出来可以多走两个队。"接着问出纳："你月底的存款日记账和现金日记账都做了吧？与银行对账单有什么出入吗？"出纳回答："我还是与上个月一样，账平款平，没什么问题，我把日记账、银行对账单拿出来给你看噢！"他边说边走进了自己的房间，我也已经走进了客堂间的方桌板凳前了。我一边应着"好的，好的"，一边不客气地移动板凳自顾坐了下来。出纳拿着账本、现金小箱子以及算盘放到了方桌上，我麻利地打开他的存款日记账本，迅速地核对着月底的银行对账单，月底数据一致；后又发生了几笔支票买化肥、农药的，又轧打了存款日记账和支出凭证，数据一致，存款余额没错。出纳乘我轧打时，已经用搪瓷杯帮我倒了杯大麦凉茶，我狠狠地喝了一大口，继而查现金，把他提供的现金发票和现金日记账用算盘一阵轧打，差了1.2元。"怎么差了一块两角？"出纳回复："是不是漏了发票，我去抽斗翻一下看看。"说着已经到了他自己的房间，一会儿出来，翻出了一张购买药水桶配件的发票，正好是1.2元。出纳说："这张发票是昨天刚买东西开的，还没来得及记日记账呢！"我应着说："好的，知道了，那就全平了。你账管得不错，谢谢你，麻烦啦！"出纳回说："应该谢谢您，辛苦您了！再坐会儿喝口水吧！"我又喝了口大麦茶道："我走了，再去马路对面5队去。再见！"

走到自行车左侧手扶车把，右腿往后将撑脚架一蹬，左脚踩上踏脚板，只听链条声唰地一下自行车就往前滑走了。这时耳边还听出纳在说："有空再来噢！"

上午对账的效率蛮高,10点半多已经是第三家了,这是1队出纳小陆家。这个大队的财会人员都比较认真负责,所以登账都比较及时,我对账时就省事了很多,效率也就高了。小陆这里花半个多小时也完成了。一看时间有点尴尬,小陆客气地说:"这会11点多了,你就在这随便吃一点再走吧!"我回道:"那好吧,我就不客气啦!"小陆说:"没什么菜,我炖了个蛋,烧了碗老黄瓜蚕豆瓣,只能将就了。"我说:"可以可以,要不然我只能又要去代销店买干点吃了,上次在大兴大队对账时就在他们大队代销店买了一包万年青饼干垫了下肚子。你这有菜有饭很好了!"饭后,又与小陆聊起了生产队相关情况,顺便了解他们的农业生产和多种经营的情况,特别是养猪场情况,因为养猪场是生产队的主要创收项目。聊到12点多,我悄悄拿出1元钱和1斤粮票,放在桌角上招呼着要走了,小陆发现后说什么都不肯收,说是便饭还收你钱,想得出咯。我实在不好意思,硬是要留下钱款,最后小陆说那这样,钱不收了,粮票收下。没办法,我只好把1元钱又塞回口袋,留下了1斤粮票。

十几分钟后我骑车到了2队,2队出纳刚吃完午饭。见我来了就很配合地拿出了账款箱子,于是我又花了半个多小时,账款轧平后骑车离开。绕过南北河道的水闸,准备去下个生产队。骑离出纳家不远,我在路边突然发现了一个占地3、4个平方米的球形水泥体,上部有泛黄的半透明塑料管子插着,球体的左右两侧各有一个封着的方形口子,我很好奇:这是什么东西呢?

于是我顺塑料管找到了一家层高有点矮的瓦墙人家,塑料管经过屋檐直接进了这户人家。门开着,我敲了一下门说:"我进来看看可以吗?"男主人热情地说:"进来进来,随便看!"我认真地观察着塑料管,只见进屋后在屋子中间管子被钩子钩着吊在正梁下,并一分为二,一根通向后门口边上的像煤气灶一样的简易灶具上,一根通向房间,在灶头间正中梁下挂着类似大灯泡一样的梨形玻璃球。我一边观察一边大感不解地问:"你家这个管子从球形水泥体通过来派什么用场?"男主人微笑地解释说:"这是我们家自制的沼气系统,这个管子通进来一是利用沼气烧菜煮饭,另外用于晚上点沼气灯照明。"我听后来了兴趣,追根问底,从设施的建造制作,到沼气产生的原理,再到产生沼气用的原材料都问了个遍;我还不罢休,让男主人带着走到沼气球形体旁(后来知道规范称呼叫"沼气池"),从进料口到出料口,从稻草类原材料添加到产生沼气的时间,再到沼气的输出等,都问仔细了。末了,我问男主人:"这沼气有哪些好处呢?"男主人回答:"这个沼气好处蛮多咯,你想我把一些杂草和稻草放入池中让它发酵,杂草和稻草等派上了用场,还美化了环境,同时将发酵后的沼气渣取出来当有机肥施入农田,既改良了土壤又肥了庄稼,最大的好处是煮饭烧菜不用柴,电灯照明不用电,省了我好多费用开支呢!"我听明白了,原来小小沼气池有这么多好处啊!

于是我想,这个沼气池建设应该不复杂,完全可以复制推广啊。想到这,我拿出了笔记本仔仔细细、一个环节一个环节地将看到的和问到的都详细记录下来,内心感到如获至宝,收获满满。

这样差不多过了近4个小时,与主人打了招呼准备离开,临走还问了主人姓名,原来主人叫徐石苟。

时间不早了,去其他生产队也来不及了,骑自行车回单位还要40多分钟时间,于是我直接回单位。

下班后,我骑着自行车回到家里,风风火火地将自行车推进客堂间,奶奶见了说:"慢点啊,你回到家了还急急忙忙做啥呀!"我也没回应,只是说肚子饿了要吃饭。奶奶说:"你爸妈他们还没回来呢!"我也不管,自顾自盛了饭菜就三下五除二地吃好了。接着走到房间赶紧拿出报告纸,按照经济信息的格式,写成了题为"徐石苟家的沼气既能煮饭又能点灯"的经济信息,后来刊登在了《上海农村金融》杂志上,产生了较好的社会效应。

这就是从事农金员工作充实而有收获的一天。

(黄松涛,1960年出生,1982年入本系统,2020年在上海农商银行总行工会办公室退休)

一次难忘的读书活动

仇继钧

  1983年5月,由上海市总工会、团市委、解放日报社等共同发起的"振兴中华"读书活动,掀起了百万职工读书热潮,并迅速影响到全国,成为当时社会影响最大、参与人数最多的一项群众性读书活动。整个活动,从读"三史"(中国近代史、中国革命史、社会发展史)开始,逐步深化为"知我中华、爱我中华、兴我中华"的全民学习浪潮。

  随着读书活动的深入开展,各种"振兴中华"读书知识竞赛、"振

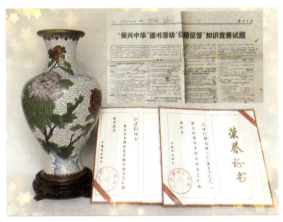

图1 仇继钧参加"振兴中华"读书活动所获荣誉

兴中华"读书演讲活动也不断涌现。1983年10月,中国农业银行上海市分行举行了"振兴中华"读书演讲比赛,我结合自己的学习体会,联系自己的实际,积极写稿,参加演讲,在比赛中荣获一等奖(见图1)。

1983年11月中旬,我接到分行工会的通知,告知我去北京,代表农业银行向人民银行总行的领导进行汇报演讲。我一下子被这则消息惊愕住了。直到出发的那天,分行的工会领导送我到火车站时,我的感觉似乎仍在梦境里一般。

我第一次离开上海,来到北京,来到全国人民向往的地方。到人民银行总行后,来自工商银行、建设银行、中国银行和农业银行的十几位青年职工,分别向领导们进行了汇报演讲。人民银行总行副行长李飞观看了我们的演讲后,高度赞扬,他指出,开展"振兴中华"读书活动,能提高广大职工爱国主义和共产主义的思想觉悟,可以促使职工增长知识,陶冶情操,提高觉悟,树立新风;必须大力宣传、积极鼓励,让更多的银行职工加入"振兴中华"读书活动中;并要求将来京进行汇报演讲的12位职工,组成两个演讲团,分别去全国各地银行进行巡回演讲,号召全体银行职工,开展"振兴中华"读书活动。

于是,1983年11月下旬,我们从北京出发,先后来到山东、江西、江苏、浙江、福建、广东等省的15个城市。每到一处,当地人民银行组织安排各银行职工代表来听我们的演讲,我们的演讲受到了银行领导与职工的热烈欢迎和高度赞赏。

1984年的元旦我们在福建省人民银行招待所里度过,带队领导告诉我们,将在厦门坐飞机去广州。坐飞机!那真是天大的喜讯。这次参加演讲活动,是我第一次离开上海,第一次乘火车,现在又要第一次坐飞机,演讲团的小青年们都兴奋得无法入睡。来到广州,完成了广东省人民银行安排的几场演讲后,已经临近春节,整个巡回演讲的活动任务也顺利完成了。

1984年1月中旬,我回到了奉贤。支行领导对我代表农业银行参加全国银行系统读书巡回演讲活动进行了表彰,《解放日报·市郊版》也进行了简要报道。而我本人通过这二十多场的演讲历练,以及和各地银行领导以及职工代表的多次交流座谈,在思想认识上、分析思维上、语言表达上都有了长足的进步。通过巡回读书演讲活动,更多的银行职工感悟到,勤奋读书带来的知识内涵和心灵变化。因为读书,我们将希望变成现实;因为读书,人生更精彩。

(仇继钧,1955年出生,1974年入本系统,2015年在上海农商银行奉贤支行退休)

400万元贷款助力彭浦衬衫厂转型

朱元龙

1984年,正是农村经济体制改革不断深入发展的时候,我们农村信用社的改革也在启动。信用社在农村经济发展中的作用,在慢慢显现出来。

那一年,我所在的宝山县彭浦信用社刚刚完成了"体制改革",成立了信用社的理事会和监事会,我被选举担任信用社副主任。发展社队办企业(即公社办企业和大队办企业)已经成为农村经济体制改革、推动农村经济发展的一件大事。社队办企业主要是加工型企业、劳动密集型企业,以解决农村富余劳动力的出路。

整个彭浦公社二级企业,共有员工5 500人,全年销售收入仅有

3 812万元,利润也仅有626万元。为了摆脱这种被动局面,唯一的选择就是改变企业经营方式,把单纯的生产加工型企业改变成生产经营型企业。但是,面临的首要问题就是流动资金。以彭浦衬衫厂为例,有170名工人,除了为老百姓加工服装以外,就是为上海服装四厂加工"青松"牌衬衫以及假领头,全年的加工收入只有300万元,利润仅有10万元。要实现企业经营方式的转变,经过反复测算,需要的流动资金至少400万元,这确实是一个不小的数字。

得知消息后,我立即向农行宝山支行企业信贷股沈炳南股长作了汇报,在征得支行领导同意后,专门向农行上海分行领导请示,在取得分行和支行二级领导原则肯定的基础上,向公社工业公司的领导进行了汇报。他们得到这个意料之外的消息以后,通知衬衫厂厂长尤朝群,并会同财务部门办理了借款手续。从得到信息,向领导请示、汇报,办理相关手续,到发放贷款,前后仅仅一个多星期,这还是第一次,也是我直接办理的需要上报分行审批的第一笔大额贷款,至今难以忘却。

贷款的及时发放,为企业经营方式的转变奠定了扎实基础,在公社相关部门统一协调,并在尤朝群厂长及全体员工的共同努力下,"舒乐"牌衬衫正式上市,市场占有率不断攀升,成为上海市民争相购买的抢手货,产品也销售到全国各地。彭浦衬衫厂产品也从单一的衬衫逐步形成以衬衫为主,兼有各种款式的羊毛衬衫、羊绒衬衫等系列产品。"舒乐"成为上海市的著名商标。该厂还在江、浙、皖等地建立了多个分厂,厂长尤朝群多次被评为上海市劳动模范,还被选为全国人大代表。这个企业的成功转型,成为当时彭浦的骄傲、宝山的骄傲。

弹指一挥间,三十多年过去了。这件小事一直萦绕在我的心头。不仅因为它是我直接报送到分行审批的第一笔贷款,而且因为这笔贷款的发放,改变了不知多少人的命运;这件小事也从另一个侧面反映,农村信用社的体制改革与农村经济体制的改革是密切相关的,没有农村金融体制的改革,农村经济体制得不到金融的有力支持,改革

"舒乐"牌衬衫标识

是不彻底的。两者是相互依存、相互促进的。

在上海农商银行上市之际,我期望我们上海农村自己的银行不忘初心,继续前进!

(朱元龙,1946年出生,1964年入本系统,2006年在上海农商银行宝山支行退休)

用奉献计算生命的价值

王秀娟口述　颜东明整理

1984年,我担任南翔农信社主任。在职工当中,大家都说我是"男人的脾气,女人的心"。正赶上改革开放大潮,南翔是江南有名的古镇,一直是商贾云集之地,改革开放给南翔的发展带来了前所未有的机遇。

为了更有效地支持乡村企业,掌握企业贷款需求,我经常会同信贷员一起骑着自行车下乡调查,南翔街道的台格子路颠得屁股发麻,乡间的小道更是让人胆战心惊。有一次,骑车到一家村办企业进行贷款政策宣讲,田间道路泥泞,我连人带车跌到水渠里,额头撞破,鲜血直流,到医院缝了好几针,但伤口还没痊愈就又上班了。还有一次,我骑车走访企业,在农村田埂上跌成大腿骨折,躺在病床上,看着天花板,眼前出现的全是单位里的事,实在耐不住了,就让单位几个骨干员工到病房来研究工作,这样就能及时掌握单位动态。

就这样,靠着自己为农村金融服务的热忱,我顽强地工作,掌握了乡镇企业生产经营的第一手资料,并认真分析各企业生产发展状况,测算各类指标,经过详细、周密的调研,按照"扶优限劣"的原则,我决定重点扶持名优特市场、适销对路的产品生产,充分发挥工、农双方优势,支持他们走"国集联营"之路。在我们南翔农信社的支持下,短短3年时间,南翔镇就被誉为全国电缆之乡,镇办企业产值从4亿元迅速增长到10亿多元,列全区之首。

大力支持乡镇经济的同时,也要优化信贷资产,落实好严格的风险防范措施。我建立了每周信贷员学习制度,与员工一起学习有关金融政策和信贷制度,结合工作实际认真讨论分析,制定信贷发放的投向、规模、项目和数量,坚持做到审贷分离和分级审批,坚持贷款"八有"质量管理,即有书面申请,有书面调查,有审批意见,有合同,有担保,有检查,有收回通知,有收放核算。这些经验很好地防控了贷款风险的发生,我的工作方法和经验也得到了农行上海分行的肯定。

1990年后,农信社新进员工多了,青年新手占了很大比重,单位也配备了小型电脑,对内勤工作提出了新的更高的要求。我深感内部管理工作是业务活动的基础,就到会计实操第一线,摸索业务运行规律,然后合理设岗定位,优化劳动组合。我组织员工进行会计结算、点钞、珠算、电脑、岗位操作程序及业务制度的培训,自己讲课,把自身业务经验传授给青年员工,并实行"拜师傅""结对子",开展技术练兵。在全区举办的会计和储蓄单项比赛中,南翔农信社职工获得第一名。柜面业务是文明服务的重要窗口,我始终力求在工作上以"勤"取胜,在信誉上以"诚"取胜,结合"二公开一监督"试点,采取"走出去,请进来",广泛听取开户单位的意见,完善内部管理制度;坚持早开门晚打烊,增设中午班,以优质文明服务赢得客户信赖。在支行开展的储蓄优质文明服务活动中我们获得第一名。

自身的责任和辛勤劳动为南翔镇经济的繁荣昌盛贡献了一份力量。看着一个个兴旺发达的企业,望着南翔镇的巨大变化,我内心无比欣慰。南翔农信社的业务经营、内部管理、精神文明建设也都取得了令人满意的成效,各项工作在系统中名列前茅。1986年、1990年南翔农信社被评为农行上海分行先进单位,1990年被评为企业管理先进单位和廉政建设先进单位。我个人工作也得到了很多肯定,多次被评为先进工作者,1990年被评为总行"巾帼建功模范",1999年在南翔解放 50 周年"十名老功臣"评比活动中,被评为"南翔老功臣"。

回望这些年,我深深感到,生命是用时间来计算的,而生命的价值是用奉献来计算的!

(王秀娟,1943 年出生,1960 年入本系统,1998 年在嘉定农信联社退休)

农信半生缘

顾桂珍

1986年8月,25岁的我,经过上海市川沙县农信社的招干考试,带着乡镇企业给我戴上的川沙县"新长征突击手"的小红花,顺利跨入了农信社的大门。

从农村出来,也没有很高的学历,我从柜台接柜、手工记账做起,每天轧账,打余额簿,每季度手工计息,忙得不亦乐乎!慢慢地,我感到农信社记账工作有点满足不了我;领导看出我的心思,没多久就让我担任总会计;农信社是独立法人机构,自负盈亏,独立核算,每月会计报表、每季财务分析、年底利润分配、汇税清缴让我学会了不少的专业技能;我自认是非常认真好学的人,没几年,我就能胜任岗位工作。一路在农信社与中国农业银行合并和拆分办公的分分合合中担任内勤行长、农行县支行会计科科长角色。在与农业银行彻底分开后,我从会计条线转入了一线营销负责人岗位。市联社成立后,我接任经营状况不佳的浦东分行营业部,该部存款总额不高,但贷款坏账超标。我一头扎进后,带领员工们积极组织存款,全力清收贷款坏账,很快营业部打了个"翻身仗",为此,我们获得了市联社先进单位称号,我本人也获得了市联社先进个人、优秀共产党员称号(见图1)。

2006年,上海农村商业银行浦东分行成立现金中心,我调任现

图 1　先进单位负责人、优秀共产党员领奖仪式

金中心经理。2010年4月,金融便利店项目启动(见图2),分行领导又想到了我。分行领导看到我一个临近退休的人欣然接受去开拓新业务,十分意外。一次愉快的谈话后,我便立即投入了要在7个月内开启6家金融便利店的准备工作中;我当时的想法是:我即将退休了,领导能再次交给我重任,既是对我工作的肯定,又是让我职业生涯有个快乐收场吧!我全力以赴,与分行相关部门一起招聘新人,寻找网点,做各类开业准备,走进社区做宣讲,到年底顺利完成了6家金融便利店的开业任务(见图3)。

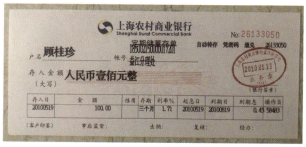

图 2　上海农村商业银行浦东第一家金融便利店——益江店的首张存单

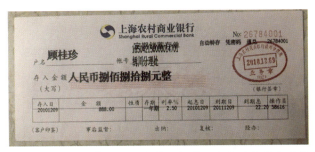

图 3　2010 年上海农村商业银行浦东分行第六家金融便利店的首张存单

退休后,我返聘进入静安支行工作。为了村镇银行项目,我随团队成员连续 2 年赴湖南村镇银行交流,几乎忘记了自己是退休回聘人员,从早到晚地忙。虽然忙碌,但直到最后,我还是觉得十分充实、快乐。

在农信社、农商银行工作,让我在一个非常优质的环境中,走过了人生的初创期和成长期,得到了许多的收获、荣誉和成长。感谢这里给我的一切,祝上海农商银行的未来越来越好!

(顾桂珍,1961 年出生,1986 年入本系统,2011 年在上海农商银行浦东分行退休)

我与联社共成长

蒋丽华

1996年10月,我所在的信用社从农行分设出来,成立了莘庄农村信用合作社联合社。分设后信用社的会计结算比较单一,业务种类只有支票、贷记业务、特约电子汇兑等,签发汇票只能依托农行代理签发。联社也没有金库,领现需要依托当地农行,大量的存款备用金只能以活期存款方式存放农行,各项业务发展均受到较多牵制。

业务种类推陈出新

2001年下半年,各项新业务接踵而来,7月1日、8月1日,储蓄业务和对公业务实行通存通兑;8月中旬,如意卡对外发行;10月中旬,ATM机正式对外营运。2002年,联社推出电子联行"天地对接",代收代缴电费业务,兼代理新华人寿保险公司和中国人寿保险公司的人寿保险业务,签发银行承兑汇票,办理POS机业务、广发卡的代收款业务、个人住房按揭贷款业务等。2003年4月,大额支付系统上线;5月,联社营业部试点代理发放养老金业务;6月,代收代缴联通通信费业务,办理储蓄免填单、存本取息定期储蓄;7月,代收代缴燃气费;8月,开通网上支付、网上跨行转账支付业务;9月,开办平安保险满期给付业务、福利彩票和足彩的电话投注;10月,开办个人消费贷款等(见图1)。几乎月月有新业务,时时有新挑战。

图1　信用社摆摊宣传

面对如此多的新业务,我认真参加了市联社的培训,提升业务知识水平,确保了业务的顺利开展。

业务制度规范健全

分设后,我联社依据人民银行总行及市联社的两个基本制度,对联社的内部制度整理了一系列管理办法,印发了重要印章、重要空白凭证、压数机管理办法,会计档案管理办法,有关单位、个人存款查询、冻结、扣划的办法,出纳业务的操作与管理办法,储蓄事后监督管理办法,固定资产管理暂行办法,内勤主任例会制度,仓库印刷品管理办法等。这些管理办法的制订,强化了联社对基层信用社的管理。

1997年,开展了农村信用社会计达标升级工作(全市入选139个信用社,我联社入选12家信用社)。1999年我联社对有条件的信用社逐步推行储蓄出纳柜员制,有8家信用社(部)11个网点实行了储蓄出纳柜员制,优化了劳动组合,提高了工作效率。

业务系统升级完善

当 2001 年 4 月 28 日杜行、陈行两家信用社综合业务系统上点顺利成功时,我联社下属 17 家信用社的综合业务系统划上了一个圆满的句号,这标志着我联社综合业务系统全线进入正常运行轨道。

原定上点工作在 5 月底完成,实际则比计划提前了一个月,之所以能够提前完成工作,这要归功于多方面的努力和合作。首先,联社各级领导给了极大的关心和支持。每次上点,吉龙根主任总是亲临现场,给每位职工带去了强大的精神动力,使我们备受鼓舞;再次,在各个信用社主任的领导下,全体职工认真细致地进行上点前的大量数据准备工作,为工作的开展铺设了一条畅通之路;另外,财会科电脑科技人员花了大量的精力和物力,重新铺设和简化内部线路,配足必要的设备。在业务指导方面,我也全程参与了操作流程编写,并对各社操作人员进行辅导,帮助网点开展移植前数据的核对、内部账拆分等。多管齐下,确保了全社移入数据的准确性和规范性。

昔日的农信社,如今的上海农商银行,我有幸见证了农信社的从无到有,更有幸全程参与了上海农商银行的发展之路。往日时光,历历在目,感触良多,放眼未来,我坚信上海农商银行定能走出一条更宽、更广的道路。

(蒋丽华,1968 年 8 月出生,1988 年入本系统)

浦东三林信用社往事

吴玉英口述　陈丽娜、席浩淳整理

1988年,我从崇明金融中专毕业后加入了浦东三林信用社。那时的农信社还是由农行管理,业务主要面向农村、农民,所以城里的老百姓对农信社知之甚少。

初入农信社的我跟着师傅学习基础业务,如包硬币、打算盘、登记账簿等。包硬币看似简单,其实上手并不容易,我常常因为手小而捏不住这么多硬币,或者好不容易包完了却不严实,总会露出硬币,好在我的带教师傅并没有因此责备我,他说:"天气这么热,让它露出来透透气。"师傅用幽默风趣的语言化解了我的自责,我也越挫越勇,终于把包硬币这项技能拿下。

打算盘这一技能现在已经退出银行的历史舞台了,但在当时却是每名员工都必会的技能。记得有位非常聪明的同事,每次算盘考试都满分,让大家佩服不已,后来她成了我们领导,带领团队取得了一次又一次的突破。正是有这样优秀的人在团队中起到榜样作用,大家才会竭尽所能为团队付出,这也为我们信用社长久以来在浦东树立良好口碑奠定了一定基础。

学好基础业务之后,我就正式上岗了。要服务好形形色色的客户并不是一件容易的事,这远比学习基础业务要复杂。记得一个初冬的早晨,网点刚开始营业就有一位老人进来存钱。老人放下卖菜的竹篮,从一个打满补丁的布包里面掏出几张5元、10元的钞票放在柜台上,让我给她存钱。这几张钞票卷在一起,湿漉漉的,有些甚至已经发霉了。面对这样的纸币,我心里是有些不耐烦的,因为我需要把一张张纸币摊平,并且手上会被黏得湿乎乎的,影响为下一个客户服务。但是老人喜悦又带有抱歉的笑容让我意识到我的想法是不应该的。这是老人起早贪黑、种地卖菜所得的微薄收入,钞票上沾的是菜叶的露水,也是她辛勤的汗水。

老人把钞票递给我,用本地话说:"今年家里添了个大胖孙女,我想攒到过年的时候给她买个小镯子。"说话间,老人按捺不住喜悦的心情,用手比划着。看到她眼中闪着幸福的光,我也不由自主地笑了起来。给老人存完钱后,老人连声道谢,嘴里念叨着:"这个阿妹真好,谢谢你啦。"我不好意思地说:"阿姨客气啥,这是我本职工作,下次来之前记得把钞票摊平哦,这样我们办起来也快点。"

过了几天,老人又过来存钱了,还带了几个她自家种的番茄分给我们,她说:"我每天大清早出来卖菜的时候看到你们单位的灯还亮着,早上看到你们值守金库的小姑娘、小伙子下班,满脸疲惫,很是心疼呀。"听了老人这番话,我们几个同事备受鼓舞,因为老人理解我们的工作,知道我们的疲惫。农民们大都是单纯朴素的,他们的信任让我感到温暖,工作中愈发干劲十足。

这样淳朴的客户还有很多,比如有老农民为感谢我们,给我们塞几颗糖,天热的时候糖都捂化了,但我们依然很欣喜,因为我们的服务得到了客户的认可。我们农信社的口号就是"心贴心的服务,手握手的承诺"。正是凭借立足本地、服务农民的信念,我们以一腔热血,将三林信用社建设成为当时浦东的三个"小巨人"信用社之一。

我经常说一句话,既然选择了上海农商行,就要相信自己的银行。虽然现在农商行已经不再有打算盘、包硬币等需要,但这段历史承载了我们这代老农信人青春岁月的宝贵回忆,将永远留在我们的记忆里,留在我们的心坎中。

(吴玉英,1967年出生,1988年入本系统,2017年在上海农商银行浦东分行退休)

"菜篮子工程"背后的支持

凤宝珑口述　陈秋依整理

20 世纪 80 年代,浦东的严桥乡与南市、黄浦两区接壤。随着经济体制改革的深入,生猪生产已成为该乡菜篮子工程的重要产业。全乡 8 个村 49 个生产队中,村村队队都有饲养场。支持发展养猪成为严桥农信社信贷投放的重点。

根据规划,严桥乡在 1988 年生猪上市指标上要有大的提升。这就意味着我们农信社需投入更多资金。开始时,我们对此顾虑也较多。我们算了一笔账,投放生猪贷款的资金缺口达 990 万元,按常规办法只能靠拆入资金。而拆入资金的利率为月息 6.9‰,贷款利率为月息 6.6‰,这样,每一万元的拆入资金贷款,每个月的收支就会倒挂 3 元,即这是笔蚀本生意。要不要扩大生猪贷款投放? 这在严桥农信社干部职工中产生了很大的争议。

为此，我们组织职工讨论，引导大家从全局来分析认识。由于1987年下半年本市猪肉供应日趋紧张，市场不稳，民心不安，市政府把"菜篮子"工作作为稳定社会和城市经济改革形势的头等大事来抓。我们农信社的局部利益必须服从全局利益。认识的进一步提高，为我们全社职工支持发展养猪生产铺平了道路。

于是，全社员工心往一处想，劲往一处使，解决资金供求缺口990万元。1、2月份是农民分红季节，也是吸储最有利的时机。我们首先争取了严桥乡政府的支持，专门组织召开了全乡各级企业经理、村长会议，请他们帮助配合农信社抓组织储蓄。其次，在试算方案出来后，全体外勤人员和协储员一起上门服务，抓紧预约登记工作。分配结束后，再抓重点拾遗补缺，把遗漏的储户吸引过来。2月底的时候，吸储额比去年同期增长了8.0%。

8、9月份是上一年有奖储蓄到期兑付和新一期发放时期。我们事先召开了村协储员会议，为预约登记工作进行了一系列准备。由于我们狠抓储蓄不松劲，截至9月底，储蓄余额比年初增长41%。

扩大开户，组织企业存款，是吸收存款最直接的途径。严桥乡是市政规划区，有许多外省建筑单位在此承建工程项目。这些单位往往自带一部分工程垫支资金，需要在金融机构开设账户，我们就积极争取这些单位到我社开户。

通过帮助养猪企业降低生产费用，企业减少贷款，也是我们农信社解决贷款缺口的重要途径。我们了解到有些生产队购猪心切，外采苗猪采取预付货款，结果资金出去后被对方占用，而又不及时催收；有些饲养场的外采人员甚至将采购苗猪后的余额领取现金留作私人使用。我们及时作了贷款方法上的调整：一是苗猪款一律采用票汇结算；二是与苗猪供应单位协商改进货款结算方式，实行货到付款，由农信社作支付保证，确保资金用在刀刃上。

通过以上努力，严桥农信社在1988年为生猪生产贷款，只向同业拆入资金240万元。而严桥乡在农信社贷款资金的保障下，肉猪上市任务增加8万头，占全县肉猪上市量的25%，为稳定市场供应，完成"菜篮子"工程任务,作出了重要贡献。

(凤宝珑,1951年出生,1979年入本系统,2011年在上海农商银行浦东分行退休)

向下扎根　向上生长

杨耀东

2020年是我们上海农商行改制后的第15个年头,也是我入职的第31年,这期间,我始终深切感受着我行与时代同步的快速发展,特别在信贷资产规模、制度建设、产品开发、审批流程等方面都取得令人骄傲的成绩。

我入职的时间是1989年7月。当时,全力支农、支小、支微,提升"三农"工作服务水平是农信社的业务重点之一。

在行社分离前,每个乡镇都会各设立一家农信社和农行营业所,按约定本乡镇行政区域范围内,村办、队办和各种形式的联办企业或经济联合体的开户结算归属农信社。而农信社贷款业务集中满足于上述村办、队办及各种养殖农户生产经营需要。我们农信社信贷人员分设了农企、农经两个组,农企组服务各村办企业,此类客户具有一定的经营规模,信贷资金需求量相对较大,成为当时农信社存、贷款的核心客户;农经组服务队办企业及各养殖户,信贷资金需求量相对较小。那个时候,没有电脑、没有空调等现代化的办公设备,工作现场就在田间地头,为了更好了解掌握种植养殖户实际经营情况,我们时常会跨上自行车,背起公文包,挽起裤脚,下过田、进过棚、数过猪、喂过鸡,面对面与农户进行交流沟通,现在回想起来这些画面仍历历在目。

作为地方性金融机构,农信社管理服务半径小,能够充分了解、掌握所在区域内企业的经营情况,并通过灵活的金融政策解决企业的资金需求,在化解不良贷款措施上更能体现出协同合作的优势。

当时,顾村镇某村有家毛巾厂,也是这个村唯一的村办企业。起先得益于出口补贴的政府政策,该厂经营效益不俗;但随着当时纺织品出口配额限制、出口补贴取消等政策的推出,企业自身生产经营规模小、产品单一、市场化竞争能力弱的缺点暴露,该厂无奈选择歇业解散,这样造成我社180万元流动资金贷款无法归还。

在得知此事后,作为管户信贷员,我及时向单位领导进行了汇报,社、村、镇三方一起协商化解之道。首先要解决借款主体缺失的问题,由于该厂是唯一的村办企业,歇业注销就少了贷款主体,所以,经过协调一致决定新注册成立一家公司,专门用于平移延续上述贷款;同时,厂房也可以利用起来,通过镇政府领导出面协调,让经济实力较强的邻村来承租毛巾厂的厂房,通过支付租金方式给予扶贫帮困。

与2名村委领导达成一致意见后,我执笔起草了相关方案,并约定:承租村每年支付租金不低于60万元/年,其中50%支付给出租方村委会,用于日常的行政开支;另50%划至我行指定的监管户,用于贷款付息及归还部分本金。按照这个模式,毛巾厂的借款预计能在8年还清。

在第三年,该厂区因涉及工业园区开发建设需要动迁,该村在获得本厂房动迁赔偿款时,村委会领导及时主动联系到我,优先归还我行的贷款,至此,这笔不良资产的清收得到圆满解决。

这个清收不良资产的案例,一方面体现了农信社在符合国家政策、贷款原则及确保经济效益的前提下,贷款操作手续的灵活性,另一方面体现了农信社与属地镇、村政府紧密的合作关系。

随着发展进入了新时代,上海农商行的服务对象更加综合,服务能级也日益提升,同时,乡村振兴战略的提出再次让"三农"工作成为重要议题。作为转制后的农商人,我们仍然要不忘初心、牢记使命,向下扎根,向上生长,与时俱进,做好本职工作。

(杨耀东,1969年出生,1989年7月入本系统)

记忆犹新的一幕

匡燕芳

    1987年6月,时任国务委员兼中国人民银行行长陈慕华到上海视察金融工作,其中有一站便是考察我曾经工作过的上海市嘉定县封浜信用社(上海农商银行嘉定支行封浜支行的前身),那一幕至今让我记忆犹新。

    我于1986年6月进入封浜信用社工作,陈慕华同志来考察时我刚工作一年。1987年6月8日,时任封浜信用社主任朱锦良通知我们:"10号有大领导来考察,大家要搞好环境卫生,保持良好的精神风貌,工作上要格外认真,不要出差错!"出于保密工作的需要,朱主任也没有提前透露是什么级别的领导来考察。那时我刚满18岁,对上级考察没有多少概念,只知道遵照领导要求认真做好手头工作。

6月10日上午10点多,门外突然涌进10多个人,领头的是一个老太太,六十岁左右,个头很高,穿着朴素的工装、干净的布鞋,面容和善,看上去十分干练。与她并排走进来的是一位头发花白的老同志,感觉有些面熟,好像在报纸上看到过,却想不起名字。时任封浜乡党委书记张永达和我们信用社支部书记张宝弟、主任朱锦良在一旁引导。进门后,张永达书记对着我们说:"陈慕华行长和叶公琦副市长来看望大家啦!"这时我才知道原来是这么高级别的领导:"老太太"就是时任国务委员兼中国人民银行行长陈慕华,"老同志"就是时任上海市副市长叶公琦。

当时我的岗位是记账岗,正对着门口,柜面其他三位同志是范正其(退休)、徐仁良、闵秋萍(退休)。陈行长径直走到低柜柜台前,笑着跟我们打招呼,"大家辛苦了"!我们连忙站了起来,向领导们问好。记者"咔咔"地拍着照片,营业厅里站满了人。陈慕华行长一行在封浜信用社的考察大概持续了30分钟,随后前往乡政府用餐,下午在乡政府召开了座谈会,张宝弟书记详细汇报了封浜信用社的经营管理情况。会后,张书记向我们传达了陈慕华行长的要求,信用社要大力吸收存款,壮大资金力量,上海郊区农民手持现金不少,要通过提高服务质量和其他措施,把这些钱吸收到信用社来。

之后,通过陆续的一些新闻报道,我才知道陈慕华行长是中国无产阶级革命家,是我国经济工作的杰出领导人。陈行长一行此次考察的大背景是专题研究上海的银行业如何深化改革,开拓新业务,办成真正的金融中心,赴我们信用社进行调研主要是为了进一步改善农业银行与信用社的管理问题,发挥信用社在支援国家建设方面的作用。

从高中毕业进入信用社,再到后来的上海农商银行,我已经陪伴它走过了35年,为农村金融工作和普惠金融事业挥洒青春和汗水,作出了自己的一份努力。在我的职业生涯中,1987年的那个初夏与陈慕华行长的近距离接触久久难忘。

(匡燕芳,1968年10月出生,1986年入本系统)

第五部分

1990—1999 年

市区四家农信联社的来龙去脉

严 群

上海地区农信社的发展中,先后成立过14家区县级的农信联社。直至2005年8月,上海农商银行改制成立,这些区县级农信联社被整体改制为上海农商银行的一级分、支行。

14家区县级联社中的绝大部分均成立于1984年,处于农信社被中国农业银行管理期间。但五角场联社、徐汇联社、长宁联社和普陀联社这四家联社成立时间稍晚,大约在20世纪80年代末到90年代初。

为什么这四家晚成立?它们又是怎么成立的?到2005年改制

前夕已达到什么状态?

一、五角场农信联社

1958年之后,地处上海浦西东北部的宝山县地域广大,除罗泾、盛桥、罗店、罗南、刘行、顾村、长兴、月浦、吴淞、横沙、淞南之外,还包括封塘、大场、江湾、真如、彭浦、宝兴、五角场、控江、四平、长海、水电等地。1980年,中国农业银行在宝山县建立支行,并将上述地区的农信社纳入它的基层机构。1984年10月,农行宝山支行率先于全市设立了第一家宝山农信联社。

由于上海的第二产业不断扩大,市政府将封塘、大场、江湾、真如、彭浦、宝兴、五角场、控江、四平、长海、水电等地先后分别划入闸北区、虹口区和杨浦区。显然,农行宝山支行和宝山农信联社再对这些被划出地区实施管理不合时宜。1988年5月,农行上海分行另设五角场支行,将原属宝山县后被划入闸北区、虹口区和杨浦区的营业网点归其管辖,同时另组建五角场农信联社,将划入三个区的农信社从宝山农信联社划出,一同归属农行五角场支行管理。

当年,从宝山联社划出归入五角场联社的农信社有三家,分别是彭浦农信社(辖幸福信用站)、江湾农信社和五角场农信社。

从1988年至1996年受农行领导期间,五角场联社又相继成立了联社营业部、洪东信用分社(归属五角场农信社)。

1996年11月,五角场联社与农行五角场支行脱离隶属关系,至2005年8月被改制成上海农商银行五角场支行期间,五角场联社又对其网点作了如下新设、升格和更名:

1997年,新设庙头信用分社(归属彭浦社)、丰乐信用分社(归属五角场社)、高境信用分社(归属江湾信用社),并将洪东分社更名为中原分社。

1998年,新设广中分社(归属营业部)、控江信用分社(归属五角场社),并将中原分社升格为中原农信社,将幸福信用站升格为幸福信用分社,将庙头信用分社升格为绿园农信社。

2003年,新设大柏树信用分社(归属营业部)。

2004年,新设阳城信用分社(归属彭浦社)。

2005年,将广中分社升格为广中农信社。

二、徐汇农信联社

1958年,徐汇区管辖范围仅是徐家汇(现东至宛平路,西到凯旋路,北起淮海路,南达中山路)及附近的一小块区域。相邻的龙华、长桥等地均属上海县管辖。早年在龙华、长桥乡建立的农信社也都归上海县。

1984年,农行上海县支行组建上海县农信联社,其下属的农信社中,也包括龙华农信社、长桥农信社。同年,龙华、长桥地区划归徐汇区,但龙华农信社、长桥农信社仍属上海县农信联社管理。

1988年7月,农行上海分行在徐汇区地界的漕河泾新建漕河泾支行,同年10月,农行漕河泾支行组建了漕河泾农信联社,并把龙华农信社、长桥农信社、新泾农信社(一年后新泾农信社被划至长宁)从上海县农信联社划出,归于漕河泾农信联社管理。其后,龙华农信社曾设过港口农信分社,但港口农信分社不久又被撤销。

1996年9月,漕河泾农信联社更名为徐汇农信联社。1996年11月,徐汇农信联社和农行脱离隶属关系而开始自主经营。

从1996年11月到2005年8月,徐汇农信联社除了已有的龙华农信社、长桥农信社外,还对其网点作了如下的新设、升格和更名:

1996年底,设立联社营业部。

1997年,设立江安分社(归属营业部)。

1998年,设立漕溪分社(归属营业部)、凌云分社(归属长桥农信社),并将江安分社升格为康健农信社。

1999年,设立华泾分社(归属长桥农信社)。

2001年,设立徐家汇农信社(归属联社)。

2003年,设立花园分社(归属龙华农信社)。

2004年,设立位育分社(归属长桥农信社),还将花园分社更名为龙北分社;2005年将龙北分社再复名为花园分社,将凌云分社更名为虹梅分社(并改归属于康健农信社)。

三、长宁农信联社

长宁区,1949年5月时,其地界仅为苏州河以南,凯旋路以东,淮海路、长乐路以北,常德路、富民路以西的区域,因界内无农村、农民,所以也就没有农信社。

讲到长宁农信联社,不妨先从新泾农信社讲起。

1952年,上海的新泾区在当时已经完成了土地改革,获得土地的农民积极开展农业生产合作化运动,相继成立农业互助组,为解决自己生产、生活上的资金短缺,又纷纷自发组建信用互助组。1953年,农民开始把农业互助组合并为农业生产初级合作社。为了满足合作社对金融服务的需求,在区政府的帮助下,农民以小乡为单位把信用互助组也合并起来,成为农信社。1956年,在行政区划上新泾地区的小乡并成大乡,于是小乡农信社再次合并为西郊、华漕两个大乡农信社。1958年,新泾地区再被并入上海县并成立人民公社,两个大乡农信社再次合并,取名为新泾农信社(现上海农商银行新泾支行的前身)。之后不久,新泾农信社下设程桥信用分社。

1980年始,农行将新泾农信社归为它的基层机构。1984年,农行上海县支行组建上海县农信联社,新泾农信社也在其中。即使是新泾地区在行政上已被划入长宁区,而新泾农信社仍被农行上海县支行管理着。1988年,农行漕河泾支行(现农行徐汇支行的前身)设立,将原农信上海县联社中的新泾农信社、龙华农信社、长桥农信社划入。直到1989年农行长宁区支行设立,为组建长宁区农信联社,才将新泾农信社归属于长宁区支行。

长宁区农信联社,从1989年设立到2005年被改制为上海农商银行长宁支行的16年间,对下属农信社的新设、升格、更名情况大致如下:

1992年,设立营业部(归属联社),将原新泾农信社下属的程桥信用分社升格为程桥农信社(归属联社)。

1997年,设立泉口信用分社(归属新泾农信社)。

1998年,设立天山农信社(归属联社),并撤销泉口信用分社。

2004年,设立新华农信社(归属联社)。

四、普陀农信联社

1949年5月上海解放时的普陀区,几乎没有农业,所以在1992年之前,当地没有农信社。随着普陀区将原属嘉定县的长征地区并入,因该地有长征农信社,从而普陀区才有了农信社,进而又有了普陀农信联社的故事。

普陀农信联社之源,应该是长征农信社。而长征农信社之源,就要从1949年冬真如区的农信社讲起。那年冬,真如地区开始筹建信用社,镇上有了信用组。1956年,真如区被并入西郊区后,真如地区的众多农信组织合并成5个农信社。1958年,嘉定县由江苏省划入上海,市政府将西郊区撤销,把原真如地区划给嘉定县,并加上临近几个乡建立长征人民公社,在此区域内的农信社并为长征农信社。不久长征农信社设立了四号桥信用站。四号桥信用站一直到1992年初迁址、升格并更名为真北信用分社。同年,长征乡(连同长征农信社及所属的真北信用分社)被划入普陀区。

1988年,农行在普陀区设立了支行。直到普陀区有了长征农信社后,应管理需要,在1992年组建普陀农信联社。

普陀农信联社,从1992年设立到2005年被改制为上海农商银行普陀支行的13年间,对下属农信社的新设、升级、更名情况大致如下:

1992年,设立了营业部(归属联社),并将真北信用分社升格为真北农信社(归属联社)。

1998年,新设真光农信社(归属联社),新设金沙江路信用分社(归属真北农信社),从农信嘉定联社将桃浦农信社划入(归属联社),新设白丽信用分社(归属桃浦农信社),并将随桃浦农信社一起划入的杨家桥信用分社升格为杨家桥农信社(归属联社)。

2002年,新设铜川信用分社(归属长征农信社)。

2003年,新设大渡河路信用分社(归属营业部),新设真建信用分社(归属桃浦农信社)。

2004年,新设千路农信社(归属联社),并将大渡河路信用分社更名为长风信用分社(改归属于长征农信社)。

五、总　结

通过对五角场、徐汇、长宁和普陀四家农信联社来龙去脉的梳理,我们可以看出:

第一,农信社本应建立在农村,早期的徐汇、长宁和普陀并无农村,故没有农信社,更不会有农信联社。但在20世纪80年代,徐汇、长宁和普陀的行政区划不断扩大,在新并入的地界中已有20世纪50年代就建立的农信社。将这些农信社仍属原管理机构,而不为行政所属地提供金融服务,显然不合适。

第二,这四家农信联社的建立,无不和农行在20世纪80年代末到90年代初,将业务经营范围从农村金融向城市金融扩展,纷纷在市区建立起支行有关,其中就有五角场、徐汇、长宁和普陀支行。按国务院关于农信社由农行管理的规定,于是相应建立了这些地区的农信联社。

第三，上述四家农信联社在对农信社的新设、升格等方面有较大贡献，这些都发生在 1996 年和农行脱离行政隶属关系之后，反映了这四家农信联社已恢复了农信社在经营上应有的自主性。

（严群，1970 年出生，2005 年入本系统）

我们所了解的闵行农信联社

赵 青、黄 静[*]

中华人民共和国成立后闵行地区的农信社历史中,从1996年11月至2005年8月期间,曾出现过闵行农信联社(之前一度称"莘庄农信联社")。闵行农信联社的"今生"是上海农商银行闵行支行。那么它的"前世"呢?

闵行地区农信社的历史可以追溯到1951年4月,那时的闵行地区还是称上海县,在行政区划上属江苏省。在北桥乡供销合作社内曾设立过信用部。在20世纪50年代初期的农业合作化运动中,上海县的各乡农民纷纷组织起信用互助组,进而又将信用互助组按乡为单位合并为64个小乡农信社。1957年,上海县行政小乡并大乡时,农信社也随之合并为21个大乡农信社。1958年已建立了人民公社的上海县被划归上海市。当年10月,农信社按每个生产大队设一个信用分部的要求,共设立了33个信用分部。

1980年,按国务院关于农村金融改革的要求,农信社由农行管理,上海县的农信社也被当作农行上海县支行的基层机构。为了发挥农信社经营的积极性,1984年,在农行上海县支行的安排下,设立

---

[*] 赵青居图右,黄静居图左。

了上海县农信联社。当时上海县农信联社名下的农信社约有19个。

1988年,上海县农信联社将其名下的龙华农信社、长桥农信社、新泾农信社划出,归徐汇区新设立的漕河泾农信联社管理。1991年上海县农信联社被分拆为莘庄农信联社和闵行(老)农信联社。莘庄农信联社管辖有:莘庄信用社、诸翟信用社、华漕信用社、七宝信用社、虹桥信用社、曹行信用社、颛桥信用社、马桥信用社、陈行信用社、杜行信用社、鲁汇信用社、纪王信用社、梅陇信用社共13家;闵行(老)农信联社管辖有:北桥农信社、塘湾农信社、江川农信社共3家。在行政区划上,1992年上海县、闵行区合并为新的闵行区。

1996年,按国务院农村金融改革的进一步要求,将农信社脱离农行的行政管理。为便于行(中国农业银行)社(农信社)脱钩,在市农村金融体制改革领导小组办公室和农行的协调下,同年11月将闵行(老)农信联社并入莘庄农信联社。合并后的莘庄农信联社的下属经营机构共有18个,比1991年原上海县农信联社被分拆为莘庄农信联社和闵行(老)农信联社时各多了一个营业部。

在1997年5月至1998年7月期间,莘庄农信联社更名为闵行农信联社。

从1996年11月将闵行(老)农信联社并入莘庄农信联社后,至2005年8月改制为上海农商银行闵行支行前的闵行农信联社,对其下属农信社机构作了以下调整:

1997年1月,撤销原属梅陇农信社的朱行信用站。

1998年12月,设立田园都市信用分社(隶属颛桥信用社)。

2001年4月,将塘湾农信社更名为吴泾农信社;同时再设塘湾农信分社(隶属吴泾信用社);将闵行(老)农信联社时期的营业部降格,并更名为沪闵农信分社(隶属江川信用社)。

2003年6月,设立古美农信分社(隶属梅陇信用社)。

2004年4月,撤销原属北桥农信社的紫藤农信分社。

2005年4月,设立九星农信分社(隶属七宝信用社);同年5月,将隶属陈行农信社的题桥农信分社更名为联航农信分社。

至 2005 年 8 月闵行农信联社的经营单位共有 17 个农信社和 9 个农信分社。

（赵青，1969 年出生，1987 年入本系统，2019 年在上海农商银行闵行支行退休；黄静，1981 年出生，2004 年入本系统）

"穿着在华联,储蓄到东海"

故事人物张祖玉　王李兵整理

"成功离不开努力,荣誉离不开奋斗",20世纪90年代的张堰东海储蓄所作为一家没有坏账、没有欠息、没有呆账的"三无农信社",屹立张堰镇几十年不倒,直到2010年3月机构改革时才被撤销。其间所获荣誉无数,20世纪90年代更是获得了"全国农信社十佳储蓄所"光荣称号。汗水浸透身,荣誉挂满墙,这就是东海储蓄所(见图1)。

20世纪90年代的东海储蓄所在全市甚至全国都小有名气,上海

图1　东海储蓄所

电视台还到东海储蓄所拍摄了 10 分钟的专题宣传片,在上海电视台 8 频道和 14 频道播出。《解放日报》和上海人民广播电台也相继对东海储蓄所进行了宣传报道。当时流传着一句广告语:"穿着在华联,储蓄到东海。"新闻媒体报道后,上海市区很多人专门坐公交车来东海储蓄所存钱,都想一睹"她"的风采。有一个江西储户,经营桌球生意,几年来收了很多分币,足足有两麻袋,跑遍了江西当地银行和上海大多数银行,没有一家银行愿意接收。后来他在报纸上看到了东海储蓄所,千里迢迢带着两麻袋分币过来,所里员工没有拒绝而是欣然答应,并耐心完成了清点和存款工作,得到了这位远道而来的客户的赞赏。这件事情经媒体报道,东海储蓄所又一次声名远扬。

为了进一步扩大东海储蓄所的影响力,当时的负责人张祖玉紧紧抓住发展机遇,敢闯、敢拼、敢创新。他邀请供电所员工到网点门外设摊,收缴电费,这样一来,市民来网点办理业务时顺便就把电费缴了。而供电所也可以很方便地直接把当天收缴的电费存入银行。对于东海储蓄所来说,更是带来了极大的客流量。随着电费缴存业务的开展,张堰镇所有居民都习惯每月至少来一次网点,无形中给东海储蓄业务带来了新的发展机遇。他还把握住了供销社、商业分公司改制的好时机。当时商业改制,门面私有化、柜台私有化,为了扩大吸储,张祖玉聘请了一位农行即将退休的信贷员,专门从事商业信贷,专跑供销社和商业分公司业务。在他的牵线搭桥下,很多改制企业纷纷到东海储蓄所开户。随着开户数的大幅增加,商业的大发展,东海储蓄所存款业务节节高,创下历史之最。

"爱社如家,勤俭建社",行社分家后的东海储蓄所,在全社兴起了第二次创业高潮,勤俭节约建设农信社,铸就了"东海"的光辉岁月。

(张祖玉,1957 年出生,1975 年入本系统,2018 年在上海农商银行金山支行退休)

农金员都有一颗金子般的心

曹坚强

　　农金员,是农信社负责以村级单位为主体的农业、农户信贷的工作人员的简称,是为"三农"做好"最后一公里"服务的重要纽带,是金融机构中唯农信社特有的一支特殊队伍。

　　1992年4月,根据安排,我离开了工作近4年的内勤岗位,开始担任青浦联社赵巷信用社(见图1)北崧分社的农金员,主要负责南崧、刘夏、和睦、和西四个村的农户和农业信贷。

图1 赵巷信用社

记得第一天去报到,师傅就叫我准备好几样东西:一辆自行车、一顶大草帽、一只背包,背包内要备好笔记本、笔与雨披。说是让我先跟他一起下乡去。

虽然我也来自农村,但属于一出校门就直接进单位的,对农业知识基本上是一无所知。师傅告诉我要做好一个合格的农金员,必须做到"脚勤、嘴勤、手勤",要经常"走田头、踏棚头、数只头",与农户打成一片,多问多记,所有的经验都是日积月累存下来的。

要说农金员辛苦,那真是一点不假,下乡目的地不是村部、鱼塘,就是农户家里。那时柏油马路很少,大部分是石子路和土路基,晴天还好,一遇下雨天坑坑洼洼都是积水,为了躲避水塘,"老坦克"骑得歪歪扭扭,摔跤也是常事。寒冬腊月,家家户户都在购置年货、开始准备年夜饭的时候,我们农金员却还要骑个自行车往鱼塘上赶。这是因为,年末的时候有很多鱼贩子到塘上来收鱼,会有很多现金交易。农金员要是不赶过去,万一个别承包户挪作他用,春季投放的鱼饲料贷款就要不回来喽。

"脚勤、嘴勤、手勤""走田头、踏棚头、数只头",这些通俗的话语,依现在的说法,就是强调要做好贷前调查、贷时审查和贷后检查,要对行业有研究,了解行业全流程。农金员虽然说不出大道理,但朴素的思想和敬业的精神,却让我们每个人都保持着一颗金子般的心。为了让千家万户富裕起来,哪怕自己吃尽千辛万苦也毫无怨言。这些品质,现在还在上海农商银行的每一个员工体内流淌着。

(曹坚强,1969年出生,1988年入本系统)

在交换场的日子

邓崇娣口述　顾雯妍整理

在农信社工作的 20 多年里，印象最深刻的是代表长宁在中国人民银行的交换场工作的那些年。偌大的一个交换场，300 多个人一起干活，大家来自各家银行。一个人代表了一个交换号，于是交换号就取代了自己的名字。因长宁的交换号是"328"，在场里别人就叫我 328，我一直就这样被叫了近 7 年。

场内 300 号人就跟上学那般，两人一张桌子，每张桌子旁放着篮子，用于投放票据。前面高高的讲台上则坐着 4 位资深的人民银行老师。投递票据的时候我们需要穿梭在一排排过道里，绕着整个场子转。

交换场上班时间是中午 12 点半到下午 2 点半、晚上 5 点半到 7 点半，基本集中在两个时间段干活。虽然看似上班的时间不长，但集中工作量是很大的，精神高度紧张。那时候的工作条件不比现在，虽说不上特别艰苦，但绝对没有现在这么先进的设备，全部靠的是基本功。打算盘是基础，要又快又对。300 多个人在自己的位子上轧账，讲台上人民银行老师会对全场轧差，一旦数据不平，就会在大黑板上写出来，用喇叭播报，大家再一起找原因。

每次全场一次性轧平的时候，大家都是欢呼雀跃的。一旦有了差错,全场人要跟着一起核对,那个工作量就很大。最令我佩服的是,工作的那 2 000 多个日夜里,无论哪一场交换,台上的 4 个老师虽然看上去都白发苍苍,但在如此巨大的工作量面前,他们从来都没有算错过。

  对于我们这 300 个人来说,每个人要做到的是撕单子的时候不能两联一起撕,不能搭件,不要落在缝隙里。有差错的时候一联一联检查,有没有漏件的,有没有掉在地上的。这种自查的方式是最基础的。而人民银行老师总是能给大家指出更明确的方向。他们会通过总数和末尾的大小数来判断差错究竟在哪里,有时可能是一个"0"的原因,比如 45 000 算成了 4 500,有时又可能数字看错了,比如"0"和"6"及"1"和"7"。那时候的票据都是手写的,我们看到的数据则都是蓝印纸复写的,有些数据会模糊,有些数据会错位,差错不可避免。但对我们的要求也是相当严格的,一旦差错发生 3 次,就不能继续做交换场工作了,要回到银行接受其他工作安排。我还是比较自豪的,在交换场工作的这些年都没有出过差错。

  交换场的工作使我深深感受到,虽然大家来自各个不同的银行,但是就像是一家人。所有人必须要齐心协力,才能将工作做好。只要有一个人还没完成,这一场交换就不能算结束。尤其中午的一场,如果有差错,大家就会更紧张,生怕影响到晚上的那一场。我也遇到过晚上做到很晚的日子。记得有一天我先生要上夜班,那天晚上 7 点半了交换场还没结束工作,当时又没有手机,无法联系家里,我很焦急。8 点多的时候,听到我家两个儿子在交换场外面喊"妈妈",原来是老公等不到我回家,就带着儿子,骑着自行车来找我了。两个小孩就自己在外面空地玩耍。同事们都让我不要担心,大家互帮互助,已经轧平账的同事帮助其他人,让大家尽早结束这天的工作。那天我的印象十分深刻,一直到 9 点多才结束工作。

  到 1996 年,信息技术逐步发展起来,自动化设备逐步上线,我也因为工作调动回到了储蓄所,正式结束了在交换场的一段工作经历。

  现在回想起来,这段在交换场的日子弥足珍贵。在那里不仅有工作忙碌的紧张感，也有互帮互助的团结心。离开交换场后，那些来自其他银行的同事虽然和我基本上不再有什么交集，但和他们一起工作的日子，却让我感受到了家的温度。这段珍贵且温暖的回忆将永远留在我的脑海中。

（邓崇娣，1955年出生，1973年入本系统，2005年8月在上海农商银行长宁支行退休）

农信轶事

徐朝晖口述　金文婷整理

"师傅,侬好！帮帮忙把这封信寄到江苏好哇?""不好意思,师傅您搞错啦,我们农信社虽然名字里有个信字,本质可是货真价实的银行,办理邮寄业务可以去旁边的邮局。"

1992年我从部队退伍后,被分配到了长宁农信社,这是我与农信社的初识和初见。20世纪90年代的农信社姓"农",因为我们日常服务的主要对象是周边各生产大队的农民;90年代的农信社姓"小",因为我们的储蓄规模、贷款规模等几大核心指标和国有大行之间存在较大的差距;90年代的农信社姓"土",因为我们的名字、工作环境、办公设备、经营业务都比较"接地气",经常闹出一个个啼笑皆非的趣事。就是这么一家在许多人眼中"平凡""落后""老土"的银行,我看到"她"历经历史的沉淀,在金融改革和竞争的浪潮中谱写辉煌壮丽的新篇章,用不断前进的脚步记录城市发展的沧桑巨变。

一、遗忘的存单

"××号,您的存单好了,麻烦来取一下。××号客户,请来领取您的存单,××号,您还在吗?"

1995年左右的时候,农信社的营业厅堂和现在有很大的不同,那会儿的厅堂没有叫号机或是大堂助理,一个储蓄所一般只有两名柜员,一个管经办,一个管复核。客户进入网点后需要排两次队伍,第一次是将办理业务所需的资料全部移交给经办人员进行审核,第二次是等待复核岗员工具体操作。我们会用一枚小铜牌(见图1)来叫号,在客户完成第一次排队后,经办人员会给其一枚印有数字的铜牌,而后客户凭手中的铜牌向复核人员领取钱款或票据。两道程序大家各司其职,相互配合,服务着往来客户。

图1　20世纪90年代信用社办理业务排队时的叫号牌

记得那天我值班经办岗,开门没多久迎来一名中年男性拿着几千块钱表示要办理一年期定期存单。我按照常规业务操作流程为其清点了款项,审核了存款业务需填写的表单,同时将代表号码的铜牌递给了这位客户,让其至一旁等候复核岗的操作。没多久我的搭档就把这位客户的存单开好了,然后在网点大堂一连喊了几遍"××号,您的存单好了,麻烦来取一下",都无人作答,我们这才意识到或许客户误以为铜牌就是给他的存单,所以拿着铜牌就走了。这可急坏了我们,当时客户办理存款业务不用留存任何身份证件,那会儿老式系统也无法记录客户信息,人海茫茫,大家想尽各种办法也没能联系到他。那个时候银行还没有"不能替客户保管重要物品、凭证"等"40禁规定",在联系无果的情况下,存单就这样在社里"被迫"躺了整整一年,直到一年后该客户再次拿着那枚小铜牌上门,我们才顺利地将存单物归原主。事情虽然过去了,可我总会忍不住想,如果系统不改进,客户信息不能实名认证,我们又该如何防止此类事件再次发生呢?这一等就是好多年。现在,数字化时代到来,农信社迎来了系统的一次次优化升级,客户信息实名制不再是难题,强大、有力的综合前端系统引领我们迈上新的台阶。

二、工资代发日

"小徐,阿拉单位的工资准备好了哇?""老早给您准备好啦,我再帮您清点一次,拿着这么多钱,您路上当心点哦。"

20世纪90年代的支付结算还是现金的天下,那会儿单位给员工发工资都是由会计事先统计好总金额后去银行预约,然后领回钱款到单位,根据每位员工的实际金额进行分配,最后套进信封交到员工手上,小小的信封承载着大家一个月的辛劳所得。而我们农信社作为一道必不可少的中间环节,承担着按时预约领现金发放的重任。在这方面我和同事们都是个中行家。"责任在身上,行动在手中",大家对每月5号、10号、12号、20号哪几家单位发工资以及工资数量都能做到如数家珍,对公单位的会计甚至都不需要预约,掐着点来准能取到所需的钱款,因此大家都说农信社的员工个个都是"老法师",看到什么人就知晓要办什么业务,从来没出过差错。在客户看不到的背后,一本本记满重点的笔记本,一个个加班的不眠夜,一次次认真刻苦的培训,支撑着我们优质、暖心的服务。

三、围剿"千年虫"之战

"小徐,这周末打算和女朋友去哪里玩呀?""这周末哪都不去,去单位捉虫。""捉虫?捉什么虫?""捉千年虫。"

时光兜兜转转来到了1999年,人类即将迈入新的世纪,这一年我们第一次直面"千年虫"带来的挑战。所谓"千年虫"就是在跨入2000年时计算机不能正确处理年份,从而引发系统紊乱的现象,它不是病毒,却比病毒更加棘手。作为国民经济的重要支柱和金融利器的银行业,其遇到的"千年虫"问题尤为引人瞩目,它能否得到妥善解决不仅关系每位银行客户的切身利益,更与国家金融领域的安全和社会的稳定息息相关。为了切实阻止"千年虫"问题的发生,那年信用社全体员工高度紧张,采取了一系列有效举措,浩浩荡荡开展了一场覆盖所有网点、所有人员的"捉虫"运动。在长达小半年的时间里,我和同事们舍弃了双休,一到周末就来单位报到,进行一番番系统模拟测试,储蓄业务、挂失业务、信用卡业务、贷款业务等所有营业范围内涵盖的业务在那几个月的时间里被多次反复试验,大家严防死守,确保所有的问题隐患被及时发现、及时处理。千锤百炼之下,我们都成了"捉虫"的一把好手。

2000年1月1日,新年的钟声如期敲响,举国欢庆中我们迎来了新的世纪。那一年,我们农信社的系统平稳度过了"千年虫"危机,在崭新的世纪继续书写壮丽的篇章。

转眼我进入农信社已整整 28 载春秋。在国家经济高速发展、时代变革的大背景下,我们坚持服务"三农"、助力小微企业,为社会经济发展保驾护航。在历史的洪流中,一代又一代的农商人勤职尽勉,不忘初心,在普惠金融的道路上奋勇前行,共筑我们的农商梦。

(徐朝晖,1970 年出生,1993 年入本系统)

争第一

金 萍口述 蔡 莹整理

    1983年7月，我从立信会计学校中专毕业，被分派到江湾农信社工作。那时的江湾农信社由中国农业银行上海市宝山支行领导，行社合属办公。来到农信社报到的那天，一切都是那么新鲜和好奇。营业所门口挂着中国农业银行上海分行江湾营业所和江湾信用社两块牌子，进入营业厅里首先看到的是高高的柜台，几乎看不到柜台下正在低头工作的柜员。账箱是木质的，账页是抽屉式的。营业厅里从会计柜上方到出纳柜上方，有着像空中轨道一样的两根铁丝相连，每根铁丝上挂着一只夹子，夹子夹着传票可来回穿梭，原来这是用来传票据的轨道工具。营业厅四周角落地上共放着4台电扇,分别对着柜员缓缓地送着凉风。每张办公桌上都放着厚重的算盘,整理好的传票都用算盘或橡皮章等物件压着,防止被风吹散。看到这个场景虽有一些不解之惑,但瞬感银行工作环境之艰苦。

　　我被分配到企业柜记账岗位。领导要求每天早上提前45分钟到岗,先进行半小时珠算训练,再做一刻钟的营业前准备工作。夏天天气十分闷热,那时又没空调,电扇也只能对着办公桌下吹,往往腿部都被吹得关节痛,头部却大汗淋漓,实属难熬。当时业务是全手工做的,计算用的是算盘。业务量大而交换时间又紧,一旦不小心吹落或遗失一张传票,造成账不平,那只能还原重做,再晚都要找到原因,做到账平。我们常常把还原重做的做法称作"开刀"。每当企业拿现金支票来领现时,我都会暗暗小窃喜,一来帮着复核员做现金支票的传递,可以站起来动动筋骨透个气,二来可以"玩"一下空中传递轨道,实属小乐趣。虽然工作环境艰苦,工作繁忙,可我还是热爱这个工作岗位,更是喜欢珠算。由于每天练习珠算,水平确实提高不少,我的珠算成绩很快就名列前茅了,甚至还代表单位参加了市分行的珠算集训和比赛。

　　转眼两年过去,有一次宝山支行组织业务知识竞赛,我被选拔出来,代表江湾信用社参加比赛。对于我这样一个刚进单位两年的新员工来说,好多业务都还没接触过。当我从内勤主任手里接过业务知识手册时,感到压力好大。好在有业务知识手册在手,我做了充分准备。初赛时,我社从十几个信用社中脱颖而出。一路过关斩将,最终我和另一位信用社的老师进入了冠亚军决赛。记得决赛那天,竞争异常激烈,台上坐着行里的领导和各股室的领导,台下有各信用社的主任和参赛队观赛。而我的对手是一位信用社主办会计,我的心中难免有些紧张。我那时年轻,有着一股初生牛犊不怕虎的韧劲,没有退路,只有迎战。经过几轮环节的比试,战绩平分秋色,直到最后一轮抢答题的最后一题结束时,两人的得分仍是不分上下。现场临时决定再加试一题。在我和对方几乎同时按响抢答铃后,主持人判定对方有答题权。我心里一阵失落,但依然保持镇定。当听到对方答题后,我立即意识到答案并不完整,解答只有前半部分,还有后半部分没答。"我要不要补充回答?"脑海里闪过一丝念想。当主持人即将要宣布对方取胜时,我再次快速按响抢答铃,并完整地解答了加试题。圆满的答题,立刻赢得了全场的掌声。经过一番势均力敌的较量,最终我还是为江湾信用社赢得了县支行业务知识竞赛的第一名。支行副行长亲自颁奖,我受到了支行的表扬和肯定。

当领导、同事们都对一个新员工竟能解答出还没接触过的复杂业务表示疑惑时,我心里很明白,那是我在立信会计学校打下的扎实功底,是书本上都学过而牢牢掌握的知识。那一刻,我明白自己的努力方向,那就是继续学习深造。1987年,支行送我去上海金融职工大学全脱产两年进行大专学习。1989年毕业时,五角场支行已从宝山支行分拆成立,我则回到了五角场支行新的岗位上继续工作。

农信社是我职业生涯的起点,上海农商银行是我职业生涯的终点,农信社是我从青春年少到青丝染霜成长蜕变的摇篮,上海农商银行是我人生安享晚年生活的港湾。从农信社到上海农商银行的职业经历是我人生中的重要部分,我终身难忘。作为一名老农信,我亲历了上海农商银行从农信社发展为一家现代商业银行的漫长蜕变和不易,愿上海农商银行继续谱写上海金融服务业辉煌的新篇章。

(金萍,1963年出生,1982年入本系统,2014年在上海农商银行虹口支行退休)

一段逾期催收的故事

桂海明

　　1994年，位于宝山区月浦镇的上海宝勤拉管厂成立了。工厂在月浦信用社开立了结算账户，主要经营废旧钢材的热轧深拉。

　　当时，我在月浦信用社担任信贷组长，主要工作是营销对公贷款。工厂成立不久，我就上门了解企业经营状况和资金状况。虽然工厂已进入正常运转轨道，但仍存在部分资金缺口。1994年年底时，我们社及时向企业提供了信贷支持，给予一笔授信额度50万元的流动资金贷款。贷款发放后，我作为主办信贷员积极保持与企业的定期沟通与走访，掌握企业的经营状况。

在贷款发放第一年,企业经营状况一切正常。但在贷款周转的第二年,国家对钢铁行业开始抓生产标准规范化,产品要求不断提高,该厂的大多数产品由于未达标直接被禁止出售。资金链断裂导致企业生产经营陷入了危机,同时也造成了我们信用社流动资金贷款出现风险。发现风险后,我和信用社主任立即就贷款风险问题与企业负责人沟通。通过努力,收回了25万元贷款,但仍有25万元贷款形成逾期。这在当时而言,可是一笔不小的金额。在外界看来,剩余的25万元想要追回几乎是不可能的。但我没有放弃努力,通过走访企业的上下游合作商,核查企业存货,最终发现企业仍有80余吨的废钢板搁置在厂里。针对这一情况我向社主任汇报,我俩及时与企业负责人、贷款担保人上海勤宇实业公司共同协商,决定由我们信用社来处置这80吨废钢板抵还逾期贷款。

对这么大数量废钢板的处置也是困难重重。为快速且最大限度地收回逾期贷款,我当天就联系了多家废钢经销商进行洽谈,尽最大可能让这笔废钢板卖出个好价格。在好不容易谈到一个好价格的时候,又有一个巨大的难题摆在了面前,这么多废钢板怎么运呢?又该找谁运呢?就在一筹莫展之际,忽然想到了自家有位远房亲戚经营的厂里有起重车辆和运输车辆。第二天我冒着大暴雨,带着借来的起重车辆和运输车辆前往工厂。经过大家的共同努力,终于在暴雨中成功将80吨废钢板运到了废钢经销商处进行了处置,最终收回了22万元的逾期贷款。企业负责人被我们信用社催收贷款中表现出的敬业精神和执行能力所感动,最后自己掏钱把企业剩余的几万元逾期贷款本息也如数归还给了我社。就此,该笔逾期贷款在当时异常艰难的情况下全部成功收回,为我行挽回了经济损失。

值得一提的是,就在处置完该批废钢板、收回逾期贷款的第二天,宝山区法院前往该厂进行了资产封存。应该说我们处置资产的高效执行力是贷款资金安全的重要保证。如果当时没有高度的责任心和行动力,这笔逾期贷款收回就存在太多的不确定性,甚至很有可能造成资金损失。

如今我离开信贷一线岗位多年,看着年轻人站在一线工作,想着多唠叨几句:信贷员不仅要了解你的客户,也要了解国家产业政策、信贷政策,不能只做"好好先生"。要有风险的预测、分析和防范意识,以及风险的应对能力。我们的贷款不是发放就结束了,要安全收回才算圆满。这算是一些忠告和心得,希望对他们有所启发。

(桂海明,1964 年出生,1984 年入本系统)

浦东新区农村信用合作联社诞生记

凤宝珑口述　陈秋侬整理

1996年11月8日，来自浦东新区农村信用合作联社的43名代表齐聚在中国农业银行浦东分行的会议室，每个人的脸上都洋溢着灿烂的笑容，因为这一天，注定了是一个不平凡的日子。

"各位代表，各位嘉宾，首先，我代表农业银行浦东分行党组对浦东新区农村信用合作联社第一届代表大会的召开表示热烈的祝贺！"时任农业银行浦东分行副行长孟繁生话音刚落，全场便响起了雷鸣般的掌声。孟行长继续讲道："为了贯彻国务院关于加快农村金融体制改革步伐的决定，农信社与农行脱钩，浦东新区农村信用合作联社成立了。从今以后，农信社将以崭新的面貌展现在世人面前，农信社将精神抖擞地步入市场经济的改革大潮。"

风云四社

1990年8月,中国农业银行浦东分行成立,抓住机遇,锐意改革,立足竞争,勇于开拓,连续六年各项存贷规模在浦东新区工、农、中、建、交五大国有商业银行中始终保持领先地位,取得了"三分天下有其一"的市场占有份额。农行发展也带动了农信社的发展。浦东分行成立后,行、社实行以"二分六合"为主要内容的紧密型联合经营、合署办公,即人员编制和经营核算分开,领导班子、人员使用、信贷计划、业务经营、指标考核、奖金福利合一。1992年10月,经过地方政府体改办批准,又分别成立了川沙、高桥、金桥、陆家嘴4家信用合作联社。它们既有管理职能,又各自相继设立了营业部,充分调动了发展农村信用合作事业的积极性,农信社的业务经营得到快速提升。当时,行社各项存款达170亿元。

四元归一

根据国务院《关于农村金融体制改革的决定》,1996年7月,农行上海分行对行社分设工作作了总体部署,建立了行社分设工作机构,接着又建立了浦东信用合作联社筹建组。组建浦东联社是理顺浦东地区农信社管理体制的重要举措之一。

浦东地区原分为川沙、高桥、金桥、陆家嘴、杨思、张江6个区域,共有28个农信社,其中川沙、高桥、金桥、陆家嘴建有4个联社,管理辖内22个农信社(4个联社又各自有1个营业部)。为了理顺管理体制,经人民银行上海市分行批准,在农行浦东分行党组的安排下,组建了浦东地区统一的农信联社,即把原川沙、高桥、金桥、陆家嘴4个联社合并,改为浦东新区农村信用合作联社,辖管32个经营单位(28个农信社和4个营业部),并任命农行陆家嘴支行行长周洪奎为浦东联社主任。我原先是陆家嘴支行计划信贷科科长,后被任命为浦东联社副主任。联社内共设置四科一室,即人事科、计划信贷科、财务会计科、监审保科(监察、审计、保卫)和办公室。

这就是浦东新区农村信用合作联社诞生的过程。历史最终证明,浦东新区农村信用合作联社的成立,对完善农村金融服务体系、促进浦东地区经济发展具有十分重大的意义。

(凤宝珑,1951年出生,1979年入本系统,2011年在上海农商银行浦东分行退休)

信用社支付结算渠道拓展演变历程

沈丽娟

一、打通全市银行间的结算通道,参加人行票据交换

1996年,农行和信用社脱钩后,在市联社的统一组织下,14家联社开启了向人民银行申请单独参加票据交换的相关工作,至年底14家联社及其辖属信用社分别以交换点或辖带网点形式准入参加了人民银行同城票据交换,打通了信用社在本市范围内与其他银行之间的直接票据交换通道,提升了资金结算效率和信用社对外形象。

二、打通三省一市结算渠道,代签农行三省一市银行汇票和本票业务

解决了本市银行间的结算渠道后,信用社如何像其他商业银行一样有灵活多样的结算手段来满足客户需求,提升信用社市场竞争力呢?经过对上下游客户链的分析,信用社决定先解决三省一市(长三角地区)银行间的结算瓶颈。在当时信用社不具备申请开具汇票业务资格的情况下,信用社与农行积极沟通,最终14家联社与当地的农行(区县支行)签署协议,以代签的方式(农行给信用社印章和凭证)解决结算问题,每日100%移存保证金,大大提升客户体验度。

三、大力宣传全国信用社之间的特约汇兑渠道业务,助推信用社全国联行业务发展

早在行社脱钩之前,全国信用社的业务往来借助于设立在北京的农信银特约电子汇兑中心进行转汇,一般只在联社营业部办理。随着行社脱钩,全国信用社系统结算渠道单一的弊端逐步显现,于是全国农信抱团取暖,逐渐推广使用系统内的汇兑系统来开展全国业务清算,进而特约电子汇兑中心逐渐成长为现在的农信银清算中心。

四、加入人行大额支付系统,实现全国银行间的大额资金实时交易

2003年,人行大额支付系统率先在深圳试行,根据人行要求在市联社统一部署下,信用社开展接入人行大额支付系统的准备工作。2003年末,逐步推广至13个城市(上海是其中之一)。2005年6月,

在全国推广实施。这个系统的上线,很大程度上替代了当时的电子联行系统,信用社结算渠道问题基本得到解决。

(沈丽娟,1970年出生,1990年入本系统)

罗店信用社"竞争上岗"试点纪实

龚惠菊

  1998年夏天,行社分设两年之际,为了进一步激发农信人的工作热情,有效破除"大锅饭"局面,宝山农信联社提出一套"竞争上岗"的工作机制。通过实施精简编制、岗位再分配、阶段性考核等措施,进一步提升全行职工工作效率。在"今天不努力工作,明天就要努力找工作"的激励下,宝山农信联社真正向市场化改革迈出了关键的一步。

  在随后的实施过程中,我所在的罗店信用社作为首批试点单位之一,开始了在实践中摸索的过程。很快,社里实施了"投票选拔、优胜劣汰"的第一项改革措施。当时,我们信用社共设有内勤岗位7个,包括2个"现金"、2个"会计"、1个"机动"、1个"交换"、1个内勤主任。此前,为确保有充足的轮岗调休人员,一共有9名员工在这些岗位上工作。但随着改革举措的推出,必须要淘汰2名员工转到二线岗位。

  消息一经公布,全社上下一片哗然。大家对于这一关乎切身利益的措施议论纷纷,紧张、忐忑、焦虑的情绪立刻弥漫四周。有的在营业厅高声发表自己的观点,宣泄负面情绪;有的私下里找主任哭诉家里的困难,希望网开一面;也有的托关系找人说情、走后门等。当时，我作为宝山联社最年轻、资历最浅的内勤主任，既要完成手头工作、积极推进"竞争上岗"工作方案，又要设法做好职工的思想工作，可以说面临着不小的压力。

为了尽早平复大家的心情，稳步推进"竞争上岗"试点方案，我主动向宗林海主任作了汇报，商讨工作思路，并结合员工特点，有的放矢拟定了针对性措施。当时，宗主任很支持我，并在社务会议上统一思想，明确了四点要求：一是"竞争上岗"工作机制关系宝山联社高效发展的全局，其重要性不言而喻，全体员工必须坚决贯彻执行；二是罗店信用社作为试点单位，必须不折不扣地执行上级要求，不偏袒、不徇私，杜绝拉帮结派、托人情、走后门等行为，确保此项工作公平、公正、透明地开展；三是希望职工保持平和心态，每个人的努力都已经展现在领导和同事们的面前，必将得到相应的回报；四是希望拟转岗的员工能保持良好心态，不投机取巧，更不怨天尤人，正确认识到岗位的差异性与适配度，脚踏实地做好工作，努力开辟能展现自己能力的工作领域。

经过这次至关重要的动员会，社里员工逐步理解并接受了这一改革举措，员工队伍的不安情绪也渐渐平复下来。按计划，我开始逐一走访每位员工的家庭，充分了解他们的思想动态与家庭情况，并对"竞争上岗"这一机制做到"晓之以理，动之以情"，帮助大家分析研究并找到适合的工作岗位，让大家在思想上形成统一。

在主任和我的不懈努力与全体内勤员工的积极配合下，最终，"竞争上岗"试点工作在罗店信用社得以圆满完成，9名员工的投票结果基本符合整体预期。竞选成功的7位内勤员工愉快地接受了各自的岗位，竞选失利的2位员工也平稳地完成了转岗。后来，几位员工的工作状态和表现也证明，由于事前准备工作充分，9位员工都能很快适应新的工作岗位，并在新岗位上取得好的成绩，得到领导认可。罗店信用社在主任的带领下，工作效率不断提高，各项成绩名列前茅。

现在回头看，当时的"竞争上岗"机制与之后的干部选拔、人才培养等一系列人事改革措施相比,虽然有一定的局限性,按岗定人的痕迹明显,实际人员删选的数量也有限,但从长远的角度看,这项机制作为农信社历史上的一次改革尝试,已然成为上海农商银行发展历程中的一个"里程碑"。它不仅帮助行领导进一步明确了加快人才培养、改进工作作风、提高工作效率的大方向,更有效提升了全行人事改革与市场化的进程。在此后的二十多年里,上海农商银行更是凭借着便捷的金融服务、优质的金融产品与卓有成效的人才管理措施,在上海的银行系统中站稳了脚跟,更向着现代化商业银行的目标稳步迈进。

(龚惠菊,1969年出生,1990年入本系统,2019年在上海农商银行宝山支行退休)

联网实时结算系统开发始末

庄燕华

我于1988年1月起参加工作,当时在青浦徐泾信用社做柜面工作。此后,亲历了信用社到信用联社、再到农商银行的历史进程,更是参与了两次结算电子化改进的过程。

第一次在1990年,我所在的徐泾信用社开始使用电脑进行对公、对私客户信息录入管理,以及储户储蓄利息计算和兑付。我们花了2个月时间,把几万张个人存单的储户信息输入电脑,并进行校对。虽然工作量极大,但存根联从此电子化,大大提高了信用社柜面结算的兑付速度,受到了社会的关注与储户的一致好评。

第二次结算电子化的飞跃是从1998年开始的。随着社会经济发展，社会资金的流动越来越快，范围越来越广，对资金结算效率的要求也越来越高，各大银行都在开发银行柜面结算的联网系统。当时信用社的上级管理单位市农金改办敏锐地抓住了这一历史机遇，决定与联想集团、神州数码有限公司开展合作，开发上海农信联社的联网实时结算系统，提高行业地位。

当时，市农金改办决定在青浦联社试点设立主机机房，负责青浦区、奉贤区的数据采集、计算、更新、备份等工作。再从各区县联社抽调电脑工作人员进入项目组，边学习、边测试、边开发，便于迅速接管以后的系统。

我就是在这样的情况下到了项目组。记得是1998年5月劳动节后，我接到通知，被分配到了后台程序开发组，负责人民银行交换清算与系统开发。当时项目组分为硬件管理组、网络组、应用需求组、前台柜员界面组、后台数据处理组和批量日处理组等。

我因之前有过工作经验，对信用社的各项业务都很熟悉，包括从手工到电脑单机版的数据移植、程序开发修改等，因此在项目组中除了我自己承担的人行交换系统的前后台程序开发以外，还参与了大部分业务需求的提议、编写。我和当时市联社抽调的各位老师、各区县的会计科长、内勤行长、业务骨干等一起，对我们信用社的所有业务进行了仔细梳理，参照法律法规编写出各种业务规范、操作细则等，还参考其他银行的业务，结合信用社的发展方向、未来规划，前瞻性地提出一些业务需求。

当时项目开发的工作地点安排在一间大会议室里（没有电脑机房操作间），条件比较简陋，会议桌一拼，二三人组成一个子系统开发组，讨论应用需求、编写代码、编译测试，再返回界面。每天都在这样枯燥的工作环境中度过，现在说来大家可能都不会相信，当时我们信用社抽调入项目组的电脑工作人员，大多是半路出家，不熟悉编码开发。我们只能边学边干，因而付出了大量的时间。10个月的开发时间里，我们基本没有周末，每天加班，有时候加班到凌晨1、2点，饿了就是用方便面、火腿肠充饥。当时也不想别的,只想着决不能耽误项目进度。前8个月我记得只回过二三次家。有的同事甚至更少。我同宿舍的同事杨辉,家住浦东,基本就没有回过家。

下班休息时,躺在床上就是理思路。白天上班和相关人员讨论编码、测试,然后再讨论、再修改、再编码、再测试,日复一日,不知疲倦。终于,10个月后,系统开发完成了。

系统开发完成后,首个测试的地方就在我们青浦联社营业部。第一天,营业部新旧两套系统同时应用。我负责营业部柜面的所有交易操作和账务处理的指导,嗓子都喊哑了,一直工作到晚上10点,结果新系统账务没有平账,失败了。

我们连夜分析,修改并查找原因,梳理流程,第二天累得连说话的力气都没有了,但我们却很高兴,因为终于找到了原因。最终,第二次试运行圆满成功。

就这样,新的联网版和单机版并行了一个星期以后,所有的数据都得到了验证,成功了!联网版正式启用,单机版正式停运。随后,我们把青浦、奉贤每个网点的数据和应用都转化上了新系统,然后在全上海的信用联社里推广,真正实现了实时、异地通存通兑等功能,充分展现了联网的优势。农信社终于不再落后了。

回首这段往事,心中无限感慨。二十几年弹指一挥,今天的上海农商银行已有万亿规模,能在上海这个国际金融中心占有一席之地实属来之不易。我们这一代人已经逐渐老去,新的农商人不断加入。希望年轻人在上海农商银行未来不同的历史时段作出相应的贡献,谱写新的篇章。农商不老,人生无悔。

(庄燕华,1969年出生,1988年入本系统)

农信社业务核算系统的变迁

倪森桃

我在上海农商银行（前身为农信社）工作三十多年了，经历了与农行合署营业办公、与农行彻底脱钩以及改制成为上海农商银行的发展过程，也见证了我行业务核算从手工记载、单机核算、综合业务系统"小型机"核算、综合业务系统"大型机"核算到TCS核心系统的变迁。

1988年2月，我进入农信社工作，当时业务核算全部是手工完成

图1　20世纪90年代农信社里的计算机

的,直至1992年开始各个农信社陆续实行储蓄业务和对公业务单机核算(即业务数据独立存于各信用社的电脑主机内),从此农信社的业务核算完成了从手工到电脑(见图1)核算的转变,核算效率和准确性大幅提高。

  1998年9月底,我被抽调到设立在青浦区农信联社的系统开发业务测试小组,系统开发分为技术开发和业务测试两个小组。技术开发小组由联想集团和我行科技人员联合组成,业务测试小组由市农金改办甘雁秋老师带队,各农信联社抽调一名业务人员参加。我们业务测试小组的主要任务就是对技术开发小组前期根据业务需求开发的程序进行测试,一是测试正确性,二是测试合理性,三是测试可行性。当时各农联社及农信社的业务要求不尽相同,各有各的特殊性,所以有些类同的业务要求有不同的交易处理方式,这给当时的开发带来了难度。联想集团的项目小组负责人曾经提出增加这么多特殊性他们无法处理,但在甘雁秋老师和我们测试小组的强烈坚持下,他们也排除了畏难情绪,加班加点完成了开发。经过半年左右时间的不断测试和开发完善,首先在青浦农信联社的营业部实行双机并行的实务测试。经过多轮并机实务测试后,系统在1999年下半年开始试点上线运营,并于2000年、2001年在全市各农信社推广上线,实现了全市各农信社业务系统的数据联网。当时的联网模式是全市14个区县农信联社有7台主机(小型机),每两个区县农信联社共用1台主机,7台主机分别与市农金改办清算中心(以下简称"清算中心")的主机通信联网,区县农信联社的7台主机之间不能直接联网,必须通过清算中心的主机联网。但这种联网交易模式有一个弊端,就是在交易时碰到其中某一通信线路故障或通信超时就会交易不成功或有"落账"情况发生。所谓"落账"就是跨主机取款时账户支出记载成功,但取款交易不成功,或者跨主机存款时交易成功,但账户收入记载未成功。

  2001年3月,上海市农信联社挂牌成立,随着市联社的规范指导和管理,农信社的业务规模迅猛发展。而"小型机"业务系统的缺陷也逐步显现,对业务的发展形成一定的掣肘。2002年3月,市联社决定对"小型机"系统进行升级改造,升级为全市一台主机的"大型机"综合业务系统。这样一来,一是彻底解决了由于通信故障形成的跨主机交易不成功和"落账"的问题;二是实现各农信社业务操作规范的统一,相同业务使用相同交易程序;三是完善和增加了很多交易模块和管理模块,形成了交易数据和管理信息一体化的综合业务系统。

经过五年多的经营发展,特别是2005年8月25日农信社改制为上海农商银行后,我行的经营规模大幅扩大,客户信息和交易数据大幅增加,为了提高业务系统的处理效率,汲取当今银行系统"瘦核心、大外围"的先进理念,我行与塔塔咨询服务公司(TCS)历时三年合作开发完成的核心系统在2014年初上线运营。TCS核心银行系统让我们实现了差异化服务,走上了快速、高效的产品革新历程,进一步提高了我行在上海区域的竞争能力。

(倪森桃,1967年出生,1988年入本系统)

鲜血谱写正气之歌

瞿雅芬口述　胡思佳整理

1998年11月8日晚上9点多,南汇县航头镇一阵阵紧急的呼救声打破了小镇的宁静。就在一家饭店不远处的马路边,一个浑身被鲜血染红的年轻女子,一手死死捂着脑袋,一手托着身体用尽全身力气往前艰难爬行,眼看着就要昏迷过去,嘴里却不停地拼命喊着:"抢银行!抢银行!"路上的行人很少,摇曳的路灯忽明忽暗。终于,她奋力爬到了一家灯光敞亮的饭店门口,被相识的熟人救起,热心的食客为她拨打了110后,她才放下心中的戒备,昏死过去……

还以为,那是只有在电视剧里才会发生的故事情节,但却真真切切地发生在了我的身上。我是南汇县航头农信社的一名普通员工,从1998年那场惊动刑警803的抢劫案中死里逃生,现在想来,仍是后怕,如果歹徒再用力一点点,可能我早已不在人世。

那天晚上8:30,像往常一样,我和值班搭档朱惠巡视完网点,确定没有异常后,准备去值班室布防。在值班室里,我多次按下密码,但始终布防不成功。整个网点只有我们两个人,一片寂静,没有任何异动,但布防密码器就像受惊了的野马,难以驯服。在多次尝试失败后,我马上先后联系了布防中心和上级领导。布防中心排除问题后,上级领导便让我再去仔细检查网点内环境安全情况。我和朱惠手挽手,有说有笑地走出值班室,绕过现金区,走到空旷的过道门前,刚推开过道的小门,突然一根铁管子飞速地从空中砸下来,重重地击中了我的头顶。我只觉得脑袋一阵钻心的疼痛,随即鲜血从头顶汩汩流出。我一抬头,看到一个30多岁面露凶相的男子站在我面前,手持着放在网点内供员工防身用的铁管子。在我身后的朱惠吓得大叫,我马上意识到此人是冲着信用社钱财来的,下意识地拉上门把手。然而那个歹徒猛地将门反向一拉,我就连着门轻松地被他拉了过去。朱惠顾不得多想,急忙将他推开,想将我救出,但弱小的身躯始终斗不过面前穷凶极恶的歹徒。歹徒见势抢起铁管子朝朱惠的头上狠狠砸去,她瞬间被砸倒在地。我奋力反抗,用拳头捶,用脚踢,受到刺激的歹徒攻势愈加猛烈,发了疯似的一棍一棍用尽全力朝我的头上砸去,我也被砸倒在地,失去了反抗之力。我用双手护住头部,任由他的攻击,鲜血止不住地从脑袋各个地方冒出来,很快我就被砸晕过去。

不知过了多久,我从血泊中缓缓醒来,感觉整个世界都在旋转,我快感受不到我身体的存在,手脚冰冷,已经麻木。我隐隐约约听到乒乒乓乓的声响从现金区传来,那个歹徒正在翻箱倒柜寻找库房门的钥匙。此时的我因失血过多,眼前恍恍惚惚,觉得口干舌燥得要命,我无意识地从地上捧起一手鲜血往嘴里送,润了润喉,紧接着就下意识地拖着沉重的身体朝着网点大门的方向缓缓爬去。终于爬到时,那两扇沉重的大门挡住了我的去路,我不知当时用了多大的力气,竟徒手打开了平时需要两个女生一起才能打开的大门。也许当一个人在生死存亡之际,真的能激发无限的潜能,而我正面临着这样的时刻。

爬出营业网点的大门后,我迷迷糊糊地好像朝着派出所的方向前行着,像一条泥地里的蚯蚓,挪动着身躯,艰难而缓慢,身后拖出了一条长长的血迹。那是我这一生中最漫长的时刻,看不清路边的一墙一木。我不知道在鲜血淋漓、九死一生之时,我是如何用尽力气翻越过八字桥,爬了百米远的马路。我只知道当时只有一个念头支撑着我:"一定要报警!"

就在不远的地方,我隐约感觉到了一间灯火通明的房子,仿佛传出一阵阵喧闹声。那灯光像极了生的希望,指引着我奋力向前爬。我一路不断地喊着"抢银行!抢银行!……"终于,在这家饭店门口,我被相熟的人救起。他们得知发生抢劫事件后,赶紧为我报了警。随后,我被送去了医院救治。

昏迷后的事情,都是后来其他同事叙述给我听的。

歹徒在刑警赶到时,早已逃之夭夭,网点内并没有损失什么,只是我和朱惠被找到送去医院时,都已身负重伤,性命垂危。医生整整用了56针才将我头上大大小小的伤口缝合,其余地方或是青一块紫一块,或是残留着鲜血凝固后的血痂,没有一处是完好的。我的双手因护住头部而被砸得手指变形。那一晚,没有人安然入睡,我也因为身体的疼痛时不时迷迷糊糊地醒来。闻讯赶来的同事们和我的家人守候在我的病床前,看着遍体鳞伤的我,一步也不敢离开。我的丈夫因害怕而颤抖着身体,强忍着眼中打转的泪珠,不知所措地看着脸色刷白的我。在我缓缓醒来之际,看到了神色不安的同事们,我用微弱的声音询问着:"报警……了……么?歹……徒……抓到……了么?"同事们安慰我说:"已经报警了,警方已经接手处理了,你安心休息,不要多说话……""库房……钥匙……藏……在柜子……最深处的……报纸……下面……的……白信封里……"还没等同事说完,我就迫切抢过话来,生怕自己再昏迷过去。

法网恢恢,疏而不漏。那个歹徒最终是在 1999 年 5 月 4 日被妻子举报而逮捕,于当年 9 月 23 日被判处了死刑。他因一念之差而酿成大错,赔上了自己的生命,留下了家中孤儿寡母。而我在休养了半年之后,重新回到工作岗位继续工作。朱惠因太过害怕,辞职后去了其他地方。

后来,我的事迹被列入百姓英雄纪念馆。上海市公安局为我颁发"见义勇为"证书。有的人为我鼓掌欢呼,有的人为我担惊受怕。我的故事成为街坊邻居传颂的英雄事迹。有人问我,是什么支撑着你在那样的情况下还爬了一百多米远去报警,我笑着回他:"那是我的职责。"

"那是你的职责",这句话是我在接替我母亲岗位之时,她对我说的。她曾经也是南汇县航头农信社的一名普通员工,但她身体力行地教育着我,对工作要报以赤诚。我也一直将她对我的教诲铭记于心,在工作中不敢有一丝怠慢。也正是因为我对工作的热爱,才成就了现在的我。我们每个人都应该怀有一颗正义之心,不失善良和勇敢。

(瞿雅芬,1963 年出生,1984 年入本系统,2013 年在上海农商银行南汇支行退休)

难忘的年终决算日

施 美

有人说,拥有回忆,人生才得以丰润,岁月才满溢诗情。确实,无论生活还是工作,每个人都会对往事有着满满的回忆,或记忆深刻,或已悄然淡忘,或欣喜,或悲伤,都是人生路上的调味品,因为酸甜苦辣才是生活的真实味道。

掰掰手指头,我已然是一个入职 26 年的老员工了。对于一名老员工来说,每年 12 月 31 日的年终决算日是我们永远都会记住的日子,因为在这一天,我们网点会在一大早就采购来水果、零食、鸡鸭鱼肉,忙碌上一整天,只为了晚上那一顿年夜饭。所有的同事会欢聚一堂,热热闹闹吃上一顿团圆饭。于是,饭桌上就免不了会聊一些有趣的"尬事",绝对属于不让我们笑到肚子疼誓不罢休的那种,比如有人会把"玫瑰腐乳"说成"玖瑰乳腐",把"两面针"牙膏理解成两头都能挤的牙膏等。至今想来还是会忍俊不禁。

记忆中年终决算的日子大多是欢聚、守岁,但 1999 年的年终决算日,是令我印象最为深刻的。记得那是个超级严重的迷雾天,下班时已经是第二天凌晨。那晚我是开着"小电驴"回的家,因为雾气太浓,只能慢慢悠悠地开。走到一半的时候,"小电驴"突然罢工了,可回家的路程还有大约 15 千米啊,就算让我不带任何背包走回家都是一件很艰难的事,更何况还得要推着罢工的"电驴"回家,马路上除了接我回家的老公和我两个人,没有其他路人可以相助。唉,怎么办呢?两人立马调整好心态,相视一笑,推车回家!那一晚虽然没有星星作伴,可如今想来也依然美丽。至于我们最后花了多久到的家已全然不重要,在年终决算日这个特别的日子里发生这样的尴尬事,虽已过去 20 多年,对我来说还是常常不自觉闪现在脑海,记忆犹新。

如今在基层网点上班的银行人,对年终决算的概念已经不那么特别了,也不再能体会到年终决算熬夜的辛苦了。当然,对我来说当年的辛苦在今天看来也算不上什么。它只是一件有趣的往事而已,也是自己当年曾经努力前行的样子,更是当年的农信社给我们留下的成长记忆。

岁月流逝,溜走的是青春,留下的是回忆。感恩上海农商银行给予我的一切美好的回忆与经历,愿上海农商银行的明天会更美好!

(施美,1973 年出生,1994 年入本系统)

第六部分

2000—2009 年

创新业务，安置移民，勇担社会责任

郁文彪口述　郭嘉祎整理

　　21世纪初，部分三峡移民迁入崇明岛。迁移，只意味着第一步的迈出，这第一步的成功迈出，能为崇明县政府带来的是为安置移民工作开一个好头，成为全国移民工作的一个好示范。这项工作最后落到了某大型国有银行身上，但搭载三峡移民的船只即将要靠岸时，该行却告知县政府，没有相关制度，他们做不成这笔贷款，县政府又把此项任务交给了崇明农信联社。

　　我们农信社诞生于农村，从成立以来一直致力于服务"三农"。我们农信人深知自古以来中国农民的根是"房与地"，只有自上而下在崇明岛的土地上落了根，他们才能在这座岛屿上安身立命，这也是我们这次工作的职责所在。其中各项措施的落实首要的便是"资金"问题，但这难不倒我们农信人。三峡移民即将到达，我们要抓住机遇，要"快"，同时要不出差错。我们花了整整一个周末，不眠不休，仔细研读崇明县政府办理三峡移民安置贷款政策，积极寻找他行无法成功办理的原因。通过梳理发现，由于三峡移民的特殊性，我社现有的各种制度都无法成为我们办理三峡移民贷款的依据。找到了困难所在，就努力去克服困难。

　　我们主动求助了联社领导，在县联社主任的带领下，前往县政府着手联络三峡移民贷款事宜。我们深知移民问题的普遍性寓于特殊性之中,并通过特殊性表现出来。三峡移民安置贷款是崇明岛办理移民业务首先要解决的矛盾,要从普遍性的移民问题中寻找出路,没有足够支撑的制度,就主动去创新制度,将特殊性的矛盾向普遍性的移民问题进行转化。我和兴荣同志经过几天的不眠不休、通宵达旦,结合《商业银行法》《贷款管理条例》《信贷操作规范办法》等法律法规及自身在工作中积累的经验,制定了《崇明联社三峡移民贷款管理办法》。这一办法受到了县政府高度赞赏,大大提高了我们办实事的信心,使我们更加积极地投身这项工作中。经过我们的不懈努力,顺利完成了第一期移民贷款工作,先后发放三峡移民贷款284人次,共放款583万元,打通了三峡移民的第一站。

我们的积极作为也为农信社营造了"勇担当、善作为"的良好形象,我们内心也非常自豪,自己的努力工作能够带来好的社会效益。我们不仅高标准、高要求做好了贷款业务,出色完成了县政府交给崇明联社的任务,造福了三峡移民,也为农信社在崇明的发展越走越好打下了一定基础。

(郁文彪,1949年出生,1984年入本系统,2009年在上海农商银行崇明支行退休)

小微贷款自动化审批系统上线的前前后后

朱征道

说起小微自动化审批系统的"前世今生",还要从我行曾经的第一大外资股东说起。

2000年末,上海农村信用合作社正式开启机构改革的大幕。当时谁也没有意识到我们这家经历凤凰涅槃的农村信用社会成为一家外资参股的商业银行。

自中国金融业对外开放以来,国内很多银行都引入了外资战略投资者。2001年,澳大利亚新西兰银行集团也希望在国内银行进行战略投资,并将目光锁定在当时的"上海农信"身上。经过几年谈判磋商,终于达成了合作意向。在上海农商银行改制成立时,澳新银行占我行总股本的19.9%,成为第一大单一股东。

合作的组成部分之一便是小微企业贷款评分卡。从2008年7月开始,在澳新银行专家组的指导下,我们启动了小微企业贷款自动化审批系统的建设。同年12月,完成了系统程序的开发、操作手册的撰写及上线前的准备工作。

2009年1月,自动化审批系统在金山张堰支行和山阳支行试点,后扩大到金山支行全辖和宝山、嘉定、松江、徐汇等5家分支行。2010年8月,《上海农村商业银行小企业授信自动化审批管理办法》

发布，自动化系统推广至全行。

由于对该评分卡的实际应用意义没有足够的认识，虽然出于探索的目的，在实践中也开始推广评分卡，但是基层在实际使用中的反响并不热烈。

到了2011年7月，我从当时的资产保全部转调入风险管理部，负责巴塞尔新资本协议的实施试点工作。8月，与风险管理部总经理杨贵院的一次工作交流中，杨总认为评分卡应该是个好东西，只是我们运用不当，未能充分发挥它的效用。我也表示认同，杨总便把这个任务交给了我。

工作很快进入了加速轨道，我们以巴塞尔协议办公室的人员为基础，于当年9月28日，专程赴成都与澳新中小企业贷款审批模型的建模团队见了面，澳新风险建模总监向我们介绍了小微企业贷款审批模型的改进优化方案。我们针对贷款审批流程实际和操作习惯进行了交流，提出了我们的改进需求，这样可以使该评分卡的设计理念融入我行的信贷文化，贴近我国中小企业的现状，采取多维度互相制约、互相补充的方式，保证审批结果的科学性，满足风险控制的要求。

经过研讨会讨论后，澳新银行建模团队正式开始了小微企业自动化审批系统优化工作，我们具体负责的同志与建模团队保持了频繁而有效的接触和沟通。2012年9月，系统优化后正式上线。2012年12月，"小微企业自动化审批系统"参加上海市人民政府举办的金融创新大赛，并荣获创新成果三等奖。

在当时的银行经营环境下，以人工智能的方式取代传统审批模式，体现了我行在管理策略上的领先，不失为一种创新和突破。

（朱征道，1966年出生，2000年入本系统）

那些年，与农商银行一起成长的日子

范烨虹

光阴如梭，仿佛弹指间。回想自己从 2002 年进农信社，至今已有 19 个年头。在这段不短的时光中，我有幸见证我们农信社逐渐成长为股份制银行，见证了上海农商银行的品牌从农村走向了市区，逐步扩大了影响力。让我觉得更幸运的是，我也是一个参与者，这 19 年来，我和上海农商银行在共同成长、共同进步。

2002 年，对于徐汇农信联社和我来说都是艰难的。当时，我们徐家汇农信社是整个上海农信进入内环线开设的第一家网点，是徐汇联社立足和进驻徐家汇区域的第一步，也是我作为一个农商人的第一年。

从客观上讲,上海农村信用合作社初入市中心,不论是认知度还是人脉关系上,都不能和区内成熟的银行相提并论。现在众多的年轻员工,甚至可能从未听说过农信社这个称呼,更不用说千禧年初,人们对农信社的了解和认知度了。而从我自身角度来说,也是从一个完完全全的"金融小白"出发,对于农信社的理解,也仅仅还停留在存取款上。因此不论是主观还是客观的因素,让这些年都变得如此特别,让我都清楚地记得那些时光。

这些年,是艰苦奋斗的岁月

我从未接触过金融行业,更别提更为细致的银行工作业务,对于农信社的概况、结算功能等都一无所知。另外,没有任何的客户基础,这让作为客户经理的我举步维艰。怎么办呢?我不能退缩,开拓市场的任务落在我们身上。我利用业余时间翻阅了大量的工作操作手册、文件,对信贷方面的规章制度有了初步的认识,让自己储备一定的业务知识。另一方面,没有客户基础,就用自己的脚步去结识客户。我对农信社周边几乎所有企业、个体工商户进行了拜访,并且自己手工绘制地图。在这份手绘地图上,详细地标明了企业名称、位置、规模、目前开户银行、是否有开户意向等细致的资料,为之后的工作打下坚实的基础。

这些年,是收获客户与朋友的岁月

作为一名客户经理,这么多年来我认识了无数人,也和很多人从客户慢慢发展成了朋友。而这一切的秘诀,是真诚。每个客户有不同的需求,而这些需求可能是各个方面的,虽然经过自学和一定时间的工作,我大大补足了有关金融业务、信贷业务知识的缺失,但有时依然会碰到客户的需求无法第一时间给予回复的情况。若触碰到这些业务盲点,我都第一时间用笔详细记录下来,在请教同事后立刻给予客户回复。我曾有这样一本笔记本,里面详实地建立了每一个客户的档案。我始终坚持一条服务准则,即客户无论大小,只要他们有要求,就必须尽力满足(见图1)。

图1 范烨虹工作场景

这些年,是创造奇迹的岁月

2002年4月,作为一名代理工入行,在第一年的8个月时间里,我开立了对公账户78户,吸纳日均存款1013万元。2003年末,开立了对公账户185户,占徐家汇农信社总开户数的36.1%,吸纳存款余额10881万元。正是凭借出色的业务成绩和踏实、勤奋、上进的工作态度,我入行1年便被破格从一名代理工转为正式员工。这些是我曾经的勋章,也是鞭策我年复一年、日复一日继续努力工作的镜子。

从一个"金融小白"到现在拥有深厚业务知识,这是成长;从初入农信社,仅仅敢于与熟悉的人交流,到现在从容面对各类客户从而发掘他们的需求,这是成长;而农信社,发展到现在的上海农商银行,拥有了数千员工,大幅提升了知名度,努力实践普惠服务,这也是成长。这是我和"上海农商"的成长。

如今,上海农商行已经不再是那个初入市区举步维艰的小小农信社了,"她"依然在飞速成长、飞速发展。而客户经理的工作也已经越来越丰富,很多工作已经可以用电脑处理,从而可以更高效地分析客户;随着手机通讯的发展,可以更好地和客户交流,更快、更及时地了解他们的需求。

虽然我已不再年轻,但我仍然拥有一颗和"上海农商"一样蓬勃向前的年轻的心,我会继续为上海农商银行的建设添砖加瓦。现如今作为团队长的我会带领我的"后浪们",磨砺自己,汇入上海农商银行的大海中,奔涌向前。

(范烨虹,1975年出生,2002年入本系统)

生"声"不息的客服中心

张晓华

第一次辖内竞聘

2002年10月,上海农村信用社联合社(上海农商银行总行前身)社报刊登了一则客服中心业务代表岗社内招聘启事,这是市联社成立以来第一次开展岗位社内竞聘。待聘的业务代表岗主要负责客服中心筹备及客服热线日常业务管理工作。

通过层层筛选,2002年11月,来自辖内信用社的8名员工最终参加了岗位面试。市联社副主任、人力资源部总经理、个人金融部(零售金融部前身)总经理亲自参加面试,并从中遴选出1名业务代表。该名业务代表成为客服中心筹备及客服管理工作中的业务骨干。

第一份合作协议

我社客服中心采用服务托管模式运营，并从多家公司中甄选出本市呼叫行业的标杆企业上海市电信有限公司开展合作。2003年2月22日，在一片热烈的掌声中，市联社与上海电信签署了第一份合作协议，成为客服中心筹备工作的重要里程碑。

双方合作主要由上海电信为我社提供"7×24小时"全年全天候人工服务。在上海电信客服中心话房配置3个席位，其中1个"7×24小时"，2个为"7×12小时"；安排10名电信员工作为我社客服代表，负责电话服务；1名电信经理，辅助现场管理。我社安排业务代表负责知识库、培训、质检、现场管理、考核等工作，对电信员工服务予以全方位业务支撑。

第一版电话银行需求

2003年年初，市联社个人金融部包括总经理在内一共5人，其中1人专职负责客服中心筹建。为了确保客服中心筹建工作的有效推进，大家集思广益，在确定与上海电信合作后，电话银行服务流程出炉：客户拨打客服热线→系统播报欢迎语后，语音提示客户选择自助服务或人工服务→如客户选择自助服务，则留在我社系统平台进行自助交易操作；如客户选择人工服务，则系统将客户转接到电信客服系统平台，由电信员工接听电话，提供人工服务。

经过反复打磨，2003年1月末第一版电话银行需求完成，并提交科技部开发。第一版电话银行需求主要包括查询个人借记卡余额、查询公司账户余额等19个客户自助服务交易。

第一声语音播报

"您好,欢迎致电上海市农村信用合作社如意客户服务中心!"——这是客户致电客服热线后听到的第一声语音播报,优美而动听。

客服中心筹备时,没有专业播音员资源,于是请个人金融部以及上海电信客服中心女员工帮忙读文录音,根据录音投票选取电话银行语音播报人选,最后我社项目组客服代表潘卓颖以高亢而优美的声音胜出。

第一手业务资料

客服中心筹建初期,知识库所需要的原始电子版业务资料匮乏,较多业务只有纸质资料,这无疑增加了知识库的编辑工作量。为了确保工作进度,个人金融部业务代表自己购买了一台扫描仪,先将纸质资料扫描成电子版,再逐字核对错别字,然后再进行知识库文档编辑。同时,业务代表收集汇总全辖网点电话、营业时间等信息,制作出全联社第一张信息最全、最准的网点信息表。

第一场人员培训

第一场人员培训非常特别,不讲业务、不讲服务、不讲理论,也不讲实例,只有介绍,介绍市联社与区联社以及网点的关系,介绍回单箱是什么,介绍交换是怎么回事儿。客服代表们个个聚精会神,聆听、提问、解答,在活跃的培训气氛中渐渐融入"农信"。从最初提问时说"你们社……"到后来称"我们社……",他们以"农信人"的使命感铺就了客服中心的成长之路。

第一通服务电话

在完成了电话银行测试投产、知识库建设、人员培训、现场排班等一系列准备工作后,我们迎来了最激动人心的时刻。

2003年4月25日,上海市农村信用合作社如意客户服务中心正式成立。当日8点30分,客服热线33074999正式开通。

话房现场鸦雀无声,大家都在静待佳音。8点42分,"嘟"一声响,第一通电话接入,业务代表、电信经理们健步围聚到客服代表张永刚席位边,只见张永刚迅速按下应答键:"您好!我姓张,工号097,很高兴为您服务!"第一通电话主要咨询网点地址,张永刚沉着冷静地回答了客户问题。第一通电话服务情况立刻汇报市联社领导,电话里传来领导的肯定,还有——一片掌声。

通过4个月紧锣密鼓的筹备,客服热线顺利开通,成为我社线上服务第一渠道,开辟了我社服务新窗口。热线电话33074999开通一个月,客户来电12312通,其中:电话银行自助服务10108通,人工服务2204通,接通率94.5%。

客服热线作为线上连接客户的第一触点、客户体验的信息枢纽,其全时全域、"人+机"的非接触服务的先天优势逐渐凸显,并充分发挥服务客户、维护客户关系的桥梁纽带作用,为提升全辖整体服务能力以及"上海农信"的品牌知名度积极贡献力量。

(张晓华,1977年出生,1999年入本系统)

十多天揽存过千万
——山阳信用社员工张华"存款月"里创佳绩[①]

故事人物 张　华　　杨爱连整理

最近一段时间里，金山联社山阳信用社内勤员工张华为组织存款的事费了不少的心，跑了不少的腿，也收获了令人瞩目的成果：在十多天的时间里，她组织存款的数额达到了1000多万元！

十几天里组织到这么多的存款，是因为张华抓住了一个难得的机遇。2004年5月末，"国际女子沙滩排球巡回赛"将在金山举行。

---

① 本文曾发表于《上海信合报》2004年3月31日第64期。

随着项目工程的启动,山阳戚家墩地区的环境整冶工作拉开了序幕,同时政府对拆迁户发放拆迁费的工作也在紧锣密鼓地进行。面对这样一个稍纵即逝的机会,张华敏锐地意识到:机不可失,现在是锻炼自己市场营销能力的时机了!她要求自己一定要克服困难,为信用社组织存款作出自己的贡献!

决心下定了,然而要把存款揽到自己这里,却面临着很大的困难。由于拆迁费的发放由某商业银行一手包揽,想要从别人到手的存款里拉出一块,谈何容易!更何况,还有一家储蓄机构也向动迁户开出了诱人的手续费作为吸存的条件。而且,动迁户们居住分散,开展动员工作需要东奔西走。

困难再大也不能退缩,只有拿出更大的勇气,才有可能把自己的愿望变成现实。张华积极地行动了起来。白天电话联络,晚上走亲访友,既宣传信用社的方便,也宣传信用社的服务,动员他们把拆迁款存到信用社。在她的动员下,一些拆迁户同意到信用社存款了,然而事情却并不就此一帆风顺。负责发放动迁款的那家银行以种种手续为借口使转移存款的动迁户颇感不便。

有一位动迁户,以前是张华的邻居,原来答应张华把拆迁款存到信用社,但当张华拿着存单到代发行去签现金本票时,该行却不同意当场签发,并要求取款要报数等。由于没有办成,这位客户拿回了存单,并答应到时再取。两天后,当张华电话联系时,这位客户说话中似乎有些犹豫,张华赶紧跑到他家了解情况。原来某储蓄机构以较高的手续费为条件动员其存款。面对这种场面,张华并没有灰心泄气,她再一次作动员,进一步宣传信用社存款的种种方便和信用社的优质服务,她的真情终于深深地感动了客户,最后决定把钱存到信用社。他对张华说:"你为这点钱都跑好几次了,打电话更不用说了,再存到别处去,我都要难为情了。"

就这样,张华白天忙取款,晚上忙联络,克服数个意料之中和意料之外的困难,把能够争取到的拆迁款都争取了过来。少则10万、20万元,多则100多万元,积少成多,经过十多天的不懈努力,她先后组织的存款达到 1 000 万元以上。

取得这样令人瞩目的成绩,机遇只是提供了可能性,而张华能够不失时机地抓住机遇,不畏困难、勇往直前,这才是把可能性变成实实在在的事实的根本原因。

3 月份是"上海农信"的"存款月"。如果每一位农信干部员工都能够敏锐地发现机遇,奋力地把机遇变成现实,那么"存款月"定能成为我们的丰收月,我们也一定能够成功地创造"上海农信"的新辉煌。

(张华,1974 年出生,1992 年入本系统)

第一次轮岗的全新体验

王超英

2003年7月底的一天,时任嘉西农信社主任的陈敏毅来到我办公室对我说:"接到通知,你速去嘉定区联社开会,会议议题是各家农信社的内勤行长借调到其他网点进行一个月的业务检查。"我当时任嘉西农信社副主任(即内勤行长),就预感自己可能要离开"嘉西"了。

在区联社召开的内勤行长会议上我了解到这次业务检查的原委。会议传达了中国人民银行上海分行《关于转发〈关于2003年春节前后商业银行发生多起工作人员盗窃携款潜逃案件情况的通报〉的通知》文件。会议认为,银行内部人员盗窃携款潜逃案件是当前金融案件中出现的一个新特点。发生这种案件的主要原因是各银行对内部人员缺乏有效的监督制约,导致内部人员违章操作。会议决定在8月份对全区农信社的财务开展大检查活动,由各农信社的内勤行长到异社担任此次检查的负责人,检查过去业务经营中财务活动的真实性与合规性,不走过场,发现问题及时整改。对于有犯罪嫌疑的人或事,要一查到底。我被分配到戬浜农信社任检查活动的负责人。

离别的惆怅和不舍自是不必说的,我从1993年8月到嘉西农信社,工作了整整10年,说实在话从未想过要离开,一直认为会像其他老同事一样在这里工作到退休。嘉西农信社见证了我从"接柜""机动"到"提干"一步一个脚印的成长历程;见证了我从一名普通员工成为共产党员逐步坚定的信仰追求;见证了我恋爱、结婚、生子等人生的重要时刻。我最美好的青春在嘉西农信社度过,关心"她"远远超过自己的家庭,我对这里几乎所有物品的存放位置都了如指掌,关爱这里的一桌一椅、一纸一笔;熟悉每一个同事的性格,与他们休戚与共,胜似兄弟姐妹;和同事一起为完成月度、季度、年度相关报表而加班加点,发生差错后的无奈、着急和愧疚等情形均历历在目……但是纵使有再多的不舍也必须听从上级的调令,这是作为农信人,更是作为一名共产党员的职责与使命。

到了戬浜农信社,我的心中很是忐忑,由于戬浜农信社的存贷款规模大于"嘉西",工作人员也多于"嘉西",且年轻员工多,刚到时感觉诸事不顺,观察排摸两天后我决定从人员管理和业务规范着手。首先要求每位柜员传票上加盖的各类章戳必须清晰端正,且不得漏盖;办理的业务必须真实,特别是与行社内部人员的各种交接等都应该做到实时实据等。经过了近一个月的磨合,与戬浜农信社全体人员之间的各种不适应逐步消除了,工作步入正轨,业务质量迅速提升。2006年,戬浜支行获得嘉定支行业务技能比赛第一名。

一个月后区联社传来决定:所有内勤行长不再回原单位,就任于目前单位,往后每三年轮岗一次。这成为一种常态制度。

时至今日,心中还有着无限感慨:轮岗让所有的参与者提高了管理能力,增强了法纪意识、制度意识和自我保护意识;更让我深深体会到世界上没有现成的正确的改革思路,是每个普通农商行人在自己的岗位上执着探索、积极磨炼,才形成了现在行之有效的思路与方法。作为农信社建立以来第一次轮岗的亲历者,我很自豪。

(王超英,1968年出生,1987年入本系统,2018年在上海农商银行嘉定支行退休)

争创"小巨人"

蔡耀忠口述　陈秋依整理

自1996年行社分设后,农信社从此进入了新的发展阶段,给自己的农信社"树形象、创牌子"便成为我们的目标。2003年,市联社为激励所有农信社朝着规模大、效益优、质量好的目标努力迈进,在全系统广泛开展"小巨人"的创建活动。

当时我在北蔡农村信用合作社任主任。当时的北蔡地区已经有了四大国有银行以及浦发银行等各家金融机构。北蔡农信社存款规模为3亿,市场占有率仅有6%,其知名度、产品、结算等远不如其他金融机构。如何在夹缝中求生存、在竞争中求发展?对此,我多次组织职工进行有关存款的专题讨论,其目的是让每个职工都认识到:唯有存款,才能使农信社在激烈的市场竞争中立于不败之地;没有存款,农信社就没有经营活力。通过讨论,员工确立了"业务以存款为根本,经营以利润为目标,管理以落实为重点,服务以优质为宗旨"的指导思想。

唯至诚之心,金石可移

农信社起初就是由农民入股而来,在老百姓中充分建立起对农信社的信任,在那个资源匮乏的年代,农信社的优势就是那一颗真心和一腔热忱。

2000年年初,北蔡农信社的财政账户数量基本为零。我深知财政资金一定是一块兵家必争之地。如何取得政府的支持,是我们业务开拓工作的重中之重。在争取账户的过程中,乡镇政府领导们刚开始因农信社知名度和结算功能的局限不倾向于在农信社开户。我带领着员工们,无数次被拒绝,又无数次再尝试,员工们用顽强的毅力诉说着农信人的坚持。"我们农信社从百姓中来,为百姓服务,真心和诚信就是我们最宝贵的资本。"这句话语,是我们一次次坚持的信念,也打动了镇领导们,他们终于同意将财政账户开设在农信社。日复一日、年复一年的努力正印证了市联社领导曾经说过的那句话:99次的失败就意味着第100次的成功。至2003年末,北蔡农信社的对公存款规模由2000年年末的不到1亿增长到7亿多元,开拓了前所未有的新局面。

为有源头活水来

当时,我到营业厅巡视,发现就算是早晨银行营业的高峰时段,来到农信社的客户也只是三三两两,改变现状迫在眉睫。通过与镇劳务所多次商谈沟通,镇劳务所把给当地农民每月发的生活费,逐步转移到了由农信社代发。养老金的成功代发带动了农信社周边的人气,老百姓们的存款开始如源头活水一般流入了农信社。

金融业的竞争也是服务的竞争,北蔡农信社以此为出发点,始终坚持以服务为重点,改进服务态度,提高服务质量。柜台是服务客户的窗口,是连接客户的桥梁,不论是储蓄柜或是会计柜都坚持礼貌服务,真诚服务。2003年9月,一位客户从柜台外拾到1 000元人民币,交给储蓄柜,职工向领导汇报后,又利用监控寻找丢钱的顾客,找到后立即送到客户手中。客户是村里一位年迈的老人,她拉着农信社主任的手,颤颤巍巍地说道:"共产党好,农信社好……"事后,受这位老人的委托,北蔡农信社为其代写了一封表扬信,送到那位拾金不昧的同志的手中,这也进一步增强了储户对农信社的信任,使农信社扩大了知名度,储户也纷至沓来。

在做好柜面"吸储"的同时,农信社也通过公私联动批量"吸储"。在2003年,在北蔡镇撤村撤队和动拆迁的背景下,我带领着员工现场蹲点,连续一个星期,顶着炎炎烈日,但是没有一个人叫累,大家不计时,认认真真地做好每一笔业务,逐一为客户发放现金,打印存单,派专车把客户从现场接到网点,用实际行动让老百姓们感受到了银行开到家门口,服务真正到位。截至2003年,北蔡农信社实现了对私存款规模超过4亿元。

"小巨人"

截至2003年年末,在全体员工的努力下,北蔡农信社的存款达到12亿元,被光荣授予了"小巨人"的称号。

时移世易,银行进入了新的发展时期。"小巨人"时期勇于超越、勇挑重担的精神依旧是上海农商银行前进征途上不变的明灯,指引着下一代农商人们永葆初心,不懈奋斗!

(蔡耀忠,1961年出生,1984年入本系统)

我的贷款五级分类工作情缘

张志诚

信贷资产风险分类俗称"贷款五级分类",是现代银行业真实、全面、动态地识别、反映和监控信用风险的重要手段。我自2003年入职市联社后即与其结下不解之缘,有幸参与试点和推广工作,编制了贷款五级分类模型,并为银监会拟写"十级分类指引"。一晃十几年过去了,往事悠悠,虽然一些细节已经模糊,但许多重大事件仍深深刻在脑海中,历久弥新。

2003年12月,银监会决定在上海徐汇区联社等单位开展五级分类试点工作。为此,市联社从信贷管理部等部门及徐汇、闵行区联社,抽调了5名同志,组建"贷款五级分类办公室"。

万事开头难。虽然银监会出台了《农村信用社信贷资产风险分类指引》等文件,对五级分类方法做出详细规定,但这些文件内容多、难掌握,初看要点不突出、难运用,而当时信用社还没有建立信息管理系统,清分工作完全是手工操作,工作量庞大。为确保工作质量,分类结果由工作小组和贷款经办人员、信用社主任集体讨论决定。但由于种种原因,讨论很激烈,也很耗时,并且时有反复。我至今仍对浦东孙桥信用社上海群工投资管理有限公司贷款分类结果的争论情景记忆犹新。

具体承办该笔贷款清分任务的工作小组成员陈某认定的分类结果为"重点关注类",而该信用社主任认定为"一般关注类"(市联社当时仍将"五级分类"细化为"六级分类"——正常、重点关注、一般关注、次级、可疑、损失),双方各持己见,唇枪舌剑地争论了个把小时仍无法达成共识。即便在饭桌上,俩人依然争论不休,最终该信用社主任放下筷子,朝陈某走去,一把搂住他的臂膀,大声地说:"好吧,你说得在理,我听你的……"

事实上,我们当时采用的是专家判断法,它依赖于清分人员的主观判断能力,因此分类结果受清分人员的专业素质和职业操守的影响较大。同时,贷款分类标准不够精细,而且缺乏对借款人所处行业、区域、经济景气程度等宏观因素的有效分析。

2007年,我们将"六级分类"进一步细化为"十级分类"(正常+、正常、正常-、关注+、关注、关注-、次级+、次级、可疑、损失),并采用"客户评价+债项调整"的二维评价方法,以数理分析和逻辑控制为基础构建了定量分析模型,在CMIS(指信贷管理信息系统)中实现了参数化管理。我借鉴上海市贷款企业资信等级评估模型和建设银行客户评级模型,构建了我行针对27个行业的客户信用评级模型。该模型采用计分卡方式,从财务分析、定性评价、信用记录三个维度计算得分,再对应到相应的信用等级(十级:AAA、AA、A、BBB、BB、B、CCC、CC、C、D),然后由评级人员根据财报年审情况、环保评价等事项进行调整,得出初评结果,经复核后按权限进行评定。贷款五级分类模型有5个,分别适用于委托贷款、公司类500万元(含)以下小企业信贷资产、公司类500万—2000万元(含)小企业房地产抵押项下信贷资产、公司类(一般企业)信贷资产、表外授信业务。CMIS基于借款人信用评级结果、财务状况、非财务状况及债项的担保状况及逾期情况等要素,自动计算得到分类结果,客户经理进行调整并给出初分结果,然后按权限规定进行复核和认定。

上海银监局密切关注我行"贷款十级分类"做法,我行也利用各种时机与其沟通。2008年7月,我行向银监局提交书面材料,进行专题汇报,十级分类做法得到了银监局的肯定。而且银监局决定上报银监会并在全国进行推广,要求我行拟写"十级分类指引"。2009年3月,银监会向各地银监局和合作金融机构征求意见。我们根据反馈意见对指引初稿进行修改和完善;2009年8月,银监会办公厅正式印发了《农村银行机构公司类信贷资产风险十级分类指引(试行)》(银监办发〔2009〕284号)。我行成功引领同业开展贷款风险分类,也探索了"可复制、可推广"的业务创新经验。

(张志诚,1974年出生,2003年入本系统)

十五年,缘起于此

陆维熠

　　2003年末,和很多大四的学生一样,我开始为今后的工作奔波。没有关系,没有背景,没有方向,无奈只能以一轮"海投"开启了寻梦之路。工商银行、农业银行、上海农村信用社、多家房地产企业、制造型企业都在我的投递范围内。事实证明,愿望与结果之间隔着一个"太平洋"。在参加了几场面试后,我陷入了漫长的等待。一周、两周、一个月,从2003年年末一直等到了2004年年初,眼看春节就要到来,消息却迟迟不来,心情也从满怀期待变成了焦急烦躁。

　　记得那是2004年1月的一个下午,在家里吃完午饭正准备午睡,突然手机响了起来,接听后得知是一家房产公司,愿意招我做财务。期盼的工作终于有了着落,可是我却高兴不起来,这不是心仪的单位,上班地点还在青浦。可漫长的等待早已磨完了我的耐心,也许这是上天安排的吧,找工作不就和找对象一样,少不了"缘分"二字,也许我和这家公司有缘。在思考了几秒钟之后,我接住了对方的"橄榄枝",并把消息告诉了父母。记得父亲说了一句"先做起来再看吧,以后有好的单位再换"。"先做起来再看吧",我对自己默默地说道。

　　几天后,我坐上了公司的班车,在高速上晃了半个多小时,又在青浦城区堵了二十几分钟,来到了第一家工作单位。当时接待我的是一位中年人事经理,把我带到财务科,和财务科负责人交代了一下就离开了。我在财务科同事的带领下,当天上午去银行办理了付款业务。进了银行大厅,整洁的大厅、职业打扮的员工深深吸引着我,心里不住地羡慕:这才是我向往的工作单位啊,可惜没福。办完了业务,又跑了几家合作企业,不知不觉半天过去了。

回到公司,刚吃完午饭,财务负责人递过来一份文件:"这是劳动合同,看一看,没什么问题就签了吧,签完字给我。"说完就离开了,留下我一个人在位置上。人生的第一份"卖身契"就这样来了,是那么突然。一个学生,对合同是没有概念的,心里一点方向也没有,正拿着合同发呆,这时,事后证明是我今生最重要的一个电话来了。电话里传来了一个慈祥的声音:"小陆吗?我这里是上海农村信用社闵行联社的,愿意来我们这里工作吗?""愿意!"嘴上一个愿意,心中一百个愿意,你知道我等这个电话等了多久了吗?这才叫缘分吧,妙不可言,也把人磨得心焦,但该来的早晚会来,命中注定的,不是吗?

一眨眼的功夫,参加工作已经 16 年,农信社变成上海农商银行已经整整 15 年(本文写于 2020 年),资产规模、产品种类、社会地位都不可同日而语。伴随着上海农商银行的成长,我撰写着人生的书卷,成家、立业,人生中的每一个关键要素都离不开"她",缘分将我和"她"紧紧联系在了一起。

关于缘起的记忆还犹如昨日发生。2020 年的一个夏夜,我又一次和家人说起当年的故事。"爸爸,原来你是这么到农商行的呀,那信用社又是什么?"这次,儿子对此有了兴趣。

"爸爸带你去公园划过船,还记得吗?"

"记得,可好玩呢。"

"信用社是农商银行的前身,它有 234 家,就好比这一艘艘小船,在小池塘里可以开得很快、很稳,但是不能航行到海上;农商行就好比一艘巨大的游轮,可以坐很多乘客,可以在大海上航行,可以去很远很远的地方。"

"爸爸,看得出你很爱农商银行,平时总是听你提起'她'。"

"爸爸能有今天的样子,一切都是农商银行赐予的,你是一个'小农商',你也要爱'她'呢。8月25日就快到了,上海农商银行今年15岁生日,爸爸教你写首小诗送给她做礼物吧。"

农信社,历史远;
一朝起,面貌变。
二三四,合为一;
小舢板,变大船。
十五载,风雨路;
手拉手,共向前。
客户爱,政府赞;
上市梦,将实现。

第一个15年我与上海农商银行的故事叫做缘起,下一个15年,我们的故事将如何继续呢?

(陆维熠,1981年出生,2004年入本系统)

化险为夷"生活家"

徐 锋

2004年6月,上海市浦东新区农村信用合作社联合社营销了上海今亭房地产开发有限公司开发的位于徐家汇的"生活家"经营用房按揭贷款项目。该项目地理位置优越,位于华亭宾馆附近,投资价值高,受到了全国各地的投资者青睐。上海市浦东新区农村信用合作社联合社累计发放了60多笔按揭贷款,按揭贷款总金额约1 300万元。

但是,后来由于"生活家"楼盘开发商涉及刑事案件,无法履行当初销售时承诺的以租还贷(由开发商招租,以租金来归还客户每月的银行按揭贷款),出现断供状态。大部分借款人则采取了不还贷的行为,少的拖欠5—6期,多的拖欠十几、二十几期本息不还,导致按揭贷款大批量产生逾期。经浦东联社个金部催收后还是有近50笔按揭贷款当事人未归还逾期贷款。

我部接到浦东联社个金部递交的违约个贷名单及信贷资料后,部门决定由我负责催收、诉讼工作。我就逐笔开展了案情排摸分析、催收工作。我通过第一手资料的排查,掌握了每个待诉案件借款人的基本情况,然后逐笔致电、发送逾期催收单致借款人,告知客户因购买徐汇区凯旋路×××号××商铺,而向上海市浦东新区农村信用合作社联合社申请的按揭贷款已经逾期多少期,按照双方签订的《个人房屋抵押贷款合同》约定,显属违约,"现在我代表浦东联社告知你违约的事实并要求你在十日内还清逾期贷款,并继续履行每月正常还款;如果你方还是未予还款,则我们银行宣布贷款提前到期,直接进入诉讼程序,到时候你将被列为被告,法院开庭审理后判决你归还全部贷款本息,判决你承担诉讼费、公告费、律师费等,会增加你的许多额外费用。同时,你的个人征信报告上会产生不良记录,影响到你和你的家庭正常生活"。

2007年4月,经上报浦东分行风险资产化解委员会2007年第4次会议审议,同意对"生活家"群起性违约不良贷款案件聘请上海市金石律师事务所、上海市东诚律师事务所实施代理诉讼清收,由我全程配合律师做好催收、诉讼、执行、清收及各项协调工作。我即按照浦东法院诉讼立案要求,收集、整理诉讼证据资料,计算债权金额,填制诉讼审批表,报分管行长审批同意后,递交代理律师拟写起诉状送去浦东新区人民法院立案,并保全查封了借款人的抵押物及其他有价值房产。

对那次开庭情况,我记忆犹新:在丁香路611号上海市浦东新区人民法院本部7楼二十二法庭,当天法院安排我行的18件"生活家"案件开庭,有近40人在庭下等候、旁听,把审判大厅挤得满满的。我跟代理律师坐原告席,一个案件接着一个案件地与当事人开展辩论、答疑、举证、诉请,庭审工作从上午9点一直开到下午2点多,我们连午饭都没吃,连着开庭到全部案件审理结束。

经浦东新区人民法院公开开庭审理并判决后,我与案件当事人联系沟通、积极催收,有23位当事人归还并结清了全部不良贷款本息及费用,20笔不良贷款当事人还是未履行判决还款义务。2007年10月,浦东分行向浦东新区人民法院递交强制执行申请书,请求浦东法院对20件案件被执行人采取强制措施,请求依法对不良贷款抵押物予以司法拍卖、变卖处置,所得价款优先清偿结欠浦东联社的债务。2007年11月至2008年6月间,在浦东法院执行过程中,又有

15位被执行人归还并结清了结欠的债务本息及费用,仅剩5位被执行人还是未履行还款。我逐个联系5位当事人,耐心劝导,阐明不履行判决义务的严重后果……最终了解到他们近期资金周转困难,无力归还全部判决债务,我即提出了分期、加速还款的方案,即还清逾期的本息及费用,对剩余的贷款本金要求借款人在3年内予以还清,此方案得到了分行领导及当事人的同意。于是在浦东法院主持下双方签订了执行和解书。至2011年12月,最后5位诉讼案件当事人也结清了全部债务。至此,"生活家"43笔群起性违约诉讼案件款项全部清收完毕。

(徐锋,1965年出生,1988年入本系统)

江西纪行[①]

康 杰

3月4日 雾
玉山·方志敏希望小学

聆听了一夜火车的"咔嗒"声后,我们终于到了此行的目的地——江西玉山县。走出这不大的火车站,袭来一阵凉意。清晨的玉山县城端坐在一片大雾中,仿佛笼纱的少女等待着我们这些远方的客人。

我们住的酒店离火车站很近,但离"现代化"有点远。在酒店里稍作休整后,我们开始认真打量起这个县城来。沿着玉山最繁华的大街边走边看,一种凌乱的感觉划过脑海。这里农信社网点的布置相当陈旧,大门和窗的玻璃上覆盖着"古老"的灰。

下午,我们驱车前往方志敏希望小学。在颠簸了一段路后,一幢崭新的教学楼进入我们的视野。这幢由"上海农信"出资援建的教学楼在阳光照耀下显得格外醒目。对校貌进行简单的浏览后,我们开始了此行的任务——安装和调试我们带来的20台电脑。学校已腾

[①] 本文原发表于《上海信合报》2004年3月15日第63期。

出一间三楼的空房作为电化教室。因为前期准备比较充分,所以整个安装和调试过程很顺利,一个现代化的电化教室很快就建立起来了。从此,方志敏希望学校里"播"下了信息技术教育的种子。

3月5日　晴
学生午餐·上饶集中营

上午安排在方志敏希望学校进行座谈交流活动。听得出来,老师代表和学生代表的发言显然是精心准备过的,优美的语句里闪烁着真挚的谢意,涌动着新鲜的期望,编织着灿烂的憧憬。在座谈会上,我们几个区联社的团组织和该校7名品学兼优但家境困难的学生结成了帮困助学的"对子"。今后,他们的学杂费将由我们来承担,这就保证了他们不会因为经济原因而中途辍学。该校的一名老师私下里告诉我们,他们的命运或许因此而改变。

中午,我们留在学校吃饭,想亲身体验下这些学生的生活。学生们的午饭是最简单的那种,一碗米饭,上边扣了一点点连油花都没有的蔬菜或是半碗没有什么"内容"的汤。真没有想到,这个地方的艰苦是那样的直接。看着他们吃得津津有味的样子,颇有感触。

下午,我们抽空去参观了上饶集中营。一个个革命斗争的旧址和解说的文字向我们生动再现了先烈们光辉的革命事迹和不屈的革命斗志。英烈们长眠绿水青山之间,但革命的呐喊声却仿佛还在耳畔。时间已将革命精神磨砺得愈发凝重,今朝的仰望里信仰是不灭的火炬,指引着我们青年一代奋勇前进、不断进取,激励着我们勇挑新时代的重担,续写青年人建功立业的宏伟新篇章。

3月6日　晴
攀登

今天接待人员安排我们去著名的旅游景点三清山。三清山恬静淡然,山色的秀丽和空灵,山涧溪水的轻诵低吟,将我们深深地吸引。我们徒步登高,刚开始还能谈笑风生,边走边欣赏,但是越到后来越觉得脚步沉重,不得不停停走走。再后来,爬山变成对意志的磨炼了,与欣赏风景已经没有多大联系。尽管累得要命,但是我们中间没有一个人选择中途放弃,凭着坚强的毅力我们终于到达了主峰。站在高处欣赏着层峦叠嶂的壮阔,颇有一股"会当凌绝顶,一览众山小"的豪情。

整个登山的过程,让我们体会到了攀登的不易,也让我们加深了对"坚持"的理解。想想我们"农信"新"三年再造",同样也是一个向上攀登的过程,也会遇到困难和挫折,但只要我们每个农信人敢于坚持、勇于奋进,那我们离胜利和成功只剩下一个台阶的距离。

(康杰,1979年出生,2002—2020年就职于上海农商银行)

股权清理
——农信社转制的重要环节

查杏元口述 杨亦雯整理

我是一名老农商人,自 1979 年进入农信社以来一直在外冈支行工作,于 2020 年 2 月正式退休。回忆在农商行的"一辈子"中最难忘的事情,肯定是 2005 年的那个夏天,虽然距离今天(本文写于 2020 年)已经过去整整 15 年了。那一年,我有幸参与了一场转制,在我的农商生涯中留下了浓墨重彩的一笔。

2005 年,我行要从农信社转制成上海农商银行,采取的是清退全部老股的方式,把原农信社股权进行清理,再重新认购新股。原始股权的清单(见图1)都是手工抄制的,虽然保存完好,但因年代久远,很多字迹都已经模糊不清了。股权转制任务留给我们的时间非常少。作为外冈支行的一名外勤人员,我每天加班加点地重新抄制清单,因无法辨认字迹需要反复向当年的经办人和知情人确认核实。此外,我们还需要按照规定手工计算股金分红,按照不同的村进行整理统计,必须确保原股东股权、股金分红数额没有差错。

图1　上海市农村信用合作社股金证

虽然前期的整理工作已经让我们有些精疲力竭,但是后续的核实工作更是"要人命"。上门核对、股金退回、股金分红的发放,每一项都需要我们外勤人员逐家逐户清点核对,难度非常高。我们有幸得到了外冈镇政府相关部门的帮助,他们召集各村委会会计人员开股权清理大会,发动各村相关人员协助我们做好这项清理工作。外冈镇作为嘉定镇的一个大镇,村的数量较多,当时,我们外勤人员分片负责联系村委会,将前期整理好的股金分红清单送到经办人员手上,由各村会计及经办人员陪同一起逐家逐户上门核对,将该退回的股金、该发放的分红都交到原股东们手上。

我们碰到最大的问题就是无法联系上原股东,甚至原有地址都已经不存在了。尽管我们努力通过村里的联系簿联系所有股东,但是最后还是有几户人家无处可寻。最后经过行里确认、领导审批后将无主股份打包上交。

那个年代的民营企业还不像现在这么多,资产也并不丰裕。我们通过地方政府向符合新股认购条件的企业进行营销,当时外冈镇有一家经营很好的中外合资企业——上海嘉芙莲工艺品有限公司,成立于1997年,主要生产泥娃娃出口国外。该公司认购我行法人股200万股。同时,我们也向镇、村相关人员发动认购宣传活动,派专人做好上门服务工作,也吸引了一批人员认购新股。

上海农商银行的顺利转制离不开地方政府、群众的支持。那个年代虽然银行产品没有现在这么丰富,银行人员也没有现在这么专业,但是大家都非常团结,为上海农商行的发展奠定了坚实的基础。

(查杏元,1960年出生,1979年入本系统,2020年在上海农商银行嘉定支行退休)

智勇双全擒歹徒

周寅伟

2005年10月20日下午2时许,普陀杨家桥支行门外停下一辆蓝色出租汽车,从车上走下一个二十几岁、高高瘦瘦、头染黄发、穿着淡绿色衣服的男青年。那人步入营业大厅后,不时地用略显紧张的眼神环顾四周,然后向接柜员秦文递上一张支票,说:"我要取现金。"

秦文拿起支票仔细看,不由地迟疑了一下,这不正是上午本行客户某公司前来挂失过的失窃支票吗?!秦文马上提高了警惕。"一定要镇定!"他暗暗告诉自己,并且立刻意识到,现在不仅不能让对方提取现金,还要想方设法将他送入公安机关。在稍许紧张之后,秦文迅速冷静下来,按照支行预先制定的防暴预案,与男青年展开了周旋,尽量拖延时间。他先是以支票印鉴模糊要请示内勤主任为由,走向邻桌同事小声示意其报警,并让她通知保安把住银行大门,之后继续回到柜台佯装为男青年办理取款手续。他请男青年在支票背面填上姓名、身份证号码,补上支票收款人名称等。此时,男青年开始不耐烦起来,左顾右盼,并不断地催促。为拖延时间,分散歹徒的注意力,秦文提出要查看男青年的身份证,男青年似乎有所警觉,借口没带身份证转身就准备奔出门外。

刹那间,保安员严根祥一个箭步冲向歹徒,想阻止其出门,双方扭打在一起。坐在银行门外出租车上的男青年同伙立即冲出出租车接应。歹徒最疯狂的时候,也是最危险的时刻,在扭打的过程中,小严的左手小指指甲被歹徒撕裂,鲜血渗了出来,歹徒也乘乱逃出银行,一路向真北路地道狂奔过去。

"快来人啊……抓歹徒!"接柜员秦文和保安小严一边叫喊,一边追出门外。狡猾的歹徒为了脱身,选择了分散逃跑。"盯住一个追!"两人同时脱口而出。经过一段追击,秦文首先在地道里追上了歹徒,并毫无畏惧地扑向歹徒,和歹徒搏斗起来。随后,小严在一名摩托车司机的帮助下,也迅速赶到,加入了擒贼"战斗"。经过几番较量,穷凶极恶的歹徒被秦文和严根祥制服,并扭送给赶来的刑警。

据公安部门反馈,这两名疑犯系惯偷。"沉着冷静、临危不惧、团结协作、共同应对,组织得力、预案有效"是对此次成功智擒歹徒的最好评价。

(周寅伟,1981 年 12 月出生,2004 年 7 月入本系统)

回忆改制期间的事

陈玉兰

在我的记忆中,农信社改制分三个阶段。

第一阶段:先行先试。2000年7月,经国务院批准,在江苏进行改革试点,探索以县(市)为单位统一法人,示范成立农商银行,组建省级联社。2001年在常熟、张家港、江阴三地进行改制,成立了农商行。

第二阶段:2003年6月,国务院总结经验,制定了《深化农信社改革试点方案》,再次启动了农信社改革新一轮试点,并确立了浙江、吉林等8省作为改革试验区。

第三阶段:2004年8月,试点地区进一步扩大到21个省市自治区,上海农村信用社也在此名单中。此次银监会对监管职责进行了细化,并经国务院审批下发了《关于明确农村信用合作社监督管理权责分工的通知》。在监管体制中明确了各级政府、省级管理机构、人民银行、银监会的权责。

一、上海农信改革步骤

1. 2004年8月开始,上海农信市联社根据市政府要求,在相关监管部门配合下,正式启动筹建上海农村商业银行准备工作。在市政府领导下,上海市金融办、人行、银监局均派专员参与上海农信社改制工作,直至 2005 年 8 月 23 日上海农村商业银行股份有限公司正式挂牌成立。

2. 筹建过程大致如下:

1) 制定筹建工作方案,拟发起设立上海农村商业银行股份有限公司。

2) 召开原各信用社社员(股东)大会,审议通过各项有关改制内容,确保改制工作依法合规开展。主要内容如下。

① 授权成立上海农村商业银行筹建工作小组并开展筹建相关工作,包括负责筹建和开业各项准备工作。授权筹建工作小组组织实施《上海农商银行筹建工作方案》中相关内容,聘请律师事务所、会计师事务所和资产评估机构等中介机构实施清产核资和资产评估。

② 审议通过新组建的上海农商银行成立后,各信用社法人资格予以注销,各信用社全部资产和业务、债权债务由上海农商银行承继。

③ 审议通过对原社员(股东)股金处置意见,即在清产核资、整体资产评估、净资产量化分配后对原社员(股东)股金进行处置。

3) 开展清产核资、摸清家底工作。对 234 家信用社开展全面的清产核资和资产评估审计工作。

4) 对原农信社老股金全部进行清退(涉及约 60 万个股)。

5) 募集上海农村商业银行发起人股金。

6) 将筹建上海农商银行申请材料递交银监会审批。同时银监会对组建的各项工作进行验收。重点是审核法律程序(筹建工作是否符合法律程序,有无逆程序操作),审核各项指标是否都已达到银监会改制要求、清产核资的真实性、净资产分配工作,确保组建程序依法合规,清产核资结果客观公正,净资产分配符合新老股东权益。

7) 银监会同意成立上海农村商业银行股份有限公司。

二、原农信社老股金清退及上海农商银行发起人股份募股情况

1. 原老股金清退。原农信社有234家法人,共有股东户数达60多万,按照转制要求,老农信股金要全部清退。由于年代久远,各信用社不断增资扩股,不同时期每家信用社入股金额均不同,小到一股几元的,大到一股上千元的,总户数庞大。面对人数众多的股东,时间跨度又长达50多年,情况复杂,且最后净资产量化后退股比例为1∶1。怎样做到既依法合规,又要让原社员满意,且在短时间内通知到所有股东?难度之大、任务之重,前所未有。当时筹备组制定了详细、周密的工作计划,市政府也大力支持,基层信用社员工、村镇干部、老股东们积极配合,大家齐心协力,最后总算顺利召开了各信用社社员大会,完成了对老股金退股工作。

2. 新发起人募集股份。向社会公告发起人股金募集。共募集30亿股金,其中法人股221户,持股22.467亿,占比74.88%,自然人股东持股7.53亿,占比25.11%,打包股通算为1户,持股294 306股,占比0.01%。记得当时募股只有短短1周时间,所有股东合计约2万户,募集股金30亿。我们制定了详细的入股方案,入股手续做到合法合规。短短1周时间,所有资料均审核无误后方可入股。且入股资金均是真金白银,入股资金每天均汇总账核实无误。

3. 开发股权管理系统,制作股权证。原农信社的股权管理均是手工帐。我们在筹备阶段即运用科技力量在几个月内开发了股权管理系统,归入业务操作系统中,实现了股东账户全流程管理。对股份数额、入股金额、每年股息红利、股份转让、冻结等内容在业务操作系统中均以体现。股权证的设计,考虑到当时综合前端系统的设置格式,为便于操作,以存单形式制作而成,从风险控制角度考虑,每一份

股权证上的公司章和法人章,均是人工一份份盖上去的,小心翼翼,无一差错,保质保量。

(陈玉兰,1967 年出生,2004 年入本系统)

初创时期的艰难与决心

裘文琦

    2006年春分,上海农商银行吹响了挥戈中心城区的号角。17位从其他商业银行奔赴而来的各领域人员开始了他们新的创业征程。经过总行上下的共同努力筹建,2006年8月25日,上海农商银行在中心城区开设第一家以探索新的经营管理模式为试点营业的综合性精品网点的计划如期完成——黄浦支行正式成立了!

    回首2006年那8个月的筹建工作及开业初期走过的路程,那是一段从零开始去拓荒、去摸索的经历,也是一段选择相信自己、踏踏实实向前走的心路历程。

    2006年4月初,我与刚来报到的几位筹建人员站在满是老鼠、白蚁的大厦大堂的一角,诧异地惘然自问,这里将是要筹建的一家精品网点吗？冷静过后，大家逐步投入了有条不紊的筹建准备工作中。从筹建黄浦支行的必要性、可行性，到黄浦支行业务发展规划和市中心城区经营模式的探索思考，到网点各类资源配置、布局，始终围绕着"以客户为中心"的服务原则，重点在产品服务、品牌服务等方面提出了较为新颖的方案。最终在总行多方协调和支持下，在三个月不到的时间里，我们这批来自各金融领域的从业人员，硬是把一个废弃多时、满目疮痍的大堂（广东路500号世界贸易大厦），设计和打造成了有着迎宾咨询区、现金服务区、客户接待区、贵宾服务区、员工学习休息区、书刊阅览角和艺术图片墙等，简洁、便捷、舒适、品质雅致的服务网点。当看到黄浦区日志8月25日页面里选入了"上海农商银行黄浦支行"开业的图片及《黄浦时报》登载的多幅新网点各个区域图片时，大伙儿欣慰地觉得艰难的第一步已经踏实地迈出了，选择相信自己，再踏实地向前走吧。

那年夏天，初来乍到的伙伴们边建设着新网点，边思虑着如何去寻找目标客户。大家每天回到在建设中的网点一角，集结在一起汇报时，聚焦的共同点是周边的里弄街道、企业、居民对上海农商银行知晓度不高，产品的竞争力和特色不足。全新的网点，全新的我们，首先怎样让人们知晓我行、了解我行呢？在集聚大家的多条想法和建议后，大家先后采取了上门拜访、主动敲门、设摊宣传，到弄堂楼宇分发宣传单和客户调查问卷，在15家居委举办业务推荐会，借用网络、博客宣传我行有关业务和服务内容，协同《黄浦时报》、有线台对新开业的网点进行宣传报道等措施。

那段时间，由于对环境和困难认识不足，大家也同时处在焦虑和压力中。对此，筹建班子给17位新同事分别写了一张张鼓励和出谋划策的卡片，并着手梳理总行现有业务的内容要点，把产品诉求点都一一列出来分发给他们，鼓励他们要找到自己最长的触角，利用自己所具有的与众不同的专业知识，增强与客户接触的底气和信心，力争开创一片新的天空。

面对支行新开业时严峻、艰难、不确定的发展形势，支行班子成员在围绕着"发展是首要任务"的经营目标的同时,建立了行长日志及各科室工作日志、优质客户登记推荐维护档案,制定了员工学习培训制度,建立了党员责任区和客户经理廉政制度,制定了支行经营管理综合考核办法,开展了员工合理化建议等活动,逐步整合了支行营销、服务、业务配合之间的操作流程,使之更好地为客户服务。

那年9月,我们又增添了几位新同事,22个人就是22股力量。同事们经常相互倾听,相互指点,相互帮助,终于每天回来时的笑容多了,谈成的项目也多了。国企集团公司、街道、上市公司等优质客户也一点一点走近了我们、走进了行里。开业后的几个月,我们不再是"一穷二白"了,我们先后与新世界集团有限公司、上海工商联、台资日月光集团、益民百货股份有限公司、黄浦区国有资产总公司、上海轻工机械有限公司、静安城建配套发展有限公司等40多家优质客户进行了有效合作。记得在我们支行开户的001号是一家知名的上市公司,他们财务总监当时对我说过这样一句话:"虽然我还是不太了解你们行,但我知道你们是一群很专业、很真诚的人。"

和谐合作,参与和奋斗,适应和吸收,自强和自励,是黄浦支行在创业初期全体员工工作态度的最佳写照。选择相信自己,并踏踏实实地向前走!感谢在黄浦支行创建过程中给予我帮助和支持的每一位领导和同事,感恩!

(裘文琦,1963年出生,2006年入本系统,2018年在总行工会退休)

忆澳新银行入股上海农商银行尽调现场

印琼华

一、初识"上农商"

2006年8月4日清晨,我第一次来到上海农商银行总行。当时是来到了延安中路的华敏翰尊国际大厦的一个会议室,里面坐满了人,有的在看资料,有的在互相询问,桌子上堆满了资料,一派"尽调"现场的情形。

当时,我在澳新银行工作,是澳新银行中国区的IT经理,而澳新银行正准备投资上海农商行,正在做投资前的尽职调查。与我同行的是两个澳洲同事,都叫克利斯,一个叫克利斯·摩尔(Chris Mole),是上农商这个投资项目的负责人,一个叫克利斯·卡库罗斯(Chris Kakouros),是澳新银行亚太区IT总经理。我们此行的任务是作为IT专家对上海农商银行做IT方面的评估。

我第一次负责这样的工作,心情兴奋而紧张。前一天晚上我上网查了上海农商行相关的资料,特别是科技部老总的背景信息,为第二天的会谈做准备。利用会议前的时间,我向两个克利斯汇报了我在网上查到的科技部老总的资料,说他两次被《计算机世界》评为中国"TOP 50 CIO",卡库罗斯露出非常吃惊的表情,说"那太好了,我们 IT 之间会有很多话题的"。然后,卡库罗斯展开一张 A4 纸,上面罗列了他今天会谈中想了解的内容,并逐一和我讲述了一下。

不一会儿,一个穿白衬衫的工作人员过来通知我们,会议马上开始了。我们来到会议室,一个身材魁梧的男子迎面过来和我们一一握手,他是农商行的科技部老总。我们快速进入今天的主题,主谈人是卡库罗斯,我是翻译。简短的自我介绍之后,我们按照设定的问题逐一了解上海农商银行的 IT 基础建设、软件开发、系统运维、业务连续性等内容,老总非常专业地给我们做了回答(见图1)。访谈大概持续了2个多小时,会谈中大家交谈甚欢,两个克利斯对上海农商银行的 IT 建设也非常认可。因老总马上要回科技部开会,我们还有些问题来不及问,老总就提出,让我们和他一起去科技部,路上可以继续聊,顺便还可以参观一下他们的新机房。两个克利斯一听这个建议,马上同意一同前往。

图 1　上海农商银行 IT 老总与澳新银行 IT 专家合影

二、插曲——书记还是司机

大家走到电梯间,一起等电梯的还有一个中等个头、年纪稍大、穿西装打领带的男子。老总用上海话和他打了个招呼,然后用上海话和我说:"阁位是阿拉额李秀仑书记。"(注:上海话说"书记"与"司机"的读音完全相同)因为等会就要坐农商行的车去科技部,我下意识地认为这个就是送我们去的司机,然后转身用英语向两个克利斯介绍了一下李司机等会送我们去科技部。两个克利斯也礼貌地和李书记打了招呼。进电梯后,李秀仑书记开始用英语和我们打招呼聊天,两位克利斯非常惊讶,也用英语附和着,我也打趣地和两个克利斯说农商行的司机英文也那么好,真是厉害啊!电梯到了2楼,李书记出了电梯,我心里奇怪:不是说开车陪我们去科技部,怎么现在就走了?电梯到了大堂,老总说车就在外面等着,我就上前询问:"刚才那个司机怎么走了?"老总说:"司机在车上等我们,刚才那位是我们董事长。"我顿时就呆住了,问:"老总,你刚才说是司机,怎么变董事长了?"老总听了我的话后马上恍然大悟说:"哦,我们这里都是称呼书记,因为他是我们的党委书记。"这下我搞清楚了,转身向两位克利斯解释了一下刚才的那个误会。摩尔一脸遗憾地说,知道他是董事长的话,我应该和他握个手拍张照的,之前我们在入股天津农商行的时候一直没有机会和他们董事长见面。我抱歉地向他们解释了为什么会搞错,两个克利斯笑着说,"中国话实在是太复杂了"。

PS:后来知道沪语服务是上农商服务的一大特色。作为扎根在上海本地的银行,上农商一直坚持着服务好上海老百姓的理念,让我们的客户来银行得到全方面贴心服务,962999的客服热线就有沪语服务的选项。

三、北蔡——信息科技部

上了车,汽车一路往东,开了将近1个小时,来到了北蔡科技部,一个独立的小院,有几栋3层楼高的房子。门口有个门卫间,下车后,老总说:"进入科技部都需要进行登记,外来人员需要将证件压在门卫处,走的时候再取。"我们3人按照要求做了进出登记,并将证件交给了门卫。

随后老总说,中午请大家去食堂用个便餐。我们跟随老总来到食堂,看到员工们排着队,穿着厨师衣服的人根据每个人的要求往盘子里放菜。作为外资银行的员工,我从来没有享受过员工食堂的待遇,听到性价比这么高的食堂,心中暗暗赞叹,中资银行的待遇真好,外资银行除了高工资,其他福利和中资银行相比差很多,而且中资银行的员工在银行里工作有主人翁的感觉。而外资银行的员工,只觉得这是一份工作,缺少归属感。

下午,老总带我们参观了机房和监控室(见图2)。监控室里有一台显示器在不停地滚动数据,老总向我们介绍说:"这是ATM交易监控平台,它显示的是我们全市布放的ATM交易情况,如果是他行卡进行的交易,每笔交易可以收取相应的手续费。"听到这里,摩尔的眼睛亮了,他问了他行卡每日平均交易量,赞叹道"这笔收入很可观啊"。老总说:"是的,上海一些大的国有银行都在市区内安放ATM机,而我们行主要是发展郊县业务,在南汇、宝山、奉贤、金山等郊县地区我们布放了很多ATM机,在郊县地区我们是很占优势的。"两个克利斯非常满意地笑了笑。参观完毕,老总带我们来到3楼他的办公室,给大家泡了茶,卡库罗斯继续问早上没有问完的问题。访谈结束后,双方都非常满意,临走时卡库罗斯对老总说,上海农商银行的科技管理很好,对科技投入也很大,回去会尽快写评估报告给到总部。

图 2　上海农商银行计算机网络中心

四、加入上海农商银行

2014 年,我离开外资银行,进入交通银行总行信用卡部工作,负责信息科技安全管理工作。2016 年秋天,我接到上海农商银行人事部门的电话,说上海农商银行审计部需要一个懂 IT 的审计人员,主要负责信息科技审计工作,问我有没有兴趣,我当场表示,愿意尝试这个机会。经过审计部老总、人力资源部老总和副总、信息科技部老总、行长的 4 轮面试,我在 2016 年 11 月 23 日接到了人力资源部的正式录用通知书。至此,在初识 10 年之后,我正式加入了上海农商银行。

五、结束语

澳新银行 2006 年入股上海农商银行,2017 年将所持有的上海农商银行所有股票转让,获得了丰厚的投资收益。而我,借由澳新入股"上农商"项目,得以结识上海农商银行,并最终入职上海农商银行,开启了自己一段新的职业生涯。

回头想想,很多事情都是命运安排好的,当年似乎偶然的相识,却奠定了相知相守的基础,当年是交易对手的惺惺相惜,最后却是对上海农商行真诚(S)、可靠(R)、便利(C)、共赢(B)的企业文化的认可,使我加入了"上农商"的大家庭。我想,这也是最终与上海农商银行结缘的深层原因吧。祝上海农商银行越来越好!

(印琼华,1973 年出生,2016 年入本系统)

难忘的职工专场音乐会

曹 澜

2009年10月17日,上海音乐厅外墙上高挂的"上海农商银行职工专场音乐会"的大幅海报成为延安路高架旁的一道靓丽风景。当天下午,上海农商银行职工专场音乐会在上海音乐厅成功举办。

210名行内员工,表演了11个节目,近1 000名员工观看了演出。

我有幸参与了这场音乐会的策划、排练直至演出的全过程。时至今日,我在总行工会工作十多年,组织过近百场活动,但唯有这一次的经历让我记忆犹新,因为这完全是一次从无到有的全新尝试。

举办职工专场音乐会的初步设想是时任宣传群工部部长顾煜硕的建议。经党委会同意后,顾部长、当时的工会工作科科长黄松涛和我,我们仨组成了三人核心工作小组,负责整个活动的策划、排练和演出的全过程。有着丰富舞台演出策划经验的谢烈荣导演,是我们活动的总顾问。在谢导的指导下,在全行乐器人才摸底调查的基础上,通过初选,反复斟酌,最后以最优化的组合,确定了11个表演节目:二胡独奏、钢琴独奏、扬琴独奏、古筝独奏、民乐小合奏、中提琴与钢琴合奏、钢琴与电声小合奏、管乐小合奏、女声小合唱、革命歌曲联唱、大合唱。

时间还剩不到3个月，要把一群表演水平参差不齐的非专业人员聚集在一起，打造出一台有民乐、管乐、弦乐、声乐，有独奏、合奏、合唱等丰富表演形式的音乐会，且演出地点是在当时上海最专业的舞台——上海音乐厅，难度超预期，但是既然决定要做，我们创作团队的所有人就只有一个信念：一定要确保演出成功。

去上海音乐厅租借场地，去琴行买钢琴，安排排练的场地，落实节目指导老师，协调排练时间等准备工作，我们工作人员抓紧时间一一落实，全行上下，都给予了我们最大的帮助和支持。

每一位参演人员都觉得能在上海音乐厅的舞台上演出是非常荣幸的，所以都异常珍惜这来之不易的演出机会，从7月到10月，每个双休日，参演员工都排除万难参加排练。每天晚上，每位参演员工都利用休息时间自行在家练习。专业指导老师异常严格，经常有员工因为达不到老师要求而被批评得哭鼻子。但是没有人气馁退缩，每一次失败都化作更大的勇气和决心，大家都更用心地参加排练，大家都有一个信念，就是要尽自己最大能力，在舞台上呈现最佳状态。随着演出时间的临近，每位参演者的水平比起一开始都有了极大的提升，每个节目的品质都越来越精湛。

2009年10月17日演出当天，由210名员工参演的11个节目在上海音乐厅的舞台上完美呈现，当最后全场高唱《歌唱祖国》的歌声在上海音乐厅回响的那一刻，我热泪盈眶。演出取得了预期的效果，而这凝聚了所有演职人员的共同努力，我为自己是其中的一员而备感骄傲。

十多年过去了，这一场职工专场音乐会的全过程始终在我心里，历久弥新。我相信，参与其中的每一位一定会记得2009年的那个夏天，那些曾经挥洒过的汗水和泪水以及收获的感动。

（曹澜，1976年出生，1994年入本系统）

第七部分

2010—2019 年

"SRCB"的含义

左润民

2015年的一天,我正式奔赴上海农商银行的一家营业网点,挥别多年的校园生活,满怀期待地开启我的职场生涯。当我到达营业网点的时候,正值发放养老金的日子,只见大厅里黑压压的一片。领导帮我办好报到手续后告知了我网点的概况,并给我指定了一个带教师傅,让我从大堂做起。自此,我正式走上了网点大堂工作之旅。

一开始,我对这里的工作还充满了新鲜劲。帮客户取号,教客户填转账单,引导客户有序排队,协助老年客户等,我都满怀热情帮客户一一办好。可是时间一长,就有点厌倦了。虽然每天依然面带微笑,努力去做好大堂服务工作,但我内心充满了困惑。望着大堂里"SRCB"的标识,四个单词浮现在我心间:"Simple"(简单)、"Redundant"(重复)、"Conservative"(保守)、"Busy"(忙碌)。有一天发生了一件事,让我彻底转变了想法。

那天下着瓢泼大雨,早上刚一开门,一对中年夫妇急匆匆地走了进来。只见这对中年夫妇皮肤黝黑,脸上汗水、雨水混在一起,衣服上还溅有一些污泥。

面对这对夫妇,我习惯性地问道:"您好,请问办理什么业务?"

男方急忙说:"取钱。"

"卡带了吗?"我问道。

"带了带了。"女方急切地说道。

"好的,我帮您取个号。请到那边的3号柜台办理吧。"我说道。

"好嘞,谢谢、谢谢了!"夫妇二人连说了两声。

过了不久,我就听到3号柜台那边有些声音,于是我赶紧奔向3号柜台,那天正好是我师傅当班。

"我们家老爷子忽然在家里昏迷了,送到医院后,医院要求交几万块押金,后续治疗还需要一大笔钱。我们一下子凑不出这么多钱。我们家老爷子一直是你们的客户,每次都来你们这儿领取养老金的。这是他的卡,麻烦帮我们取下救命钱吧。"丈夫说道。

"您的心情,我们理解。不过银行也有自己的规定,如果您不知道这张卡的密码,抱歉,我不能帮您取钱。"我师傅说道。

"我们真的不知道密码。刚刚我们已经试了几次了,再试错了就要锁卡了。还有其他法子吗?"妻子问道。

"我家老爷子现在昏迷在医院,这怎么搞啊?急死人了!"丈夫握拳捶胸,急切地说道。

"是啊,你们银行要帮个忙啊,不能见死不救啊!"妻子说道。

"根据规定,你们需要提供有效的授权书或者法律文书,我们才能帮你取钱。建议你们去法院或者去公证处咨询下相关的流程。"我师傅说道。

"好的。"夫妇两人最终还是失望地走了。

中年夫妇走后,我师傅带着我将相关情况向领导进行了汇报。领导听完汇报后,扶了扶眼镜,语重心长地说道:"你们对这件事的处理方式从业务操作的角度来说是没有问题的,但是你们有没有想过,我们是服务行业,应该始终为客户着想,急客户之所急。我估计,客户可能还会再来。我马上打电话给合规部,咨询下这个事,看看有没有更好的解决办法。"领导话音刚落,就立刻打电话去了。

过了一会儿,领导面带笑容地出来了,对我师傅说:"商量出办法了。医院方面我们也核实过了,确实有这个情况。现在快查下那个客户的账户余额有多少。"

"二万五千多。"我师傅说道。

"赶紧去和客户联系,要求客户带上病历本、老人和代理人的身份证、老人所在地居委会出具的证明以及户口本等证明直系亲属关系的材料来取钱。"领导说道。

师傅立刻去联系客户了,同时领导转头向我交代:"一会儿客户来了,相关材料核验后,你让客户写一份承诺书,承诺取出的款项仅限用于他父亲的救治,否则产生的后果由他们自行承担。等钱取出来后,你陪他们去趟医院,看他们把钱交到医院,到时记得拍个照,用微信发给我。"

下午,雨还在下,远远地,我就看见了一对熟悉的身影向网点走来。我急忙走到门口,迎过去,正是那对夫妇。我马上引领他们到柜台并办理了相关手续,很快钱就取出来了。取好后,我立刻和他们一起把钱交到了医院。当钱交到医院的那一刻,他们夫妇俩非常激动,眼里噙满泪水,一个劲儿地向我们银行表示感谢,他们表示之前也咨询过公证处那边,流程非常麻烦,全弄好估计要耽搁不少时间,还是身边的银行最靠谱。

最后经过各方的共同努力,老人得救了。老人出院后,他们全家来到网点,向我们赠送了一面锦旗,向我们银行表示感谢。我们看到老人恢复得很好,感到由衷的开心。此后,他们全家及亲朋好友都成了我们银行忠实的客户。

后续,在一次周会中,领导特意提了这件事,并总结道:"我们网点作为服务基层的触角,要始终以客户为先,扎根社区,服务客户。要知道合规并不是墨守成规,碰到问题要多思考,要在风险可控的情况下,积极寻找可行的办法,为客户解决问题。"听到领导的话后,我陷入了深思,并逐渐开始学会从服务客户的角度去思考问题。

岁月如梭,转眼五年多过去了。现在,当我看到我行核心价值观"SRCB"——"Sincerity"(诚信)、"Responsibility"(责任)、"Creation"(创新)、"Benefit"(共赢)时,总会想起 2015 年的那一幕。正是所有农商人兢兢业业,不忘初心,才使得我行成为一家有温度的银行、客户信赖的银行。我为能够成为上海农商银行的一员,感到骄傲和自豪。未来,我将继续牢记我行核心价值观,用心服务,努力成长。

(左润民,1991年出生,2015年入本系统)

新一代核心系统项目回忆录

杨晓莉

记忆回到了 2010 年,记得接到通知的那一天,正好有会计主管团队的例行检查。

会计主管老师正在检查我的开销户工作,突然对我说,"你要借调去做项目了,会很辛苦,我也做过项目。""什么是项目?"我懵懵的,还不知道发生了什么事情。快下班的时候我接到了借调通知,原来是参加我行新一代核心系统项目,借调期为 2 年。

报到那天,在与共事的老师和小伙伴告别后,我怀着对未知前景的忐忑,启程去"传说"中的项目组。依稀记得,出发那天天气很晴朗,我们驰骋在新开通的中环高架路,来往的车辆稀少,路程十分顺畅。

到了项目组后,我了解到,新一代核心系统项目是一个举全行之力、集结全行精英共同组建的超大系统建设项目,自己能够有幸参与其中，这将是一段珍贵的人生经历。不久，项目组成员陆续到岗，包括科技人员，开发公司、咨询公司的工作人员，总行各部室以及分支行借调的人员。

初入新的环境，我还是有些怯场，过去一年半积攒的工作小窍门和人际关系，在这次项目建设中都派不上作用，一切归零。"既来之，则安之"，我暗暗给自己加油打气。

作为分支行借调人员，由于不熟悉各类业务规则，我需要从制度学习开始。从前我是一个执行者，被动按照既定流程执行各类操作，现如今我将成为一个制定者，设计新系统的规则和流程，工作性质转变相当大。好在总行老师经验丰富，在各位前辈的指导和帮助下，我们一起经历了一段起早摸黑的时光，我也慢慢适应了这样的项目工作，编写需求、讨论功能、设计方案、执行测试，项目各环节工作开展得有条不紊。

参与过项目的人都知道，系统建设工作是枯燥的，反复执行案例，需求不断修正，很多工作不免会经常被推倒重来。记得曾经有一段时间，经过一天测试工作，每每晚上再看工作资料的时候都会有种"看吐"了的感觉，切身体会到了身心俱疲。现在想来，好在那时自己年轻，收工后调整状态回宿舍睡一觉，醒来又是元气满满的一天，那样的日子就这样慢慢也熬过来了。

虽然项目工作是枯燥的，但项目生活是充满青春活力的。其间为了增强团队凝聚力，项目组组织了世博会游览、崇明之行（"测试方案集中编写"）、嘉善之行（"功能规格评审"）。项目工作张弛有度，组织生活有趣温馨，团队就像一个大家庭，其乐融融。

春华秋实，随着时间的推移，项目办公场所从北蔡老科技部搬到新建的伟龙小楼，我已褪去了初入行时的青涩，每天都是周而复始的测试工作，办公室内天天都上演着业务和技术间你来我往的"斗智斗勇"，"这里怎么算的？""系统怎么控的？""报错的信息有歧义。"一言不合就"头脑风暴"。与此同时，一批又一批的新进员工被输送过来，包括很多还未毕业的大学生，他们带着满身正能量加入我们的队伍当中。"究竟系统能不能正常运行?""操作是不是便捷?""这样设计是否合理?"当我们习惯于自己设计的系统或者流程后,我们就很难再有所突破,就好比我们已经被规则束缚了或者说被"洗脑"了,但是这些涉世未深的新员工,相对于我们就是没有雕琢过的原石,他们带来了新鲜血液,也带来了奇思妙想,碰撞出的思维火花是新核心项目最灿烂的烟火。

　　整个项目建设过程中,我接触到了各种不同身份的人,有专家,有开发人员,有业务人员,有外包人员;听到了各种不同的声音,有赞成,有反对,有质疑,有鼓励;从初入项目组时的一个人到现在一群人,身边多了很多伙伴,有前辈,有同辈,有后辈,我们虽时常有争执,但心想在一处,都是为了系统建设,为了保障系统顺利上线。历时3年多,新一代核心系统以及配套的外围系统终于在2013年的端午节顺利切换上线,系统上线后运行稳定。那一刻,我们成功了,过往那一起奋斗的日日夜夜换来了今日能功成身退的骄傲。现在想来经历了项目的锤炼,我能从一个初入社会的"小萌新"成长为经验丰富且能独当一面的"老司机",也不枉来项目组走一遭。

(杨晓莉,1986年出生,2008年入本系统)

十年磨一剑,我与代理库共成长

杨金荣

时光匆匆,一晃已到 2020 年(本文写于 2020 年),我行代理库已成立 10 周年,也是我在代理库工作的第十个年头。一路走来,农商行代理库从无到有,从稚嫩到成熟,从"跟学""跟做"到从容合规,代理库陪伴我一起历练、一起进步,我与代理库共成长。

我行始终立足服务"三农",在促进农业增长、发展农村经济、增加农民收入等方面作出了重要贡献。我行网点主要分布在郊区城镇,服务对象大多为郊区群众、乡镇企业、个体工商户以及外来务工人员,因此,现金投放量较大且季节性强。回想 10 年前,由于没有建立代理库,全行网点及业务金库均挂靠同业他行,在现金领解流通环节受到较大的制约,现金的运营效率较低,处理能力较为薄弱。

2010年8月30日,经过不懈努力,我行正式开启中国人民银行发行基金代理库业务,从而全面打破我行现金业务发展的局限和制约,打通了现金源头,建立了全行现金流通渠道,全面提升我行现金业务处理能力,有效降低全行现金库存。同时,也填补了中国人民银行在上海西北角无代理库的空白,并在该地区形成一个现金供应的辐射中心,对上海西北地区经济发展也会带来一定的促进作用。

开库之初,在人行的安排下,我们去了浦发、工行、建行等代理库,学习业务流程和现场操作。通过学习,我深刻地体会到:如果要平稳运营好上海农商行的代理库,就必须要有一套适合本行的操作流程、运行模式,这套模式和流程不但要和人行的规章制度完美贴合,及时有效完成人行下达的各项任务,而且要有利于本行现金业务的开展,有利于我行库存现金的压降,为全行降本增效作出贡献。还记得,刚开始我们连正确的装袋方法都未能掌握,如何才能高效、快速、安全、合规装袋,着实让我们大伤脑筋。勤能补拙、巧能生精,在人行、他行代理库的热心指导下,在代理库每个成员的刻苦努力下,我们练出了完美的装袋动作,制定了合规、高效的钞券入库操作流程,为圆满完成每年旺季现金投放和回笼任务夯实了基础,确保全行现金业务平稳运行,有效压降了现金库存。

时代在发展,代理库业务也在不断发展变化。这10年来,在科技进步和物联网的发展浪潮下,发行基金业务也更新迭代,如"袋改箱"的转变、RFID芯片控制技术在库物管理上的运用、人脸识别开启以及远程守库等,通过智能技术手段不断提升库房业务的安全性、便捷性和高效性。在实际的日常操作中,想要入库和出库更加高速便捷,主要在于运用机械化工具。我们不断努力实践,通过以老带新和竞赛考核,代理库整体铲车操作均已达到优秀水平,10年安全生产无事故。

有言道:"企业员工结构的不断优化,企业员工个人素质的不断提高,才是企业不断向前发展的基本保障。"代理库曾经是三名管库员当班,几年下来,出于人力资源优化的要求,管库员小组由三人改二人,在流程规范上、制度合规上,甚至劳动强度上对管库员又是一种新考验。由于人员结构和制度要求变化,代理库管库员也需要不断更新换代,作为一名代理库老员工,我总是认真地把代理库的点滴细节都悉数教授给新人们,将代理库工作的认真和严谨态度代代相传。

10年时间匆匆而过,酸甜苦辣都已品尝。10年中的每个工作日,我始终牢记着开库时董事长说过的一句话:"农商行的钥匙就掌握在你们的手里,责任大于一切!"平稳运行10年间,我们共向全行组织投放、回笼现金5 500亿元,每年发行基金调拨计划测算准确率均达到90%以上,我行代理库连续多年被人行评为上海市A级代理库。随着案防合规要求不断提高,代理库工作日趋精益求精,如何做到每笔操作都更合规高效呢?压力加码,管库员更需勇担重任,不断进取,主动配合监管新要求。我相信,我们代理库能走好过去10年艰辛路,也必定有能力和勇气与时俱进,共创新的未来!

(杨金荣,1980年出生,2003年入本系统)

行者无疆
——我行首张高端信用卡世界白金鑫卡发卡纪实

李 静

2011年,作为应届毕业生进入上海农商银行的第二年,我有幸作为亲历者见证了我行首张高端信用卡世界白金鑫卡的诞生。

2011年之前,我行在大众类信用卡产品层面蓄势发力,2008年9月发行首张信用卡之后,又发行了青联鑫卡、鑫风卡、商务卡、上海旅游卡等卡种,但此类卡种大多是金卡、普卡级别,高端信用卡层面仍有空间。世界白金鑫卡正是在这个大背景下应运而生。卡片筹备时间超过3个月,先后经过了信用卡部、参股银行澳新银行的多轮磋商和产品权益雕琢,直至2011年11月产品已初具雏形,上市发布仪式也在紧张的筹备之中。

为了保障上市发布仪式的顺利进行,信用卡部成立了由20人组成的内部筹备工作小组,信用卡部总经理室、市场科全体成员参加,其他科室鼎力支持;办公室、总务部也组织了联系人参与筹备。筹备组制定了周密的工作分工,有负责媒体签到、贵宾接待的,有负责司仪及舞美场地安排的,有负责文档及材料保管的,小到嘉宾的停车证、席卡、口袋包装等,都有专门的工作人员来准备。

11月16日下午,深秋的天空风清气爽,在陆家嘴新天哈瓦那酒店,世界白金鑫卡上市仪式即将开启。作为一个当时入职才一年多的"小萌新",我的内心充满了忐忑和紧张,没有经历过这么大的仪式,但一定要做好自己的分内工作。我一边听从领导的调度安排,一边熟记场地内贵宾的位置分布,根据名单引导嘉宾入场。仪式邀请了行内外领导、分支行客户代表、媒体代表参加,从下午3点开始,嘉宾们已陆续入场。当我在引导嘉宾入场进入座位时,眼里看到的是同事们忙碌的身影——澳新银行驻我行顾问在舞台上与广告公司负责人沟通舞美安排,办公室同事在与媒体代表交谈,信用卡部同事在与仪式主持人交流主持串词等,每个人都在认真准备,我的内心慢慢安定下来,精神抖擞地主动询问出现在大厅的来宾们:"您好!请问您来自哪个单位?我是上海农商银行工作人员,负责引导您入场。"

接近下午4点,我行、澳新银行、中国银联及万事达卡组织等代表在会晤后缓步进入会场,现场音乐声响起,世界白金鑫卡上市仪式正式开启,"行无疆,心无限"——世界白金鑫卡宣传词这六个水墨大字在屏幕上随着舞台上传统舞者手中的画笔喷涌而出,一幅写意而又现代的世界白金鑫卡画面呈现在来宾面前。

我行领导在致辞中指出,世界白金鑫卡的推出填补了上海农商银行外币卡和白金卡的空缺,为追求高品质生活的持卡人提供贴心、便捷的金融服务;世界白金鑫卡是全国农商银行系统第一张白金级信用卡。其他与会领导也登台致辞,充分肯定了我行发行白金级信用卡的重要性和前瞻性。

而后,多方代表共同"推杆",在现场五彩绚烂的灯光映照下,宣布世界白金鑫卡正式发卡,并由组织方播放卡片宣传片。10家分支行客户代表受邀上台获发世界白金鑫卡。

坐在台下,我的内心充满激动,因为此时正经历着自己"从未经历",也许未来还要经历更多的"经历"。此时此刻是世界白金鑫卡的上市,未来还会目睹更多新信用卡产品的诞生。面对未来,我们的银行,我们的信用卡,包括为世界白金鑫卡上市而忙碌的我们自己,都有无限可能。

夜幕降临,华灯初上,结束了一天工作的我们在会后合影(见图

图 1　世界白金鑫卡上市仪式信用卡部筹备组合影

1)，徜徉在陆家嘴的街边,呼吸着上海的味道。人生,就是在不断见证历史;历史,也在见证自我成长与发展。一张小小的卡片,为上海农商银行信用卡插上了新的翅膀。对于信用卡事业,我们一直在路上,未来上海农商银行的诸位同仁仍在奋斗,我心无限,行者无疆。

(李静,1984 年出生,2010 年入本系统)

2011 年年终决算日

凤卫平

天刚蒙蒙亮,闹钟的铃声就将我从梦中惊醒。揉了揉眼睛,想起今天又是一年一度的年终决算日,赶紧从床上爬起,在开车上班的途中,脑中又回想上一年(2010 年 12 月 31 日)的年终决算,想到由于集中提回业务上线第一年,同城票交业务的各项工作准备得不够充分,导致没能按时在中国人民银行规定的 22 点前完成退票工作。为此,前几天部门专门开会梳理年终决算日同城票交提回业务,并讨论决定了优化方案。想到这,作为同城票交提回业务系统开发的项目负责人,我内心既担心又期待。

8 点 05 分走进办公室,就看到王大凤老师正在跟吴斌卿确认昨天同城票交登记簿中信息与网点托收票据账户余额、同城票交待转户账户余额的核对结果。看到我走进办公室,马上就开始跟我确认其他各行与我行核对退票信息集中报送的邮件收发测试结果,并打电话了解业务处理中心集中处理科、科技部生成退票清单等准备情况。看到所有工作都已经有条不紊地准备就绪,我们增添了一丝信心。根据方案安排,下午 4 点由王大凤和我到成山路协助集中处理科的同城票交提回工作。当我们处理完白天的日常工作,下午 4 点赶到成山路时,就看到处理中心集中处理科已经把各项工作安排得井井有条:所有接听、拨打退票电话的登记表,话术话语培训,锁定收妥入账的操作授权人员安排,退票邮件接收及发送等。员工的脸上都展现出一股满怀期待、自信满满的神情。同时在提回业务信息发送到我行之前,已经安排员工提前就餐。看到这些又为我们增添了一丝信心。

16点46分,中心就接收到了人行发送过来的提回信息,随着开始处理业务的一声令下,16点55分开始,整个房间里都是急促的键盘输入声。我心中默念:希望今天的业务能够顺利,系统能够稳定给力,希望不要有太多的特殊业务,希望退票业务能少一点,希望科技部到时能快一点生成退票清单。

18点50分,提回业务的录入、审核、验印、记账等业务基本完成了。后面的锁定入账、电话接听退票信息等都非常正常,至19点25分我们就完成了所有提回业务处理。看到大家都顺利完成业务处理,我的担心逐渐减少,随着科技部在19点56分顺利完成退票清单,我的担心更少了。退票信息通过邮件发送或电话通知完成后,看到其他银行都还没有完成,而我们行部分员工都已经可以安心回家了,员工脸上露出的喜悦表情也感染了我,让我非常开心。至22点30分,中心除了等待网点签退并核对相关账户余额的少数员工,绝大部分员工都回家了。至此,我深深舒了一口气,相比2010年我行迟迟无法完成退票信息的糟糕表现,今年我们行成为第一家完成退票及同城票交提回业务的银行,我的心里有点美滋滋的。听到一家家分支行营业结束签退的信息,我不禁在思考,通过影像信息及业务数据,可以最快速地处理完成同城票交提回业务,从而也加速了行里年终决算工作的进程。那么长期以来,一直靠人工统计、报告、手工记账等传统方式处理的其他业务呢,是否也可以通过流程梳理、系统自动化处理加快进程?到那时,银行员工在年终决算日也可以正常下班回家了。

后来行内业务的发展也确如我们当时的愿望,经过多年的系统优化、账务核对等流程优化,从2016年开始,我们网点的员工都可以在年终决算日正常下班。

(凤卫平,1970年出生,1989年入本系统)

冰与火之歌
——人民币资金管理系统迁移记

李翀伟

2011年,配套我行新一代核心项目的建设,金融市场部(当时为资金营运部)同期启动了人民币资金管理系统的新建工作。

基于新核心系统"瘦核心,大外围"的架构,外围系统可以自建核算体系,最终以核算科目完成核心记账。我行第一代资金管理系统建于2006年,在实际运行中影响业务效率的最大制约是债券数据、估值数据需手工维护和手工导入,账务处理需手工编制。因此在产品选型的时候,我们特别关注系统原型数据接口的可用性及拓展性、账务处理的自动化程度。在比较诸多产品后,我们选择了中汇亿达的Comstar系统,其优势在于共享本币交易中心的债券数据源、市场数据源、估值数据源。同时,我们也发现了该系统缺少符合银行需求的审批流程配置功能。

为缓解新核心系统上线时外围配套的压力,不少业务系统选择了提前完成迭代,人民币资金管理系统选择提前一年上线。基于系统架构特点,投产上线经历前台交易数据迁移和后台账务数据迁移。一次定在元旦,一次定在半年末,刚好一次在冬天,一次在夏天。

冰冷的冬天,冰冷的数据

2012年元旦,经历了年终结算的同事,在休整了半日后又投入数据迁移工作中来。午后的陆家嘴并不寒冷,为了满足内审、外审、监管的数据要求及后续业务同比分析的需要,在软件服务商的配合下,交易室开展了历史数据的核对工作。

原资金营运系统(供应商为速达克,下文将原资金营运系统简称"速达克")中资金业务相关的业务品种主要包括现券买卖、同业拆借、回购。针对2006—2012年的历史数据,前期已完成了数据梳理工作,并按业务品种和季度组配了192个历史数据文件。数据核对工作一直持续到晚上8点多。上海的冬天是湿冷的。中央空调是由物业统筹的,完成年终结算后空调就暂停了。入夜后刺骨的凉意,夹杂着前一日的劳累,还是让人头脑发涨。为了保障第二日交易正常开展,同时考虑到系统在晚上8点半需执行日切,项目组让交易室同事完成数据核对后先行回家休息,数据导入的流程由项目组和软件商完成。

按批次完成数据导入时已是凌晨3点,已经记不清哪几个同事一起加班,只记得大家的脸色和陆家嘴的晨光一样期待着舒展。一直到1月2日通过直联接口完成数据增量录入并与"速达克"完成比对核实后,前台交易数据迁移才宣告成功。

炎热的夏天,幸福的笑脸

第二次迁移是账务数据的迁移。这部分迁移工作开展前需要完成两个维度的数据核对:一是资产明细,该部分数据来源为人民币资金管理系统前中台,并使用"速达克"系统数据进行核对;二是核心科目账户余额,该部分数据来源主要为综合业务系统。在迁移前需要进行综合业务系统、前中台、手工台账、"速达克"四方数据核对。在上述核对一致的前提下方能开展验证。

  2012年6月30日,高温达到了35度,承担这一次工作重头戏的业务处理中心出现了戏剧性的一幕——楼西首的落地玻璃生生晒爆裂了。鉴于元旦那次加班的经验,项目组提前申请了周末开启空调,但物业却因为没有及时收到相应手续而不愿意开机。临时开启的话则需要我们行承担全楼整天的费用,而且需要领导签字。看到兄弟部门"灼热"的办公环境,资金部总经理抢过电话和物业说,"没问题,你们的总控在哪里?我来签字"。到如今我还能记起王总一头扎进地下二楼空调机组间的样子,在炎热的空气中有种独特的"侠气"。

  来之不易的权益带来的幸福感特别强烈,这一次迁移特别顺利,16点左右就完成了相应的工作。

  系统建设一直是项耗时的工作,需求分析、立项、开发、测试、上线等一系列的工作开展下来不是经历夏天到冬天就是冬天到夏天,大型系统的改造、筹建更是经历几个寒暑。一个个系统的成功上线都是一首首美妙的冰与火之歌。

(李翀伟,1983年出生,2006年入本系统)

新系统上线日常
——记2013年6月新一代核心系统上线

王奕栋

随着"轰隆""轰隆"的卷帘门声以及"嘀""嘀""嘀"的设防报警声,这一天的加班又结束了,回头看看防盗窗外,天微微亮了,已经是早上4:00,这是这个月来第四次通宵加班了。2013年5月至6月我行新核心系统经过多年的开发测试,进入到了最后的冲刺阶段。为了保障日常业务运营的安全、可靠,各个系统分为多批次上线,时间安排在每周五的晚上,一周接着一周,通宵达旦,全行科技上线人员及业务测试人员全力以赴,力保新系统顺利上线。作为分支行一线的科技人员,我每次都是最后一个走,站好每一班岗。

下午5点,"喂,是肯德基吗?来20份优惠券套餐,最便宜的,送到对面农商行"。结束了一天日常工作的我,拿起桌上的肯德基优惠券,撕下20份套餐的量,伴随着"又吃肯德基,能不能换别的"的抱怨声,给今天加班的同事们点上晚饭。17点30分,套餐准时到达,大家一边分着汉堡和可乐,一边打开RTX群(腾讯通)开始签到,随着一行行"某某支行签到"的对话出现,群里渐渐热闹了起来,相熟的科技人员拉起了小群互相讨论,"今天上三个系统估计要3点结束吧?""4点估计都困难!""兄弟们加油,早点回家!"

下午6点,RTX群集结完毕,科技部上线负责人开始进行指令发布:"现在开始某某系统的上线操作,请各位等待,预计时间1个小时。"指令发布后,我打开支行的测试上线群,通知各网点测试人员进行等候,随着一声声"收到",群里面又冷清了下来。这时,楼下门铃响了,总行科技部的老师来技术支援了。为保证后续测试顺利,我随即翻出测试案例,与科技部老师一起对第一批上线需要测试的案例进行研究、排序、准备。

晚上8点,第一个系统上线成功,我在支行测试群中发布"开始测试"并下发测试案例,各网点开始按照顺序执行测试案例,仅仅过了5分钟,一条条测试碰到的问题开始刷屏,"看来经过前几轮的测试,今天的问题也开始少了起来",我一边想一边开始马不停蹄地分析、解决和上报问题,做好科技部与网点间的"桥梁"工作,短短20分钟就处理了十多个问题。另一方面,支行财会部的案例则需我亲自来执行,由于生产环境和办公环境安装在不同的设备上,我只能不停地在生产机间和办公机间来回奔波,衣服都已经湿透。

晚上10点,RTX测试群中不停有"××支行测试完毕"的信息发出,而我们支行的测试还没结束,网点的交易怎么也做不过去,不停地报错,我和科技部的老师直奔网点,亲自上手开始做案例,但经过多次尝试仍然测试不成功。RTX群里已经开始点名我们支行,支行领导也过来了解情况,这时我已经满头大汗,心里想着"绝不能拖上线的后腿",一遍又一遍地尝试案例。突然,我想到换一台设备能不能解决这问题,于是搬出仓库里面的备机尝试了一下,果然测试一下子通过了,我擦了把头上的汗,如释重负,赶紧把备机换上,并在RTX群中进行汇报。接着,我跟科技部老师花了半个小时排查原因,才发现是网卡的问题,造成传输速度过慢,交易超时。这时第二批系统已经开始进入上线阶段。

晚上12点,上线工作已经进入了下半场,第二轮测试刚开始,之前漫长的等待让很多网点测试人员开始眼皮打架,看着测试进度越来越慢,我赶紧在支行测试群里鼓舞一下士气,"夜宵马上就来了,大家再撑一下"。一听到有吃的,大家的情绪一下子高涨了起来,测试的进度也随之加快许多,我们总算按时完成任务。半个小时后,每周必备的夜宵"西点礼盒"准时出现在我们的办公桌上,大家狼吞虎咽地吃下几个蛋糕后,总算抵抗住了睡意。

凌晨3点,终于到了最后一个上线系统的测试时间,看看周边已经睡着了的几个同事,我起身把他们一个一个摇醒,"最后测试,快结束了,坚持住!"同时给网点打电话,给他们也鼓鼓劲,经过半个多小时的努力,小伙伴们强撑着一步一步完成最后的测试工作。而RTX群中一个又一个支行也开始汇报"××支行完成全部测试,签退成功",我抬头看了看时间,让网点的同事先行撤离,等待着科技部上线负责人最后的通知。3点50分,"全行测试完成,感谢各位!"终于等到了最后的撤离通知,我做完最后的清场工作,拿上没吃完的蛋糕,设防、锁门,结束了这一天的上线日常。

虽然这只是我行新系统上线过程中平凡的一天,但也是不平凡的一天。这时的每一天都是集全行之力,全力以赴,力争顺利完成新系统上线这个历史性任务。我十分有幸能够参与其中,在日常中见证历史,在日常中展望我行发展的美好愿景。

(王奕栋,1986年出生,2012年入本系统)

冬日的暖心事

张俊杰

  服务是我们上海农商银行立足的基石,是我行发展的根本。优质服务,就是要注重每一个细节,做好细致工作。走进上海农商行嘉善支行,客户就会感受到我们的朝气和活力,员工们真诚的微笑贯穿在每一个动人的故事中。小窗口,有着大作为;小故事,有着大能量。
  2013年12月的一个周末,中午时分,我行天凝分理处迎来了一位"特殊"的客户,客户患有眼疾,行动不便,我作为代班大堂经理搀扶着客户来到柜台。"您好!请坐,请问需要办理什么业务?""我要取2 000元现金。""好的,请稍等,请问您能签自己的名字吗?"客户表示可以,随即我便耐心为他讲解密码键盘上的位置。但是,客户一连三次输入密码有误,心情有点焦急。我为他倒了杯热水,轻声安慰他不要着急,并告诉他:"只要银行卡是本人的,并携带身份证,可以重置密码。"客户听后连忙拿出了自己的手提包,摸索寻找身份证,也许是因为心急,手提包没拿稳,东西又散落了一地,客户还连连说着对不起。我马上蹲下帮着捡起地上的东西,嘴上说着没关系,其实内心有些愧疚。面对着一位"特殊的上帝",自己的服务还是不够好。我行一直倡导"便捷服务心体验",对这位患有眼疾的客户来说,服务应该更周全。我帮客户收拾好东西,还给客户身份证,然后指导其填单,看着客户趴在那里一个字一个字地写,我还有些担忧。不过他虽然费了一些时间,但还是把单子填好了。接下来就是柜员核对身份,办理密码重置并为其完成取款。当柜员递给他现金并提醒他清点时,客户紧张的神色慢慢舒缓了过来,对着我说:"我相信你们的职业素质,不会给我少付钱的,谢谢你们,你们的服务我给满分,如果可以的话,天天打电话表扬你们!"简单的一句话,体现着人与人之间的信任与真诚,感动着素不相识的彼此。"谢谢"二字,不仅仅是客户对我们服务工作的认可,也是对我们银行品牌的认可。那一刻,我也在心底对这位不一般的客户说着谢谢,谢谢你相信我们银行,认可我们的工作!这一份认可让我在寒冷的冬日里心却暖烘烘的。

  这确实只是一件小事,但却可以说明很多问题,因为我们平时能为客户做的,都是些很小的事情。来时一个会心的微笑,一句亲切的问候;离开时一个善意的提醒,一句真诚的谢谢。在上海农商银行嘉善支行每天都发生着许许多多的故事,有奇妙的、平淡的、惊险的、有趣的,各种各样,每件在常人看来的小故事,对我们服务在一线的工作人员来说却不"小"。服务无止境,服务无小事,再小的故事,都蕴含着大大的服务,为平日在银行的工作增添色彩,这也就是我们用心服务的真谛所在。"便捷服务心体验"的服务理念正是由这一个个看起来很小的故事传达给我们的每一位顾客。

  "白日不到处,青春恰自来。苔花如米小,也学牡丹开。"上海农商行嘉善支行有着一群年轻的小伙伴,在用心服务客户的时候谦逊地把自己比作苔花,却牢记奉献初心,把使命担在肩头,把青春、热诚

展示给公众,在行动中不断践行着自己的庄严誓言:

> 立青春之志,全员筑梦,展现上海农商行青春之活力;
> 践青春之行,无私奉献,勇担上海农商行社会之责任;
> 圆青春之梦,砥砺前行,共创上海农商行辉煌之未来。

自农信社创立到如今改制成上海农商银行,改变的是名字,不变的是服务。正是这一代代"薪火相传"的服务理念,撑起了我们上海农商银行真诚服务的品牌形象。

(张俊杰,1985年出生,2011年入本系统)

益江"玫瑰"

张 瑜口述 陈秋依整理

2013年夏日的傍晚,华灯初上。在浦东玉兰香苑社区,吃过晚饭的居民们开始三五成群地在街上散步,道路两边的小吃店、小摊边排起了长龙,烟火气洋溢在街区上空。

我如往常一样,穿着笔挺的行服,站在益江路121号的金融便利店门口,迎接着刚下班来办理各种金融业务的白领们。

首批金融便利店

作为上海农商银行第一批金融便利店,益江便利店的服务时间持续到晚上9时,旨在通过错时经营,打造人性化、便利化、差异化、增值化的服务和产品平台,满足广大市民下班后的金融服务需求,为客户提供更加便捷的金融服务。

晚上7时开始,是一天中最繁忙的时段。在网点大堂内办理业务的客户络绎不绝,大堂经理为一拨又一拨前来咨询业务的社区居民介绍着相关理财产品;门外的五台自助取款机不停忙碌着,排队取款的客户接二连三⋯⋯

作为负责人,"您下班,我营业"这句金融便利店的服务宗旨,时刻萦绕在我的心头。益江便利店开业于2010年5月,在三年多的时间里,以"扎根社区、服务社区、回馈社区"为导向,是当时探索银行社区金融服务的先行者。

2013年6月,国务院副总理马凯在上海调研工作时,专程考察了益江金融便利店,我作为益江金融便利店的负责人,陪同了马凯副总理对金融便利店进行参观,当时副总理对社区金融服务工作给予了充分的肯定。

"走出去"与"请进来"

除了面向不同群体提供差异化金融服务,我们也积极开展了各类金融知识宣传活动,用"走出去"与"请进来"相结合的方式,建立了银行和社区居委的联动模式,开展了各类金融知识宣讲活动,不间断向社区居民宣传和普及反洗钱、反假币、反电信诈骗、理财、投资等金融知识,不断拓展社区金融服务的宽度和广度,深受社区居民好评。当时,益江金融便利店被命名为市级"送金融知识下乡"宣传服务站。

同时，益江便利店员工也会不定期邀请社区居民走进网点，征集居民对便利店服务工作的意见和建议，完善和改进金融服务。我们的二楼随时开放，一些年老的居民在一楼办完业务后，会上二楼小坐片刻，叙叙旧，拉拉家常，我们与客户之间如家人般亲密。金融便利店附近有一家洗衣店，是一个湖北老板开的，时常会与我们交流他的家庭近况，经常笑呵呵地来问我，"小张，最近有什么好理财吗？""我的儿子要买车了呀，你给我介绍介绍贷款吧……"至今我们还会时常联系。前一阵子湖北疫情严重，我也在第一时间询问了他家的情况，得知他和家人一切安好，我悬着的一颗心也放了下来。这样像家人一样的客户，还有很多。

铿锵"玫瑰"

延长服务时间，意味着休息时间会变少，然而员工们并没有因为忙碌而生懈怠之心。在做好柜面服务的同时，金融便利店的女员工们利用业余时间都会在网点做营销。当时的我们以"建文明岗位、树巾帼形象"为口号，以"爱岗敬业、服务社区、争创佳绩"为宗旨，获得了"上海市巾帼文明岗"的光荣称号。便利店的女同事们立足于本职岗位，团结拼搏，勤奋务实，无私奉献，充分展示了我们上海农商银行女性职工锐意进取、蓬勃向上的精神风貌，她们是益江便利店最美的"玫瑰"。如今虽然我已任职于其他岗位，但这些珍贵的记忆还是深深地烙印在我的脑海，使我常常想起益江"玫瑰"。

(张瑜，1980年出生，2003年入本系统)

贾阿姨理财遇"假"记

吴春花

2016年7月31日上午9点多,客户贾阿姨行色匆匆地来到农商银行顾村支行。贾阿姨是一位70多岁的老年客户,来到支行后匆匆忙忙来到理财室,表示要将其名下的8万元理财产品提前赎回,家中急需用钱。当我在与贾阿姨沟通时,贾阿姨拨打了一个电话,通话中贾阿姨有些神色不安地问对方:"理财赎回要5个工作日,我还来得及购买你们的理财产品哦?"这短短一句话,立即引起了我的警觉,本着对客户资金安全负责的态度,我通过拉家常进一步向她了解事情的原委。原来贾阿姨拿钱并不是要急用,而是听他人介绍,想去投资所谓"高收益"的理财公司。得知这一情况后,我提醒贾阿姨现在外面所谓投资公司高收益的理财产品风险很大,已经有多人被骗。但此时贾阿姨被所谓"高收益"蒙蔽了眼睛,还是再三地催促我为其办理业务。

面对这起极有可能是专门针对老年人的理财诈骗,我其实已经尽到了提醒的义务,虽然按照贾阿姨的要求办理也不是不可以,但是客户可能会造成无法挽回的损失。于是我一面继续耐心安抚贾阿姨,一面请她到行长室,打算由行长进行劝解说服。汪行长经过一番了解,得知原来贾阿姨去年已投资该公司20万元,该公司承诺24%的高额收益。结果今年到期后该公司并未兑付本金,销售人员还要贾阿姨再投资10万元,"承诺"帮其兑付去年购买的20万元产品。此类说辞漏洞百出,我们更加确定是诈骗路数。谈话中,贾阿姨还谈到,去年子女并不同意她投资该公司,此次到网点赎回理财产品也是在"理财公司"销售人员的怂恿下背着子女来办理的。经过我们对理财知识的介绍,并从国家法律法规、子女态度和"理财公司"表现等多方面反复提醒劝说,贾阿姨方才如梦初醒,意识到这是一场骗局,并向汪行长和我连连称谢。

近年来,外面的投资公司越来越鱼龙混杂,普通公众,尤其是一些风险意识较薄弱的中老年客户,在高息诱惑前容易丧失理智,跌入风险的深渊。这起案例带给我们的启示是,购买理财产品前要重视"四问""三看":"四问",即一问在哪里查询,二问谁的产品,三问投向何处,四问与谁签约。"三看",即一看回报率,是否以高收益为诱饵,承诺的收益率是否大幅超过同期社会平均利率;二看范围,是不是对社会不特定公众吸收资金;三看资金流向,筹集资金是否以自己占有为目的,从而有效识别和防范"飞单"和"非法集资"风险。

我们在耐心、细致地为客户服务过程中,以职业的嗅觉敏锐地察觉到其中可能存在的风险,凭着高度的责任意识和高超的专业技能,及时制止了可能发生的"理财骗局",避免"贾阿姨们"的财产损失,维护了客户的利益,进一步彰显了上海农商银行"客户至上"的形象和专业能力。

(吴春花,1984年出生,2005年入本系统)

滨江支行协助警方抓捕记

杨珏明口述　胡雪琼整理

事情已经过去了好几年,但当时惊心动魄的情形,我还记忆犹新。2016年一个夏日的下午,那时的我在滨江支行担任理财经理,目睹了整个事情的经过。

2016年8月26日下午2点左右,有一对外地夫妇来我们网点办理转账汇款业务。和平常一样,网点现金柜员小王按照操作规范对客户进行身份证联网核查,并按流程顺利为客户办完了转账业务。随后,这对夫妇向大堂经理询问一些业务问题后,在大厅逗留了大约半小时才离开网点。

当时谁也没有想到,这两位客户的到来给网点埋下一颗危险的种子,一段紧张的故事正悄然展开……

大约 15 分钟后,两位警察同志来到滨江支行网点,询问相关工作人员"刚才是否见过某某某?是否为其办理过业务?"我们方才得知,该对夫妇属于警方立案的、参与某犯罪事件的在逃嫌疑犯。他们在银行办理转账业务时,因我行联网核查信息触发公安预警系统,故警方紧急出警,前来网点追踪并核实情况。警方仔细询问柜员小王具体情况后,由厅堂负责人曹建平老师带去调阅相关录像。

警察的到来,让大家都紧张起来,曹老师冷静地通知所有厅堂人员配合调查,并将客户的照片及身份证信息打印至柜台备查。警察同志针对"神秘夫妇"在网点时段的具体细节进一步核查,陆老师向警察详细描述了"神秘夫妇"的体貌特征和办理业务的流程经过。曹老师和警察迅速商量对策,拟出方案,由网点设法将两名嫌疑人引回滨江支行,由警方增派警力支援,在网点直接实施抓捕。

厅堂所有的工作人员都全神贯注,积极配合警察的工作。根据警方要求,柜员小王打通了系统中预留的客户联系电话,镇定自若地说:"您好,这里是上海农商银行滨江支行,请问是某某某吗?"此时,周围的空气仿佛都凝滞了,大家的视线纷纷聚焦在小王身上。

"是这样的,您刚刚在我行办理的转账业务需要进行客户二次确认,所以需要您尽快来网点签字确认,否则会转账失败……"在通话交谈的过程中,小王语调平和、语气自然,未露出任何破绽。客户起初并不乐意返回网点,但当意识到可能会转账失败,还是同意配合返回。计划的第一步顺利完成,曹老师和大家都松了一口气。

两分钟后,支援的警察也赶到网点。在等待客户返回的过程中,大堂保安王达成师傅还细心地考虑警车的位置,机智地提示警察同志们加强警车隐蔽,以免打草惊蛇,错失抓捕良机。赶在客户到达之前,警察们迅速安排部署,警车也很快转移到隐蔽位置。

终于在下午 4 点左右,这对"神秘夫妇"重新回到滨江支行网点。曹老师示意所有厅堂工作人员不动声色、保持冷静,大堂工作人员与保安通力配合,一边正常接待并稳住客户,一边及时通知警察嫌疑人的位置。当两名嫌疑人在客户等候区等待叫号时,警方立即出动,短短几秒便成功控制住两名嫌犯。

抓捕工作实施前后,网点当日的各项业务继续进行,未受到任何影响。曹老师与警方的严密部署、把控,及所有厅堂工作人员的有条不紊、协同配合,使得在顺利开展抓捕任务的同时,也保障了全体客户的人身及财产安全。事后,警方对滨江支行网点工作人员的沉着冷静、灵活应变表示肯定,对我行勇于承担社会责任的精神连连赞许。

故事已然结束,但每每提起,当时的情形仍历历在目。那次能成功协助警察抓获在逃嫌疑人,也得益于我行平时对安全保卫工作的高度重视。网点会定期组织安保培训,制定各种处置突发事件的预案,不定期开展应急预案演练,厉兵秣马,做到居安思危、思则有备、有备无患。所以当突发事件真实来临之时,才能做到各岗位之间快速分工、职责明确、配合默契,才使员工们临危不乱、处变不惊、从容不迫。未来,我们还会继续为构建和谐稳定的金融环境付诸行动,奉献自己的一份力量!

(杨珏明,1984年出生,2007年入本系统)

一名客户经理的转身、转型与转变

王 越

滚滚长江东逝水,浪花却如何淘得尽英雄?曾经作为我行客户经理队伍中的一员,我不断学习并实践着前辈们的宝贵经验,心中愈发明确自己需要践行的使命、承担的职责,努力为我行顺利实现新三年战略的各项目标而尽己所能。站在改革的路口,回望过去短短五年营销工作中的所行所思,皆融于三个词之中:转身、转型、转变。

转 身

"啊?贷审会临时取消了?"我的心中顿时怅然不已。

在不到两周的时间里,营业部整个公金团队在领导的指导和带领下日夜奔波、加班加点,每位同事都以最大的热忱与十足的职业精神全力以赴,只为能跑赢时间、做成项目。然而因为项目的复杂、经验的不足等因素,最终未能成功通过审批,念及于此,一时间真是五味杂陈。

怅然已矣,转过身仔细回想,却有许多值得总结的地方:在做业务的过程中,客户经理总是与时间赛跑,时间的紧迫加上知识经验的不足,容易导致贷款报告有形而无神。而贷款报告如果无法全面、准确地反映企业的经营状况、详尽细致地描述授信方案,那么周详、安全的贷后管理又从何而来呢?风险控制是银行经营管理的核心所在,如果说贷前介入是风险全流程管理的起点,那么客户经理的风险排摸就是整笔贷款安全的起点。如何克服时间上的显性压力、弥补知识经验上的隐形缺失,在强化风险意识的前提下积极拓展市场,是一名优秀客户经理必须回答好的问题。

但是,我也发现全团队为了促成这笔业务,团队协作能力正不断提高,队伍凝聚力也在日渐增强。"殚精竭虑、夙夜兴叹",成员们皆抛弃个人念想,早就凝成一股绳——一股"我要做"的脉动正在营业部大家庭中慢慢形成,演变为一种良性文化。山虽万仞,群起前行,难怪有同事笑着说:"绩效奖金是重要的,但更重要的是一股'精气神'!"

转 型

2014年至2016年是我行在经历创立期、起步发展期后,谋划新一轮发展的关键时期。如何积极推进创新转型、夯实营销工作,是每一位客户经理深入思考探究的重点问题。

营销工作难度大、业务知识能力不足是客户经理们普遍面对的矛盾。比如对于流动资金贷款等基础类银行产品,客户经理应如何合理配比企业的经营周期、资金缺口;又比如面对人民币产品营销能力强、外汇产品营销能力弱,该如何取长补短;再比如如何从单一产品营销推及组合产品的营销模式。怎样解决这些问题,一直困扰着我们这批渴望尽快转型但缺乏实际经验的客户经理。

首先,认识是第一位的。我们需要风险意识,我们也需要团队协作意识,但我们最需要的是增强对各项意识的认识。认识到位、意识提高、主动性不断增强,才是我们转型进步、我行转型发展的基石所在。

其次,提升营销手段、方式、模式、策略的综合化和多元化是客户经理转型的关键所在。要成为一名优秀的客户经理,必须坚持秉承客观、诚信的原则,为客户提供专业、周详而又度身定制的综合金融服务。这不仅要求客户经理配合客户的需求,还需要正确、合理地引导客户需求,在为其提供一揽子金融服务的同时,不断提升客户黏性,持续增强客户忠诚度,最终形成出众的品牌效应而长期发光发热,为我行带来源远流长、不可估量的综合回报。

同时,丰富的产品业务知识是推动产品销售能力和组合能力提升的基础。因此,加大业务技能培训力度、提升客户经理产品运用能力等各项营销素质可能是当下一项更为紧迫的任务。试想如果每位客户经理都能担起小半个产品经理的职责,产品与市场的黏合度将会有多么大的提升!

转 变

转身、转型之后,一名客户经理如何才能真正实现转变以契合当下激烈的竞争市场,这是在实践中需要不断探索的方向。现在提倡交叉营销、公私联动、全面营销,如何做到这几点?这不仅考验客户经理的职业素养和专业技能,更对客户经理思考问题的高度、看待问题的视野提出了高要求。我认为,不同于管理类人员,客户经理转变后所形成的全局观,应是对市场的准确研判和对趋势发展的精准把握。

客户经理首先要了解银行业发展的历史与现状,才能更好地"预见"未来,才可能在此基础上实现自己职业的需求,成为一名优秀的客户经理。要全方面了解银行业务,从业务性质来说,包括资产业务、负债业务、中间业务等,从业务条线来说,包括公司业务、零售业务、电子银行业务、国际贸易业务等;要了解银行的利润从哪里实现,银行的利润实际上就从风险管理中来,承担和管理风险是银行的基本职能,也是银行创造价值的核心因素。由此,就可以梳理出客户经理工作中的脉络,即什么企业存在什么风险、配比什么产品、是否需要价格补偿、如何封闭风险敞口等。客户经理的营销绝不是一两个金融产品,而是综合金融服务方案。

同时,客户经理需要了解银行发展趋势。比如利率市场化进一步压缩银行的利润空间;比如金融消费透明化将促使银行在产品研发、营销渠道、服务方式等方面的调整,柔性服务、体验至上将成为银行服务的核心;再比如人民币国际化趋势对货币政策、资本项目的开放以及银行经营将产生的影响。当然还有金融电子化。网点从结算支付向营销服务的转变需求为何如此迫切,只因越来越多的优质客户不再到银行网点办理业务,所以营销不能等客户上门,而要主动把操作型网点打造成营销型网点。客户经理如果对银行业趋势性的问题把握不透,那就很难熟练运用传统产品和新兴产品,很难转变到组合产品的营销模式,很难形成并提升综合营销能力。

最后,在学习和实践中持续收获的磨砺与成长,应是客户经理积极转变、终身受用的宝贵财富。在工作中脚踏实地、持之以恒、善学善思、教学相长,继而做出成绩、赢得客户信赖、挑起更多重担,以至真正发挥客户经理在我行的卓越效能与核心价值,这即是我和我所在的团队不断转变并为之奋斗的目标。

作为一名客户经理,从转身到转型再到转变的过程,也是从合格到优秀再到卓越的过程。昨天的自己不可再追,明天的自己期望未至,只盼能把握当下,为我行未来实现新一轮三年战略规划的华丽转身作出应有的贡献。

(王越,1989 年出生,2011 年入本系统)

我的"白富美"伙伴
——智能柜员已上线

宋隽秀

"小宋,'五一'你过来加个班吧,装修师傅'五一'要过来把网点重新改造布局,得有人在网点驻守。"网点改造,就是为了迎接两个重量级的"工作伙伴"。以往一整排的高柜只需剩下两个,其余的全部改造,腾出足够的空间安置我们的"新伙伴"。

其实,在一个多月前,我们就已经在总行安排下见过面了。"肤白貌美,壮实稳重"——这是我对它的第一印象。雪白的机身,外表简约而时尚,却又不像如今流行的审美那样高高瘦瘦,相反,它是那么敦实健硕。"看这样子,没有五六个彪型大汉去搬,它定是纹丝不动啊。"我心里暗自琢磨。"今天,我们主要了解一下智能柜员机的功能和使用,并且让大家亲自体验下。"经过培训老师的讲解,发现这个"白富美"不光有外表,还很有实力——存取款、开卡、办网银、查询、转账等功能样样精通,可以说我们柜面日常的大部分业务有了它,就都能得到解决!迫不及待想让它快点加入我们,帮我们分担工作量,还可以把我们从密闭的玻璃墙内"解放"出来。

"五一"假期过后,网点改造完成,厅堂一下子空出来一大块区域。又过了几天,重量级"伙伴"终于登场,经过几个小时的搬运和安装,两台智能柜员机稳稳地坐在了大堂的智能服务区域。前来办理业务的客户都对这两张新面孔非常好奇,驻足观察并且还会上前抚摸体验下手感。"这个是取款机吗?""这机器是干什么用的,这么大?"大堂经理笑呵呵地回答道:"马上你们就能用了,这个啊比取款机高级多了!"内勤行长和我经过多次测试,总算把这两个"大家伙"的习性和操作方法都摸清楚了。一切准备就绪,就等上面一声令下,正式对外使用了。

2017年7月第一个周一的早晨,我和搭档小韩没有像往常一样坐在柜台里,准备好章和凭证,打开前端系统等待为客户办理业务。我们一人拿着一个用来授权的pad,站在大堂,等待指导第一波操作智能柜员机的客户。

"您好,请问您要办理什么业务?"我询问第一位推门进来的老先生。

"我的定期到期了。"他说着从衣服口袋里拿出折成很小一块的存单。

"好的,您是要再转存一下,是吧? 请这边。"说着我用手指引他走向智能柜员机。

"不不不,不要用那个,我用不来,用不来……"他看了眼机器,连忙摆手,往柜台走去。

我笑着说:"您放心,我会帮您操作的,来试试吧,这个更快呢。"

老先生这才跟着我来到了智能柜员机前,将信将疑地在我的指导下操作着,但嘴里依然会轻轻嘀咕"还是太麻烦了呀,老年人弄不来这种东西"。当我把新开好的存单从机器的存单出口拿出来递到他手上时,他瞪大眼睛,满是惊奇:"这么快啊! 已经好啦?!"下一秒又突然着急起来,"那么我的利息呢,利息这里拿不出来啊,我要拿现金的"。我笑了笑,说:"不要着急,这里马上出来了。"话音刚落,旁边的现金辅柜发出钞票滚动的声音,透明的舱门打开,我把里面的现金拿出来递给老先生,他哈哈大笑起来,好像看了一场魔术表演。接着又听到硬币通道里有"哗啦啦"硬币滚落的声音,利息的零头顺着通道滑落到现金槽里。老先生大吃一惊,"哦哟! 硬币也能出来啊! 你们行的机器太高级了,高科技!灵的灵的!"我笑着说:"这个机器啊功能很多呢,您以后常来,多体验几次,它厉害着呢!""好好好,我下次带我家老太婆一起来,她天天在家里不出门,都不知道现在存钱都这么先进了!谢谢你啊,小姑娘。"

送走老先生,我拍了拍身边的这位"白富美",心中暗暗对"她"说:"你也是农商行重要的一分子啦,以后我们要多多配合,你负责业务支持,我负责指导客户操作和营销,我俩好好配合,定能让客户更满意!为农商行创造更多的价值!"

(宋隽秀,1989年出生,2013年入本系统)

神秘的旅行箱

郑　朗口述　李晓磊整理

2017年10月20日11:30,一阵急促的电话铃声打破了徐汇支行办公室的宁静,我接到营业部营运柜组长陈婉愫的电话,陈婉愫在电话那头着急地说:"营业大厅发现了一个无人认领的银色旅行箱!"

网点滞留可疑物品可是件大事。接到电话,我和王豫武立即赶到现场,在初步查看录像后发现,10点39分,一男一女携带该旅行箱进入营业大厅。进门后未与任何人交流及办理业务,只是在非现金区等候椅上坐着,旅行箱就放置在边上。其间二人也未与我行员工及其他人员有任何交流。10点42分,女方独自一人离开网点,出门后在营业网点门口停留。一分钟后,男方也起身离开,出门后与女方汇合后一同向东离开。从二人动作行为上看,有故意将旅行箱滞留我行网点的嫌疑。

于是支行行长马上表示,立即启动"营业网点发现不明物品现场处置预案""突发事件人员疏散撤离和应急防护预案",并按《关于落实银监部门做好党的十九大期间银行业安全保卫工作要求的通知》的要求作应急处置。支行向总行安保部报告,同时拨打"110"报警电话。支行上下迅速、有序地组织室内所有客户、工作人员撤离到广场空地避险,同时保护好现场,等待着警方到达处理。不一会儿,派出所出警警员到达现场。经过查看,派出所立即联系防暴、消防等有关部门赶到现场进行处置。12点21分,警方排除有安全隐患后将旅行箱带走。警方撤离后,总行安保部与支行立即共同召开现场会,查看录像并要求支行办公室安排专人做好网点巡视及当事人返回网点等情况发生的应对工作。

13点10分,一名当事人返回营业部,询问旅行箱的去向。我行工作人员立即稳住当事人并立即联系还未离开银行的两名民警,将当事人控制住。我和王豫武陪同警方及当事人一同前往派出所。经过初步询问,两人因要会友及吃饭,觉得携带旅行箱不便,认为银行比较安全,便将箱子放置于我行大厅,想办完事情后再回来取。

真是虚惊一场,支行的同事们松了一口气。至此,"神秘旅行箱事件"画上了圆满的句号。

再回想整个紧张的过程,不禁要为我支行快速、正确的处理方式点赞:我们制度的执行到位,面对发生的紧急事件不慌乱,事件处理过程井然有序。此次事件过程中体现了我支行员工训练有素,熟记各项应急预案,且各项应急预案执行到位,尤其体现了十九大期间员工高度的警惕性和思想的统一性。

(郑朗,1980年出生,2002年入本系统)

团队的力量

钱建忠

2017年,我调到宝山支行任职。2018年4月到5月间,支行安排我率一个团队赴山东结对帮助茌平村镇银行清理不良贷款。我前后共去了三次。由于时间紧、任务重、要求高、人手少、地疏人不熟,所以我们团队的每一位同志都深感压力巨大。好在宝山支行的每位员工团队意识强,人人抢挑重担,不分白天黑夜,圆满完成了任务。

至2018年4月末,茌平村行共有贷款30 711万元,共408户。其中对公贷款128户140笔,贷款余额22 239万元;对私贷款280户,贷款余额8 472万元。为摸清家底,我们对贷款进行分类,把贷款分为正常类、一般风险类和高风险类。在对茌平村行贷款总体情况进行分析后,开始逐户排查贷款的风险状况,工作的重点放在一般风险和高风险贷款上。

首先,查阅每户贷款的原始档案材料,主要包括信贷员的贷前调查报告、送审材料、贷审会记录、贷后检查报告。团队人员从上午8点一直工作到晚上8、9点钟。眼睛红肿了用凉水擦洗一下继续加班加点。为了节省时间、提高工作效率,一般情况是白天走访贷款企业,晚上看档案资料。经过不懈努力,既找到了村行在信贷管理中的漏洞,又现场检查出贷款的风险。其中档案中发现的主要问题是:

对公贷款贷前调查不深入、对企业经营情况掌握不够,使村行的贷款风险加大。当然通过检查也发现村行的大部分对私贷款管理还是比较规范,能把控风险,贷款风险控制在合理的范围。

其次,到借款人现场排摸贷款风险。茌平地区区域范围大,从村行开车到最远的贷款户需近两个小时。加之当时正处茌平地区杨絮飘落的季节,所以5个人在10天左右的时间内排摸408户贷款户风险的任务十分艰巨。为了争取时间,团队人员早上出发去企业,中午在外用餐时间基本上控制在半小时内,一直工作到晚上6点左右再回村行。

茌平地区主要以铝冶炼和加工为主业,铝制汽车水箱是茌平工业企业的一大特色,全国汽车生产企业约60%的水箱都是由茌平地区的企业生产的。由于大部分企业没有完整的财务报表,所以团队人员到企业首先盘点企业家当,先去仓库查看原材料和半成品、成品,然后盘点现金,再查看企业的应收账款及各项在途款项,在基本理清企业家底的基础上匡算企业盈利水平和还款能力。这样排查一户企业基本要用2个小时,一般每人每天排摸4—5户。晚上回到村行时已经精疲力尽。团队人员简单用完晚餐后相互检查现场排摸的原始材料,发现疑点,共同商讨。晚上加班加点时,团队人员总是抢着干活:何超同志从小习武,精力最充沛,所以各项工作均抢先;陆建华同志年轻,电脑操作熟练,所以统计汇总工作多做些;王爱芳同志工作细心,所以数据的核对工作全部由她承担。

经过团队人员的努力,我们对茌平村行408户贷款户全部摸清家底,揭示贷款的风险状况。特别是对81户高风险贷款中存在的问题进行了详细分析,并按贷款调查、贷款审查、贷款审批明确责任,交总行处理。

这次我带领团队去茌平清理不良贷款的感受十分深刻。团队是支行各项工作好坏的关键。宝山支行多年来一直关注团队建设,既重视员工的独立工作能力,又强调员工之间跨部门的协作能力。把团队建设放在重要位置,开展不间断的培训、教育、实践,使支行各项工作都有条不紊地开展。此次清理茌平村行不良贷款就是一个最好的证明。

（钱建忠，1958年出生，2005年入本系统，2018年在上海农商银行宝山支行退休）

信用债风险管理体系的建立和完善

高慧杰

2018年以来,金融市场中大量的信用债券出现违约,我行在投资过程中也面临着一定的投资风险。面对越来越严峻的形势,风险管理部市场风险管理科的同事们群策群力,头脑风暴,经过开会讨论,我们认为建立一个较为完整的信用债风险管理体系势在必行。而如何主动迎接这种趋势性的挑战、尽量降低违约风险对我行的影响就成为摆在信用风险"看门人"面前的一个课题。

从2019年的夏天开始,我们不断邀请多家业内知名的内部评级体系供应商来我行进行路演,集思广益。从与外部供应商交流情况来看,要达到"完全独立并且科学有效"的内评和预警体系这个终极目标,前期需投入的资源很多,数据采购成本很高,数据分析能力要求很强,宏观研究和行业研究团队培养的时间很长。这四个"很"让我们对于手上任务有了更明确的认识:他山之石,可以攻玉,闭门造车只能原地踏步。因此鉴于信用债违约事件频发的趋势和短期内构建独立内部评级体系、预警体系的需求迫切,我们首先通过采购两到三家外部公司的内部评级与违约预警产品,结合本行实际情况,根据产品特点及试用反馈,形成本行内部评级结果和预警使用规则。之后,着眼于长远规划,适当借助外部公司服务,逐步培养信用研究团队,建设本行独立的内部评级系统与违约预警系统。

在经过一段时间对市面上主流产品的适用和评估之后,从2019年下半年开始推进内评和预警项目的立项与招标工作。我们梳理了信用债风险管理基本情况,调研了同业信用债风险管理现状,考察了市场上多家债券内部评级与风险预警产品供应商,并根据这些情况制定了信用债风险管理的相关方案。俗话说得好:差距来自比较。在几轮产品路演过程中我们发现这些产品其实可以分为两大类,一类是比较传统的专家判断型的评估模式,而另一类则是近些年较火的AI纯定量模型,最终我们决定采购涵盖了上述两类评价体系的产品,包括中债资信、联合资信及中证信用等。也许,大家认为大部分新技术都是对于现有产品的颠覆,而接下来几个月的使用过程中,我们却逐渐认识到AI纯定量模型的弊端:识别的精度有待提高,缺乏人工干预的情况下难以处理全新模式。而这也不断提醒我们银行人在采用新方法的过程中一定要"大胆假设,小心论证,两手准备",这样才能一步一个脚印地取得进步。

2020年春天,我们结合采购的中债资信、联合资信及中证信用等公司产品,开始建立基于我行自身风险偏好的内部评级体系,利用较为体系化的信评方法和规模化的信评结果来识别企业信用风险。内部评级体系可以辅助前台债券投资人员进行投前信用风险评估,一定程度上解决外部评级区分度不足、实地尽调条件有限、发行人信用资质评估数据缺乏等问题。作为中台部门,我们制定规则不难,但是在没有充分沟通的前提下却很容易在执行中遇到困难,因此我们邀请金市、资管、贸金、投行、授信审批、授信管理等多个部门对我们草拟的内评体系进行讨论。不同部门的诉求不同,不同的部门就会提出有利于自身的观点,而如何保持原则和灵活之间的平衡就显得尤为重要。我们整理了6000多家企业的评级信息及其在各个体系的分布情况,同相关业务部门商讨制定符合我行投资特点的信用债投资准入标准,并根据这个标准搭建动态调整的主体可投库。当然标准也并非一成不变,我们后续会持续和业务部门沟通,对标准的细节进行修订和完善。

在建立起内部评级体系之后,我们利用中债资信、联合资信及中证信用等公司的外部数据平台,开始搜集和整理企业外部舆情、工商、税务、司法、成交价格等财务信息和公开市场信息,然后结合内部评级结果和信用风险分析人员的专业判断,在内部建立了一套信用债预警体系。相比内评体系,预警体系的涉及面就更广了,由于委外投资的存在,我们持仓债券中很多已经处于预警状态。是否快速处置这些债券,如何处置,处置需要什么级别的权限,这些问题都需要一次一次不厌其烦地与各个部门进行讨论。还记得有的业务部门提出这些预警信息可以只作为一个提醒,不应该具有强制性,也有的同事对预警结果的准确性保持怀疑。这些问题都是好问题,但是不具有执行力的制度能否起到作用和效果却是我们更关心的。"摸着石头过河""白猫黑猫,能抓到老鼠的就是好猫""实践是检验真理的唯一标准",这一句句醒世名言告诉我们有时候想太多其实不如先走在路上,坚定原则才能不忘初心。于是,在确定大的原则之后,同各个部门的同事对预警体系的细节进行科学探讨和论证,最后形成现在运行的"红橙蓝三级预警体系"。

从 2019 年 9 月到 2020 年 5 月,在这 9 个月里,我和我的同事们齐心协力,邀请各个业务部门不断讨论、修改,确定和评估了内评和预警体系的框架和细节,现在每一天也在不断地把我们的工作成果分享给行内的同事们。我们深知信用债券风险管理体系的建立不是一蹴而就的,更不是一劳永逸的,作为信用风险的"看门员",我们需要不断提高自身的知识水平,与时俱进地借鉴市场上的优秀技术和产品。对于如何把握信用债券的风险和机遇这一大课题,我们一直在路上。

(高慧杰,1991 年出生,2019 年入本系统)

音乐的魅力

张颖婕

"好,大家加把劲,我们再练一遍。"熟悉的声音在六楼响起,又到了每周一次的排练时间。这难得的下班后的休闲时光,让人能从忙碌的工作中解放出来。如果不是参加这次大合唱比赛,我可能远远体会不到,原来音乐这么美妙,唱歌这么美好。

为了在"礼赞新中国 唱响新时代——上海金融系统庆祝中华人民共和国成立 70 周年职工合唱比赛"中获得佳绩,总行机关、各分支行配合总行工会鼓励年轻员工积极参与,从全行范围内抽选了 40 余名职工,组建了总行"幸福小时光"合唱团。

当领导让我参加的时候,我的心里有些忐忑不安:"虽然我很喜欢音乐,但从未接受过专业的声乐训练,我能唱好吗?""从没参加过唱歌比赛,我能行吗?"带着这些疑惑与不安,我第一次敲开了"幸福小时光"合唱团排练室的大门。映入眼帘的有一些熟悉的面孔,通过交流得知很多同事是从郊区赶过来的,其中不乏青浦、松江、奉贤等地。互相介绍后才知道多数人都是唱歌"小白",大家互相安慰打趣,以缓解紧张气氛。"为了行里的荣誉,我们拼了!"一个年轻的男同事发出这番"豪迈之言",氛围一下子变得活跃起来。既然大家都是抱着轻松、愉悦的心情来参加排练,我心里的一颗大石头也落了下来。

此次合唱比赛,行里高度重视,在总行领导的大力支持下,行内特意请来上海歌剧院的曲老师及其他老师组织大家排练。我还记得和几位老师初次见面的场景。曲老师是我们的声乐老师,第一次听她亮嗓子给我们示范时,整个空旷的走道里都回响着她的声音,惊叹了所有人。原来美声唱法这么好听!那声音圆润饱满,时而低声细语,时而气势高昂。从她身上,我看到了一名音乐人的幸福。吴老师是指挥,她脸上始终挂着甜甜的笑容,显得很阳光,总是不厌其烦地给我们指挥着节奏;还有伴奏李老师,用优雅的姿势弹奏出每个音符,修长的手指在键盘上灵活跳动……在各位老师的专业指导下,大家渐渐地入了门,体验到了唱歌的快乐,并深深地感受到了当一名歌者的开心和快乐。

得知进入复赛时团员们都很开心,微信群里的兴奋之情不言而喻。然而当听说复赛的曲目是《忆秦娥·娄山关》时,一瞬间大家都表示十分担忧。因为银行本职工作就比较辛苦,下班后还要忙里偷闲去排练,更何况唱的是《忆秦娥·娄山关》这样具有挑战性的歌曲。但曲老师随即发来一段鼓励大家的话,"虽然这首歌的难度非常大,但是如果能唱好,我们一定能拿到好名次。经过一段时间的接触,我相信大家的能力,也相信你们一定可以攻克这道难关!"

"为了行里的荣誉,再拼一次!"还是初见面时那个年轻男同事的回复。看到熟悉的话语,大家又活跃起来,一时间各种加油打气的话接连刷屏,仿佛给每个人都吃下了定心丸。这一次,大家都铆足了劲。在接下来的几个月里,除开每周固定一次的排练,下班、放假,家里、单位,有空的时候我就打开老师给我们单独录制的每个声部的音频进行练习,只希望自己记得更熟一些,唱得更好一些。团里的小伙伴们利用业余时间刻苦训练,将音色、音准、节奏、和声以及声部平衡等调整到最佳状态,甚至在比赛的前一天晚上,大家还从各处赶来,坚持最后的训练。

时间终于来到了决赛的这一天,凭借众志成城的决心、稳定的发挥、默契的配合,我们合唱团将一曲毛主席诗词《忆秦娥·娄山关》气势磅礴地展现出来,把昂扬向上的精神面貌展现得淋漓尽致。女声清新动听,男声粗犷豪迈,合声此起彼伏,汇成一条声音的河流,奔涌在我们的前方。我们的表演得到了现场观众和评委的一致认可,我行一举摘得一等奖桂冠。

上海农商银行合唱团参加上海金融系统合唱比赛决赛现场

比赛有终点,但是热爱无上限。在这样倾情的歌唱中,爱国、爱党、爱行的情愫不觉油然而生!瞧瞧这些可爱的同事,我便会为他们的单纯、执着和敬业所感动!放下忙碌的工作和生活,在歌声中释放自己吧!所有的焦虑和不开心都将被动听的音符冲得烟消云散。愿歌声在我们的生活中流淌,给我们带来无尽的欢乐和喜悦。

(张颖婕,1990年出生,2014年入本系统)

披荆斩棘的 LPR 机制改革

蒋星灿

一、迅 雷

8月进入下旬,夏天已接近尾声,本应是一个渐渐转凉的时节,但一份公告却在全国银行圈掀起一阵不小的热度,也让2019年的这个夏末意外变得火热起来。

8月17日,周六,中国人民银行发布第15号公告,决定改革完善贷款市场报价利率(LPR)形成机制。靴子落地,中国利率市场化改革再进一程,我行也有幸成为本次新增8家LPR报价行之一,得以深度参与这项改革工作。然而,喜悦之后,紧张和急迫感也随之而来,人民银行紧凑的工作进度安排着实让人出乎意料。

"自即日起,新发放贷款主要参考LPR定价。"

"8月19日各报价行完成预报价。"

"8月20日各报价行进行正式报价。"

……

人行给各个金融机构出了一张严苛的试卷,要在如此短的时间内取得工作成果,显然对各行的内功积累是一场大考。

兵贵神速，各部门青年骨干主动放弃休假，从四面八方陆续返岗，政策研究和方案设计几乎在公告落地的那一刻就同步开始了。周末的总行大楼如工作日般忙碌，电话铃声和键盘敲击声此起彼伏。

二、出　阵

随着连续两日的昼夜急行，工作局面迅速打开，推进方案也已形成。在公告发布后的第二天，一份完整的工作汇报就已摆在了周一行长办公会的桌面上。

总行最高决策层经过缜密讨论，明确了LPR改革落地的基本方针与推进计划，以总行资产负债管理部为总牵头，各部门协同配合的工作机制被确立下来。有了清晰的战术打法，紧接着的执行落实工作也得以全面铺开。

从原基准利率切换到LPR，贷款定价体系发生了根本性的转变，这也就意味着推进工作将会是相当复杂的。不仅是业务系统、合同条款涉及大规模改造，全行现有的定价配套工具、风险计量手段、考核考评机制，甚至经营发展目标都须接受进一步的评估并作出适当调整。

不出所料，各种困难接踵而至。各部门犹如老中医坐堂，每日处理的是各类疑难杂症。这是一项全新的工作内容，无任何既往经验参照，"老中医们"也只得摸着石头过河，途中每步既要踩得准，不湿鞋，步伐还要快，要符合人民银行的进度要求。

特殊任务运用特殊方法。为了迅速达成目标，各部门都在谨慎合规的前提下，突破思维定式，快速决策、灵活执行、敢担当、敢作为。在各部门的精诚合作下，我行顺利完成LPR上线前的基础准备工作，并于9月2日发放了首笔LPR定价贷款，领先沪上同业。这距离人行第15号公告发布仅仅过去了16天。

三、背　水

首场"闪电战"牛刀小试，初战告捷。然而，更加激烈的战斗已在酝酿当中了。

2019年12月28日，人民银行再次发布第30号公告，要求各金融机构自2020年3月1日起，与存量浮动利率贷款客户协商将定价基准转换为LPR。公告日至实施日包含元旦、春节两个假期，留给各行的准备时间不足一个半月，且我行被纳入转换范围的客户超过10万户，这使得各项工作的进度安排必须快之又快，慎之又慎。

2020年初，新冠疫情突如其来，全行维持低限度运转，大批员工在家办公。这对存量转换准备工作造成不小影响，其中系统开发受到的冲击尤为严重，科技团队部分核心成员滞留异地，人员告急，开发资源告急。

而人行的政策态度并未因此发生变化，3月依然被作为存量转换的"起跑线"。LPR是一揽子货币政策的重要抓手，监管部门自然希望各金融机构尽早安排存量贷款使用LPR定价基准，以在疫情期间最大限度发挥LPR降低实体经济融资成本的积极作用。

我行不得不见招拆招，立即着手调整工作方案，并以3月上线为目标，根据现有实施环境，倒排工作计划。科技部门则紧急排摸符合复岗条件的人员名单，迅速组织开发力量补充LPR系统团队。针对存量转换系统开发工作，继续细分需求轻重缓急，实现"急事急上，小事缓上"，对部分功能"个别开发，分批上线"，力保存量转换系统基本功能按时完成。

四、相　逢

逆境突围，在克服诸多障碍后，我行的存量转换终于在2020年3

月如期启动。截至当年7月,我行全部零售贷款及超过95%的对公贷款完成了LPR转换,新签订贷款合同也已全面使用LPR定价方式,以LPR为主要定价基准的贷款定价体系初步建立。

一年以来,我们经历荆棘无数,LPR这座大厦从地基筑起,从无到有,背后是太多农商人不计得失的付出。要知道,参与LPR机制改革落地工作的是一个主要由青年人组成的团队,其中许多人是第一次参与这样庞大而复杂的项目,然而每个人都以极高的热忱投身这项充满挑战的工作中,整个团队所表现出的专业素养与强大信念凝聚成了足以披荆斩棘的磅礴力量。

金融改革的鼓点由远及近,滚滚而来。我们,上海农商银行的青年们,有幸在这场波澜壮阔的改革战役中留下了代表农商银行的奋勇身影。而LPR机制改革仅仅是这场利率市场化改革大战役的"前哨战",随着改革大幕的徐徐拉开,机遇与挑战将继续蓬勃涌现。

红日初升,其道大光。生活在今日的中国是幸运的,奔涌前进的时代提供了无限的可能。面对百年未有之大变局,上海农商银行这个宽广包容的舞台正孕育出更多精彩、响亮的拼搏故事。

(蒋星灿,1992年出生,2014年入本系统)

贴心服务　助力村行发展

管建豪

2019年初,当时我在云南阿拉沪村镇银行(以下简称"村行")风险管理部工作已半年有余,对村行的客户结构、业务模式有一定的认识。那时有一位客户,做葫芦丝生产及销售业务,在全国范围内业务规模比较大,企业报表上的库存一直在两千万元以上,企业生产及库存地址在云南河口,靠近越南边境,距昆明较远。由于存货数额较大,占比较高,历年的检查都对这家企业的库存有过质疑,给企业贷款周转审批带来一定的不利因素。企业的生产经营急需资金周转,为进一步了解客户、服务客户,我们决定去河口实地考察。

河口位于中越边境，越南务工人员可以凭当日有效的签证来河口工作。由于有廉价劳动力的优势，不少制造型企业选择在此建厂，这家企业原先建厂在昆明，之后觉得昆明各方面的成本比如租金、人工逐渐提高，侵蚀企业的利润，河口劳动力一般在每月 1 000—2 000 元的工资，因此企业决定将生产线搬到河口。河口距离昆明 400 多千米，当时昆明到河口高铁尚未开通，我们一行人决定开车前往。当日早上 6 点，从昆明出发，高速公路大多是弯绕的山路，经过 5 个多小时的车程，最终来到客户的工厂。经过实地调查，我们发现企业工厂占地面积十分大，超过 1 万平方米，生产区域整齐有序，企业的确雇佣了大量越南工人，主要从事葫芦丝的加工，管理者基本是中国人。到了库存区域，公司的库存主要是原木、半成品、成品等。通过调研公司库存台账，实地查看，发现公司库存还是有可信度的。我们还通过与越南员工交谈，间接地了解公司的业务情况，最后我们拍摄了一系列的照片及视频，用来佐证公司经营情况，并形成了专门的书面报告。客户对我行能从昆明特地过来表示十分感谢，认可我行的服务，并承诺进一步支持我行的业务。

之后我们在分部贷审会详细地介绍了企业的经营、库存等情况，该企业的授信也顺利获批，客户第一时间拿到了资金。通过这件事情，我感受到虽然现在银行业科技含量逐渐增大，以后很多工作及岗位可以被人工智能取代，但要想在激烈的竞争中占据一席之地，最终还是依靠贴心服务打动客户。

（管建豪，1986 年出生，2010 年入本系统）

第八部分

2020—2021 年

病魔无情人有情，小红卡听命即出发
——总行营业部员工进 ICU 激活工会卡

潘　文口述　关世金、胡雪琼整理

"倪经理您好，我们有个员工在 ICU，工会补贴要进卡了，卡还没激活怎么办，救命钱啊！"2020 年 6 月 12 日，总行营业部的倪昊老师接到了某工会联系人的紧急咨询电话。

经过倪昊老师的仔细询问后得知，原来该单位的某员工在体检时查出患有晚期脑胶质瘤，开颅手术后住进了 ICU 病房，生命垂危。这位工会卡用户只有 20 岁出头，家境不丰的她，毅然从农村来沪打拼，初入社会，本该是憧憬着无限希望和美好未来的年纪，却被突如其来的疾病打乱了人生进程。对这样一个普通家庭来说,噩耗传来,急需治疗费。此时,总工会有一笔互助保障金将打入其工会卡内,但平时工作繁忙的她还没来得及来我行开通工会卡。眼看这个年轻人的救命钱无法及时到位,总行营业部第一时间响应客户诉求,决定上门为客户提供激活服务。

经过倪昊老师前期与该单位工会、医院和病房各个环节的多方联系和积极协调,6月17日,总行营业部的倪昊老师、我、关世金和张雯雯几个同事,带着移动终端来到客户所在的第一人民医院。到达医院后,护士一再叮嘱我们要抓紧时间,不能在病房长时间逗留,我和关世金主动配合穿上全套防护服,并在护士的引导下,进入了重症监护室,来到病床旁边调试设备。厚重的防护服给我们带来了行动上的不便,更增加了设备操作的难度。与此同时,新的问题还出现了,重症监护室内没有信号,移动终端无法使用。我行的移动终端是插电信或移动的电话卡的,所以需要有电信或移动信号才能操作,病房内搜索不到信号,意味着设备无法正常使用。于是我和关世金只得马上撤出重症监护室,以防在病房里久待增加病人的感染风险。新问题出现带来的焦虑加重了穿防护服带来的闷热感,脱下防护服,我俩的衣服都被汗水浸湿了一大半。

为了不影响病人休息,不妨碍医生和护士对病人的病情监控,倪老师与护士长便商议了第二套方案:在病房外有信号的地方进行激活卡业务操作,前提是我们动作一定要快,因为病人只有在做检查的时候才会离开病房,且不能逗留太久,我们需要利用这短暂的时间迅速激活。

再过半小时,病人就会被推出来做检查,我们在ICU门口的走廊里静静地等候。半小时的漫长等待,每个人都紧绷心弦,在ICU门口反复调试设备,保证客户离开病房后设备能立刻衔接,减少不必要的时间浪费。半小时后,客户被推出ICU病房,大家用娴熟、专业的服务,为客户迅速办理工会卡激活,整个过程快捷有序,历时仅10分钟。

这次特殊的经历也提醒我们,客户的需求在哪里,我们的服务就要跟到哪里。当我们完成该客户的工会卡激活业务后,倪老师立刻与该客户单位沟通,希望帮助单位里还未激活工会卡的员工展开批量集体激活业务,实现全覆盖。事后,客户家属、客户单位以及医院护士长,对上海农商银行这次上门服务都称赏不已,说:"这正是你们上海农商银行宣传的'便捷服务心体验'!"看到客户及其家属安心的神情,受到大家对我部服务满意的评价,我们每一位同事都因身为"农商人"而自豪,也更坚定了我们继续履行"金融服务惠及广大居民百姓"的责任。

(潘文,1986年出生,2014年入本系统)

凛冬已至　春天未远
——农商"鑫青年"抗疫小记

展恩鹏

"嗡嗡"手机的震动再次响起,"抗疫'鑫青年'复工复产"微信群下发了新一批企业申报名单。我刚从拥挤的早高峰人流中钻出来,屁股还没落在座位上就接到了任务。"工作节奏可真够紧凑的",我心里嘀咕,但转念一想,下发名单的同事开始工作的时间比我更早,我便抓紧开始。

2020年1月末,新冠疫情爆发。街头巷尾的行人都开始戴起了口罩,新闻中不断广播着当前确诊人数和那些令人感动的逆行故事。疫情让各企业,尤其是中小企业经历了近年来发展中的"艰难时刻"。为发扬社会责任,助力经济复苏,我行联合团市委开展了抗击疫情复工复产专项贷款,消息一经公布即受到了广泛的社会关注,众多中小企业填写申报名单,全行开始满负荷甚至超负荷运转处理这些申报。总行公司金融部为支援分支行,将部分人员派驻至一级支行帮忙,我和彭老师被派至闵行支行,暂由闵行支行营业部周经理统筹安排工作事宜。

"彭老师和小展先与新下发名单中的企业进行初步联系,初步了解一下企业概况,做一下产品匹配。按照总行要求,所有申报企业要在24小时以内完成对接回访",周经理在门口跟我们讲了当前的安排,边说着边转身离开去布置下一个任务。听到他的指示,我也马上开始打电话。

电话里,企业对我行如此快速的回访有些惊讶和欣喜,我在电话这端心中也涌出一阵自豪感。电话访谈时,我一般会询问企业的主营业务,2019年总营收、净利润情况,当前对外的融资金额、本次计划融资金额等,对于有明确意向的客户,会提醒他们准备财务报表、增值税纳税申报表等材料进行后续的业务推进。当天申报的大概有40家企业,我和彭老师一人20家,全部访谈完已经到了中午时分,这才想起来早上接的一杯热水已经彻底变成了一杯凉白开。

"走,快去食堂吃饭,一会要没饭啦",周经理在门口喊我和彭老师。"好,先去吃饭",彭老师回应道,我也跟在后面来到了食堂,第一次感觉到原来讲一上午话也挺费体力的。

吃过饭,周经理带彭老师和我去实地走访,走访的企业为闵行区某宠物医疗设备制造、销售企业A公司。刚进门就发现A公司董事长彭总已经在入口等候,"欢迎欢迎,感谢农商行的朋友来我们这里调研",彭总一边讲一边把我们带到了会议室。坐定后,彭总推推眼镜,告诉我们,他们公司这次确实遇到了难处,他介绍说,公司成立至今已有6年,主要从事宠物医疗设备的设计、制造和销售,产品在国内外均有销售,国外销售额占比较高,其中又以俄罗斯为主,年销售额已达1000万元。疫情以来,因无法及时复工,国外采购意愿降低,回款周期加长,加之员工工资仍要照常支出,公司营运资金压力较大,故向我行申请授信。同行同事快速记下了信息要点,彭老师看着彭总,说:"请彭总放心,本次我们来也是希望能够帮你们解决资金问题",后续谈话中,双方对公司的一些细节进行了进一步沟通,并依据公司意愿进行了初步的授信方案设计。彭总对上述方案表示满意,并约定尽快准备相关材料,协助经办人员上报授信方案。"太感谢你们了,有你们的帮助,感觉看见了问题解决的希望",彭总紧紧和调研人员握了手。看着彭总脸上那种困扰许久的难题突然解决后的激动和欣喜的神情,我想这也是我们农商人希望传达给所有客户的支撑感、力量感。

走出门来,已是夕阳西下。虽然初春的风仍然略有凛冽,但却能从寒冷中感受到涌动的生机。"没有一个冬天不会过去,没有一个春天不会到来",我想,春天快到了。

(展恩鹏,1993年出生,2019年入本系统)

寻宝记

杨弋菁

"有看到北崧分理处门牌吗？这一片都是农村，看着不像有银行网点啊？""北崧分理处已经停业近10年了，导航显示就在这附近，我们下车找找看！"话说着，车门打开，一束刺眼的阳光照射进来，我们一行6人下了车，头顶着正午火辣辣的阳光，向远处一排排破旧的房屋走去。

2020年7月，行史办公室接到紧急通知，让我们为一场主题为"上海老字号"的展览提供一些信用社时期的老物件。我行作为一家有着70余年历史的具有区域影响力的银行，参展当然是情理之中，可这些老物件去哪里征集呢？"行史陈列室？陈列室展品寥寥无几，能搬动的就只有几把算盘、几个陶瓷杯……"我扳了扳能利用的物件，摇摇头。"各分支行？征集老物件的通知早就告知了各分支行，可还没有单位提供。""退休职工？访谈询问了一些老领导、老员工，也就提供了一些老照片。""网购？具有明显上海农信社特征的老物件网上太稀缺了。""老网点？走访了一些分支行，都反馈说网点不是装修过了就是出租了，老物件早就处理掉了。"行史办公室的同事们深深叹了口气，一筹莫展。"我记得青浦偏远地区有几个网点，停业好多年了，没有搬迁，也没有出租，一直空着，可能会有一些老物件。"

一位在青浦支行工作过多年的同事突然说道。就这样,联络过青浦支行,确认过相关信息,我们一行6人立刻前往青浦北崧分理处。

一路颠簸,踏着乡间石路,走过农家菜地,我们来到一扇紧锁的大铁门前面。大门外铁锈斑斑,布满缠绕的藤蔓,门内杂草丛生,树枝密密麻麻地肆乱生长,黑压压的一片树木中,我们隐隐约约看到一幢白墙绿瓦的二层楼建筑,这就是北崧分理处?费力打开已经生锈的铁链,推开一个门缝,我们小心翼翼地进入这个荒废很久的院子。踩着泥泞,绕了一圈,来到网点后门。只见门上布满了大大小小的蜘蛛网,耳边隐隐传来隔壁农户家的鸡鸣声,我环顾周围,一个小小的黑影快速从院子角落穿过。"应该是老鼠或者野猫吧?这个地方还好不是晚上来,太阴森可怕了。"我深吸一口气,定了定神,将脑海中浮现的鬼屋场景赶紧驱散。

110撤防后,我们进入了北崧分理处内部。分理处共二层,一层为营业大厅,二层为办公区域。我们先来到二层,看到地上摆着几个木制箱柜,上面白色粉笔写的"82年1—9月"字样依然清晰可见,柜子周边散落着一些纸张。"这个柜子可是老物件了,当时用来放票据凭证的,看,这个柜子的做工还挺考究。"一位年纪略大的同事兴奋地说道。我们迫不及待地打开柜子,传出一股发霉的怪味,柜子里放着若干张剪角的储蓄存单和一些储蓄宣传单页。我小心地拿起一张票据,上面有零星小洞,应该是老鼠啃过的痕迹。"小杨,这些凭证太宝贵了,我们都要拿回去再研究。"一旁的同事如获至宝,递给我一个干净的信封。"哇,这边还有一个保险箱,看看还有什么好东西!"另一个同事兴奋地召集我们去另一间屋子。正当我们欣喜地打开保险箱时,几个穿着制服、拿着警棍的警察冲了进来,呵声说道:"你们是什么人?在这里干什么?"大家一惊,忙停下手边的活。一定是刚刚撤防的时候不小心触动了110报警系统,我们现在灰头土脸的,满手污垢,怕是要被当成小偷了。我暗暗紧张,小心地放下手里的老账本。"警察同志,我们是银行的,来这里找点资料,和安保部报备过了,可能撤防的时候不小心触动了110报警系统,不好意思啊。"一位穿着行服的同事赶紧向警察解释了我们的来意,还好虚惊一场。后来,我们又找到了不少珍贵的老物件:信用社铜牌,祝贺乔迁之喜的壁画,20世纪80年代的利息计算器、验钞机,20世纪90年代的会计科目章、票据验印仪、纸币捆钞机等(见图1),大家欣喜不已:"今天真是不虚此行啊,找到这么多宝贝!"

图1　北崧分理处内的农信老物件

"嘀嘀嘀",一位同事的手机突然响起,原来下午预约的采访时间快到了,大家赶紧把找到的老物件一一拍照留存,约定下次再来统一搬运。离开北崧分理处前,我们找到隔壁一户农户家借水洗手,听农户这样说道:"你们是隔壁银行的啊?这个房子什么时候拆迁啊?前几年还听说你们要卖掉,后来听说拆迁了,你们就不卖了。"我心想,"还好没有拆迁,如果前几年真的拆迁或者出售了,估计这些老物件也就烟消云散了啊！"我感到庆幸又欣慰。

一路上，我望着车窗外的风景从一座座农村瓦房变为一幢幢高耸的现代大厦，陷入沉思：我们为什么要征集老物件？为什么要梳理行史呢？这些日子，通过采访农信前辈，翻阅农信时期的档案资料，搜集具有农信特征的老照片、老物件，我从蝇头小楷书写的麻纸账簿里，从一个个沉淀着历史色彩的背包里，从一把把黑漆漆的算盘上，看到了农信人身上坚忍不拔的奋斗精神和与时俱进的创新精神。上海农商行一路走来，几多艰辛与沧桑，几番耕耘与奋进，从背包下乡走村串户吸收存款、发放贷款，到阔步迈向现代金融企业，成为区域内卓越的商业银行，农信社始终与国家和人民同呼吸、共命运，是国强民富的见证者、贡献者。作为农商行的青年一代，以史为鉴，正视当下，才能面向未来，才能不忧不惧、举重若轻，才能更好坚守信念、坚持梦想、坚定信心。

（杨弋菁，1990年出生，2013年入本系统）

上市之路

姜　俊

2017年夏,刚毕业的我怀揣着对未来的憧憬,进入了上海农商银行,正式开启了我的职业生涯,并于2018年7月加入上市办公室,让我有机会能成为助力我行实现上市目标的骨干成员,有幸能与农商行一同成长、共铸辉煌。成功上市将在我行历史上留下浓墨重彩的一笔,是具有划时代意义的标志性事件,但上市工作时间紧、任务重、涉及面广,对内需要全行上下戮力同心,对外需要各级主管部门及两万多户股东大力支持。而为了满足上市相关要求,由内而外、由上到下,全行都需要进行诸多转变。

经过全行上下的不懈努力,我行IPO于2020年11月顺利通过证监会发行审核委员会审核,并于2021年6月取得上市核准批文,距离正式上市已近在咫尺。上市工作开展至2021年第二季度已近3年,整体看来,上市主体工作大致可分为上市启动及前期准备、推进在会审核、过会发行三大阶段。每个阶段虽然都布满荆棘,但每当回顾过往种种,却仍历历在目,热血沸腾。

一、顺利完成前期准备,感谢有你共同参与
(2018年6月—2019年6月)

我行从2018年6月起,全面启动上市相关工作,设立上市办公室,并建立股权规范、资产规范、公司治理、历史沿革、业务尽调、财务内控、会计准则等上市工作小组,工作组涉及全行多个部门、众多业务骨干,为上市工作的顺利开展奠定了基石。同时,在开展各项工作过程中,需要总行各部室、各分支行、子公司及IPO中介机构之间通力协作,紧密配合,也需要我行股东的配合、主管部门的大力支持。

(一) 顺利完成股权规范工作

为了满足上市要求,我行需开展股东确权工作,该项工作涉及两万多户自然人及法人股东。因股东人数多、年龄跨度大、分布地域广、联络信息不齐,原本预计股东确权工作开展难度较大、耗时较长,甚至可能会影响上市工作进度。但是随着确权工作的开展,所有担忧与疑虑都渐渐消散。在各分支行的大力支持下,确权工作进展较为顺利,无论股东本人是在沪还是在外地、在国外,甚至许多行动不便的老人坐着轮椅、拄着拐杖来到确权网点,积极配合完成确权工作。许多股东因在我行留存的联系方式早已失效,成为空错号而无法联系。为了联系上他们,各分支行群策群力,发动员工、朋友乃至股东,挨个打听、互相询问,秉持着"不能落下一个"的信念,以接力赛的方式联系上了一个又一个股东。最终,在大家的支持与努力下,我行顺利完成了两万多户股东的股份确权工作,股份确权率超过99%,满足申报要求。同时,为了进一步充实历史沿革相关尽调资料,各分支行还积极配合,翻阅当时农信社的入股登记资料,从上海各区县的

各个角落搜寻到了几万份尘封已久的老农信社档案,现在回想起当时的工作情形仍十分动容。当时在微信工作群里,每天都能收到各分支行工作人员积极反馈的资料搜集进展,邮箱里收到的每一张照片、每一份文件资料都如获至宝,每一次的发现都伴随着难以言表的激动心情。这些曾经几被遗忘的历史档案,终得重见天日,似乎伴随着沙沙作响的算盘声,一并向我们诉说着老一辈农信人的故事。

(二)完成编制招股说明书,顺利完成首次申报

为了能顺利完成 IPO 首次申报文件的准备,我行有一项重中之重的工作需要尽快完成——编制招股说明书。招股说明书是申报文件中最为重要的文件之一,是大众认识我行、监管部门了解我行的最直接的文件。招股说明书涉及内容多、披露范围广,涵盖我行历史沿革、股权情况、经营业绩、财务指标、公司治理、风险控制等内容,需要大量的数据及资料。按照既定上市工作计划,我行积极组织开展资料收集工作,并组织 IPO 中介机构有序开展业务询证、IPO 审计、外部访谈等各项工作,为招股说明书提供了丰富、详实的资料底稿。为了确保招股说明书披露信息的真实、准确、完整,全行各部门就招股说明书进行了详细研读,并且前后共经历了五轮大范围的讨论与复核确认。同时,行领导亲自挂帅,组织召开招股说明书专项讨论会,从章节架构、内容逻辑到文字描述、具体数据,与各相关部门、IPO 中介机构一一进行了讨论,进而完善了招股说明书的骨架,进一步充实了"血肉"。在全行的共同努力下,经过近两个月的密集讨论与反复修改,内容严谨、数据详实、表述生动的招股说明书得以完成,这是属于我行自己的特色"画卷",汇集了我行改制设立 16 年来的精华与结晶。

最终,在各位老农信人、新农商人、各主要股东及主管部门的支持下,我行 IPO 项目一路攻坚拔寨,攻克重重难关,按照制定的上市时间计划,按时完成申报前期各项工作,并顺利取得了市国资委对我行国有股东标识管理方案的批复、上海市政府办公厅对我行历史沿

革相关问题的确认函、上海银保监局出具的对我行上市方案批复和监管意见书,我行上市辅导工作也顺利通过上海证监局验收。

二、持续推进在会审核,妥善处理重要难点
(2019年6月—2020年7月)

(一) 及时完成加期申报,推进在会审核

在各主管部门的大力支持下,我行顺利取得了上市申报所需的各项前置性批复文件,并于2019年6月21日向证监会顺利提交了IPO首次申报材料,随后证监会在其官方网站上预先披露了我行招股说明书,我行IPO项目正式成为证监会在会审核项目。在会审核期间,我行与IPO中介机构通力协作,根据证监会相关要求,按时完成并提交了4次加期申报及3次反馈意见回复文件。其中,在2020年春季,因受新冠肺炎疫情影响,2019年报加期相关工作皆受到影响。为快速响应疫情变化对上市的影响,我行及时向证监会、上海证监局报送我行防疫抗疫工作情况,积极取得监管支持。同时,我行与IPO中介机构及时沟通并调整上市工作安排,按照新的工作计划组织开展并按时完成尽调资料收集、业务询证、开具合规证明等工作,并组织行内相关部门完成招股说明书及反馈回复文件中相关数据的更新与复核。在与证监会充分沟通的情况下,申请延期提交2019年报加期申报文件,并最终顺利完成报送。

(二) 妥善完成股权调整,顺利取得监管批复

与此同时,我行上市尚有一个重要事项需要妥善处理。因历史原因,我行股东上海国际集团及其关联方合计持有我行股份比例超过10%,不符合监管要求。而根据银保监局上市批复,我行需于上市前将上海国际集团及其关联方持有我行股份比例压降至10%(含)以下(以下简称"股权调整")。为契合上市工作计划,股权调整事项时

间紧,且需沟通层级较多,并涉及多个主管部门,工作程序较为复杂,但坚信"长风破浪会有时,直挂云帆济沧海",我行根据实际情况对股权调整相关工作进行了合理安排,并积极与主管部门进行多次沟通。在主管部门的大力支持下,2020年7月2日,上海银保监局出具了《关于同意上海农商银行股权变更的批复》,我行股权调整事项获监管部门同意,而后我行随即于7月中旬协调上海国际集团与久事集团完成股权交割及确权工作。目前,上海国际集团及其关联方合计持有我行股份比例为10%,符合监管要求。这也标志着前期影响我行上市进程的主要难点已顺利解决,我行上市工作进程已迈上新台阶。

三、顺利过会筹备发行,上市可期逐梦征程(2020年7月至今)

(一)提前布置后续工作,及时反馈回复文件

2020年7月8日,证监会官方网站预先披露更新了我行招股说明书,这意味着我行上市进程又前进了一步,后续将陆续进入初审会、发审会等关键审核阶段。为了后续上市工作的顺利推进,我行组织IPO中介机构梳理IPO在会审核各阶段(初审会、发审会、封卷、领取批文等)、发行上市阶段和上市后的重点工作及时间安排,形成了发行上市阶段策略报告,并组织召开党委中心组(扩大)学习会,安排保荐机构对行领导及全行干部开展培训,为后续上市工作开展做好充分准备。

国庆节前后,我行IPO项目顺利通过证监会初审会审核,并收到证监会下发的《关于请做好相关项目发审委会议准备工作的函》(以下简称"发审会告知函"),需我行及中介机构就其中相关问题进行回复。这是发审会前我行将经历的最为重要的一次"大考",回复内容将直接关系我行发审会的通过与否乃至最终的上市安排。为完成好本次发审会告知函回复工作,行内外各单位积极配合,密切协作,保

荐机构针对告知函中相关问题积极开展核查并草拟回复内容,行领导组织各相关部门就回复内容召开集中讨论会。根据讨论会意见,各部门补充提供相关尽调资料,保荐机构进一步完善回复内容。10月28日,我行及保荐机构正式向证监会提交发审会告知函回复文件,圆满完成本次回复工作。

(二) 全力备战,顺利过会

随着发审会告知函回复文件的提交,后续我行将迎来本次上市工作中最为关键的一环——发审会。发审会由证监会预审员向发审委委员报告审核情况,并就有关问题提供说明,发审委委员发表审核意见,发行人代表2名和保荐代表人2名需到会陈述和接受讯问(因疫情原因,我行IPO项目改为视频远程参会),聆讯时间一般在1个小时左右,聆讯结束后由发审委委员投票表决,当场公布表决结果。

为了顺利完成好发审会聆讯会议当天的相关工作,我行成立发审会备战小组,并组织保荐机构根据历次反馈问题回复、发审会告知函回复等材料,编制发审会聆讯问答培训材料,发至备战小组学习。行领导及备战小组相关部室负责人共同参加发审会聆讯会议培训,就发审委员可能提出的问题、发审会注意事项等进行充分学习与讨论。根据证监会对聆讯会议场地的要求,行内相关部门加班加点采购设备,精心布置会议场地,多次对会议环境进行测试。同时,为充分模拟发审会聆讯会议现场情况,我行组织参会领导进行会议现场模拟演练。保荐机构基于发审会告知函回复、历次反馈问题回复及招股说明书等材料,并根据我行实际情况,编制了发审会模拟问答题,并模拟发审委委员进行出题,让参会领导提前感受发审会聆讯会议的氛围。经过一系列紧锣密鼓的准备,参会领导已熟悉发审会流程,并对我行历史沿革、股权情况、业务数据等烂熟于心,为即将到来的正式会议做好准备。

11月20日,证监会官网发布公告,11月26日将召开第十八届发审委2020年第169次工作会议,对我行IPO项目进行审核。会议当天,原计划预计于下午 2 点前就可能安排我行 IPO 项目进行审核,4 位参会领导都提前坐在会议室的直播视频设备前,兴奋而自信满满地等待着。但随着时间一分一秒的流逝,迟迟没有接到我行项目入场参会的通知。大家的内心也都慢慢由兴奋、期待,渐渐变得有些焦虑、惶恐。终于,下午 4 点半左右,视频设备传来讯息,正式通知我行 IPO 项目参会领导入场。听到通知讯息的一瞬间,参会领导先前的焦虑与疲惫一扫而空,自信而大步地走进会议室,启动视频连线,正式进入发审会聆讯环节。随着聆讯环节的开始,会议室外的走廊上,工作人员及中介机构同事便开始了焦急的等待,迫切地想要知道会议的进展和审核结果。最终,经过了一个多小时的聆讯问答,并经发审委委员表决,口头通知我行 IPO 项目顺利通过发审会。会议室的走廊上瞬间响起热烈的掌声,大家互相握手庆祝,合影留念,记录下这来之不易的珍贵时刻。

11 月 26 日晚,证监会官网发布正式公告,我行 IPO 项目顺利通过发审会审核,我行距离正式上市似乎已近在咫尺。

(三) 顺利领取上市批文,开启历史全新篇章

发审会通过后,我行对上市前所有重要工作进行了梳理,并制定了每一天的工作计划及工作要求。同时,我行及中介机构抓紧拟定发行方案中的相关重要要素,根据证监会要求及时报送了发行方案(预审稿),并及时完成了全套封卷稿文件的制作与报送。在各方积极协作与推进下,我行于 2021 年 6 月取得上市核准批文,距离最终上市仅一步之遥,不久之后将正式登陆 A 股市场,开启新的历史篇章。

四、结　语

"历经天华成此景,人间万事出艰辛。"我看到,曾经迷雾重重的

上市之梦,在全体农商人的努力下,如今已云开雾散、触手可及,上市目标即将实现。2005年至2020年我行的迅猛发展,印证了当初老农信人对这个"新生儿"的诸多期许和殷切期盼并没有落空,老农信人的梦想正由新农商人接力实现。时间是见证者,也是书写者,成功上市将被历史铭记,而全体农商人将是这个辉煌时刻的共同见证者。2021年,是"两个百年目标"的交汇与转换之年,也是我行成功上市、逐梦征程、开创未来之年。借助上市契机,我行将继续坚持"普惠金融助力百姓美好生活"的企业使命,践行"诚信、责任、创新、共赢"的核心价值观,推进"坚持客户中心、坚守普惠金融、坚定数字转型"核心战略,努力打造为客户创造价值的服务型银行,建设具有最佳体验和卓越品牌的区域综合金融服务集团。

新的舞台,新的期待,加油农商,未来可期!

(姜俊,1993年出生,2017年入本系统)

与共和国同记忆

陈雪松

    2021年,是一个非常特殊的年份,在中国共产党成立一百周年的这一年,上海农商银行完成蜕变,成功在A股上市。我作为农信历史的见证者、农商改革的亲历者、上市历程的参与者,心中无限感慨。

    《庄子》有云:"其作始也简,其将毕也必巨。"指的是一项事业在其初创之际往往微不足道,但假以时日,经过艰苦卓绝的发展和奋斗,其雄伟宏大就会令世人惊叹。上海是中国共产党的诞生地和初心始发地,我们有幸在这座英雄的城市感受中国共产党人在那个觉醒年代应时而生的时代脉动,读懂了"为人民谋幸福、为民族谋复兴"的初心使命,读懂了从石库门到天安门,从南湖的一叶扁舟扬帆起航到掌舵中国巨轮劈波斩浪,带领人民追赶时代、引领中国实现从站起来、富起来到强起来的伟大进程。

    在这个伟大进程中,上海农信在中国共产党的领导下,从无到有、从小到大、从弱到强,经过一代代农信人、农商人的不懈奋斗,始终与国家和民族的发展风雨同舟。"星星之火,可以燎原",谁曾想到,在市郊那间偏僻的小矮房,几个农民、几张零钱,竟然能成为一个信用组织的基底?谁又曾想到,这个小小的组织如今已经如种子般生根发芽，成为上海金融界的一棵参天大树。

作为行史梳理的直接牵头人，每当我查阅一份份尘封的档案文件、翻阅一张张泛黄的历史照片，我都深深感受到：上海农信始终与党和国家的事业同向而行。

先试先行，星火燎原

1949年，开天辟地、万象更新的土地上人影攒动，农民们翻了身，渴望有合作互助的组织将大家的资金和生产力进行互助互惠地合理安排和分配，共同走向富裕之路。在这样的形势下，在农村实行信用合作已是水到渠成。因此，在全国未统一发动、组建信用社之前，一些地方就已经自发地进行新中国信用合作的试验了，1949年冬真如区信用合作社就这样在上海市郊应运而生。

1951年5月，中国人民银行总行召开第一次全国农村金融工作会议，将试办信用社作为重点任务执行，新中国农村信用合作事业从此扬帆起航。雨后春笋般涌现出的信用社如同一张金融大网覆盖着上海的郊区，为农业经济的恢复和发展，为农村面貌的改变，为农民生活的改善发挥着积极的作用。

一部纪录片，五卷长照片

在我行行史馆中，珍藏了几样老物件，反映了早期农信发展时期，中共中央对农村信用合作事业的重视。

随着农业合作化运动的迅猛发展，农信社进入了一个大发展时期。1955年11月，中央电影纪录片制片厂专程到松江县新五乡信用社拍摄了一部《农民的小银行》纪录片，真实记录了当年信用社为农服务的场景。

1956年,农业、手工业和资本主义工商业的社会主义改造顺利完成,实现了历史上最深刻的社会变革,这一年的7月,全国农村金融工作者代表会议在北京召开,上海北郊区淞南乡信用社主任沈永奎、东郊区泾南乡信用社会计饶谷韵、奉贤县三团信用社主任李德厚作为先进代表受到了毛泽东、刘少奇、邓小平等党的第一代领导集体的亲切接见。

在一代代共和国的领导人看来,作为农村金融基础的农信社,是农村社会主义建设不可或缺的一部分,它一头连着千家万户,一头连着国家工业化的大局。1959年在全国金融战线先进单位和先进工作者经验交流大会上,上海南汇县泥城信用分部作为先进单位,嘉定县唐行信用分部业务员王锡琪、上海县陈行信用分部会计李润保作为先进工作者受到了朱德、林伯渠、李先念等中央领导人的亲切接见。1963年在全国农村金融工作会议上,上海金山县山阳信用社主任肖根南受到毛泽东、刘少奇、周恩来、邓小平、李先念等党和国家领导人的亲切接见。1978年在全国财贸学大庆学大寨会议上,上海崇明县大同信用社杨遇春受到华国锋、叶剑英、邓小平、李先念等党和国家领导人的亲切接见。1986年在全国金融系统先进集体、劳动模范表彰大会上,上海长征信用社主任严秀芳作为劳动模范受到习仲勋、胡启立、田纪云等党和国家领导人的亲切接见。

这一部纪录片、五卷长照片,记载了上海农信和共和国一同走过的风雨和磨难,反映了上海农信时时刻刻受到党和国家的高度关注。

改革之路,玉汝于成

进入新世纪,上海农信伴随着共和国历史的车轮不断发展、不断改革。2000年4月14日,时任国务院总理的朱镕基在基层农村信用改革与发展专题座谈会上指出:"当前要特别重视和发展农村信用社的重要作用。农村信用社是最好的联系农民的金融纽带,要采取有效措施支持和引导农村信用社发展,使它成为新形势下农村金融的主力军。"2001年3月23日,按照中国人民银行部署,上海市14家区县联社所辖216家信用社,在全国首批组建上海市农村信用合作社联合社。2003年6月27日,国务院印发了《关于深化农村信用社改革试点方案的通知》,明确农信社体制进一步改革的方向。上海市政府积极布局上海农村金融体制的改革,2004年12月30日,成立上海市农村信用合作社改制领导小组。2005年8月25日,上海农商银行正式挂牌成立,成为全国第一家省级农村商业银行,时任上海市委副书记、市长韩正为我行揭牌。2021年6月15日,中国证监会核准上海农商银行首次公开发行股票。2021年8月,上海农商银行成功在A股上市。

艰难困苦,玉汝于成。这一切,源于上海经济社会的发展与进步,源于党和国家对上海农信的关怀与厚爱,源于几代农信人、农商人坚持不懈的开拓与奉献。

初心似炬,使命如磐,今天的上海农商银行,不会忘记服务"三农""小微""科创"和社区居民的初心,会始终牢记"普惠金融,助力百姓美好生活"的使命,为建设具有最佳体验和卓越品牌的区域综合金融服务集团的愿望不懈奋斗。与中华民族的复兴伟业风雨同舟的上海农商银行,也必将在机遇与挑战并存的上海金融舞台上,高扬起普惠金融主力军的责任与担当,创造出无愧于奋进新时代的光辉业绩。

(陈雪松,1977年出生,1998年入本系统)

附 录

农信社工作俗语表

序号	俗语	释义
1	死期	指约定年限的定期储蓄。对应活期储蓄而言
2	领钞票	指客户凭存单或支票到信用社来兑取现金
3	抽白卡	指手工记账时期,个人客户兑现定期存单时,信用社柜面人员为进行比对,从底卡箱中抽出白色储蓄存根联的动作
4	分红吸储	生产队给社员年终分配现金叫分红,分红吸储指信用社员工在分红时下乡吸收存款
5	抽耳朵	指手工记账时期客户办理存取款业务,信用社柜面人员从底卡箱中按卡片分类标签(形似耳朵)抽出该开户单位底卡记账
6	碰(账)一碰	轧账类型之一,指将相关的账目进行核对
7	跷脚	指信用社营业柜面相关账目轧账后的余额不平
8	捉账	指手工记账时期信用社人员对余额不平现象进行查错
9	大小数	轧账余额不平原因之一,指错将某位数当做他位数而造成的差错
10	开刀	手工记账时期,当日账轧账的查错方法之一。指将有关科目的数据(含原始凭证)返回到原始状态,重新开始轧账

续 表

序号	俗语	释义
11	配对	手工记账时期,因轧账不平需开刀找错的方法。指将科目凭证还原,再把每笔凭证按收付分别对应起来,以找出差错之处
12	关夜学	指手工记账时期信用社柜面人员因轧账不平需加班查账
13	吃红杠子	手工记账时期,修正写错金额的步骤之一。指在错记的金额上加一条红色印记,以示删除
14	搭阁楼	手工记账时期,修正写错金额的步骤之一。指在错记的金额上方记载正确的数据。因在同一格内并排写了两行或三行数字,形同阁楼,故名
15	吃大闸蟹	手工记账时期,修正记账审户后在账页上呈现一长串红杠子的现象,犹如被红绳绑着的一长串大闸蟹
16	踏棚头	指去农户养殖地,是信用社农金员为养殖业贷款的实地调查形式之一
17	绕账	指将应由甲方偿付给乙方的债务,转由丙方代甲方偿付给乙方
18	坏账	指贷款收不回来了
19	带脚交换	指携带交换。以交换点网点携带非交换点网点的形式进入银行票据交换场,参加同城票据交换

后记 / Afterword

> 通篇史话百人撰，
> 追忆青春献职场。
> 创建自营信用社，
> 传承改制农商行。
> 珠算年代堪磨难，
> 网络时期虑未央。
> 踏入金融欲无悔，
> 峥嵘岁月铸辉煌。

本书共收集了 101 篇小故事，每篇小故事都是上海农商银行和上海农信社的员工所写，或根据部分退休员工的口述整理而成。故事真实描述了他们本人或本单位老同志在工作、学习与生活中的亲身经历和所见所闻。本书通过作者们对以往一件件难以忘怀的小事或一个个记忆深刻的片段的回忆，让读者更具体、清晰地了解上海农信社及上海农商银行发展过程中跌宕起伏的点点滴滴，其中部分故事已被拍摄在《我从哪里来》口述历史影片中，让故事内容通过不同的载体以更加形象和生动的画面展示在观众面前，让农信初心在上海农商银行赓续传承，让更多的农商员工珍惜来之不易的成果，并鞭策自己为农商行事业的发展作出更大贡献。

本书付梓之时，我们真诚地对参与本次撰写工作的各位作者表示深深的谢意，感谢他们利用许多业余时间所作的奉献，尤其感谢多位耄耋老人，他们为了追忆 60、70 年之前的工作经历，数日辗转反侧,甚至发动家人不遗余力地在家翻箱倒柜寻找相关佐证资料等。借此机会,我们由衷地向他们致以诚挚的敬意。

感谢中国经济信息社对本书所进行的指正及润色。

感谢复旦大学出版社编辑关春巧为此书的顺利出版所付出的努力。

同时,鉴于本书篇幅有限,部分作者投稿的作品本次未被录用,在此我们深表歉意。

本书编委会

2021 年 8 月

《史话——上海农商银行故事集》编务人员

编务主任：严 群
编务副主任：周 杰
编　　务：陈良晟　黄松涛　李益民　杨弋菁
组稿人员：(按姓氏笔画排序)

万凌飞	马丁丁	王李兵	王爱芳	王超英	方鹤霖
朱乐宁	朱蕾娜	孙超韵	苏子伦	李晓磊	杨晓明
杨海英	吴 华	吴洪伟	岑 洁	沈振宇	沈鲁方阮
张心怡	张 丽	张 思	张景怡	张 磊	陈亦平
陈枢哲	陈秋依	金文婷	周 敏	周 琴	赵佳欢
胡雪琼	施丽丹	姜 俊	秦 文	袁佳逸	倪 薏
徐 悦	郭嘉祎	黄 静	曹 澜	蒋悦帆	程 颖
焦译贤	童 莹	童 夏	童 毅	雷 亮	蔡 莹
谭永莲	滕嘉韵	戴玉明			

图书在版编目(CIP)数据

史话:上海农商银行故事集/《史话:上海农商银行故事集》编委会编. —上海:复旦大学出版社,2021.8
ISBN 978-7-309-15642-3

Ⅰ.①史… Ⅱ.①史… Ⅲ.①农村商业银行-银行史-上海-文集 Ⅳ.①F832.35-53

中国版本图书馆 CIP 数据核字(2021)第 080965 号

史话——上海农商银行故事集
《史话:上海农商银行故事集》编委会　编
责任编辑/关春巧

复旦大学出版社有限公司出版发行
上海市国权路 579 号　邮编:200433
网址:fupnet@fudanpress.com　http://www.fudanpress.com
门市零售:86-21-65102580　　团体订购:86-21-65104505
出版部电话:86-21-65642845
上海四维数字图文有限公司

开本 890×1240　1/32　印张 11.125　字数 299 千
2021 年 8 月第 1 版第 1 次印刷

ISBN 978-7-309-15642-3/F·2796
定价:80.00 元

如有印装质量问题,请向复旦大学出版社有限公司出版部调换。
版权所有　侵权必究